沈阳师范大学学术文库

法治建设与法学理论研究部级科研项目成果

人类基因编辑的立法规制研究

Research on Legislative Regulation of Human Gene Editing

崔丽　张猛◎著

知识产权出版社
全国百佳图书出版单位
—北京—

图书在版编目（CIP）数据

人类基因编辑的立法规制研究 / 崔丽，张猛著．—北京：知识产权出版社，2025.1
ISBN 978-7-5130-8915-9

Ⅰ．①人…　Ⅱ．①崔…　②张…　Ⅲ．①基因工程—立法—研究　Ⅳ．①D912.170.4

中国国家版本馆 CIP 数据核字（2023）第 177178 号

策划编辑：唱学静　　**责任校对：**王　岩
责任编辑：刘　雪　　**责任印制：**刘译文
封面设计：瀚品设计

人类基因编辑的立法规制研究

崔丽　张猛　著

出版发行：知识产权出版社有限责任公司　**网　址：**http://www.ipph.cn
社　址：北京市海淀区气象路 50 号院　**邮　编：**100081
责编电话：010-82000860 转 8112　**责编邮箱：**jsql2009@163.com
发行电话：010-82000860 转 8101/8102　**发行传真：**010-82000893/82005070/82000270
印　刷：北京九州迅驰传媒文化有限公司　**经　销：**新华书店、各大网上书店及相关专业书店
开　本：720mm×1000mm　1/16　**印　张：**13.25
版　次：2025 年 1 月第 1 版　**印　次：**2025 年 1 月第 1 次印刷
字　数：210 千字　**定　价：**69.00 元
ISBN 978-7-5130-8915-9

序

“自古以来，科学技术就以一种不可逆转、不可抗拒的力量推动着人类社会向前发展。”[1] 人类社会的发展不仅表现为从钻木取火、茹毛饮血到九天揽月、五洋捉鳖的物理场域的不断扩张，也表现为从结绳记事、质剂交易到追求和谐与美好的生活方式的巨大变革。人类历史上每一次科技进步也都会引起法律制度的根本性变革。科学技术的进步与法律发展之间如同 DNA（脱氧核糖核酸）的双螺旋结构一样，往往是相伴而生、相互促进的。一方面，科学技术的发展为法律制度提出了难题与挑战；另一方面，法律制度在通过自身的调适与发展回应这一挑战的同时，又进一步促进了科学技术的发展。如何回应科学技术发展带来的挑战，成为当前科技与法律领域最引人关注的话题之一。

综观人类的科技发展史，似乎没有哪一种技术能够像基因编辑技术一样，从诞生之初就引发巨大的关注与争论。在基因编辑技术的支持者看来，基因编辑技术并不是洪水猛兽，无须谈虎色变。基因编辑技术通过对分子生命科学的变革，将彻底改变人类生活的世界以及人类自身，这种改变不仅为植物育种带来了新的机遇，同时，也有望催生创新性的疾病治疗方法，并可能使治愈遗传性疾病这一人类数百年的梦想最终得以成真。而在基因编辑技术的质疑者看来，安全价值是科技发展的基础目标。一旦针对人类的基因编辑技术被滥用，极有可能引发难以预知且难以补救的大规模损害，从而给整个人

---

[1] 习近平：《在中国科学院第十七次院士大会、中国工程院第十二次院士大会上的讲话》，载《人民日报》2014 年6 月10 日，第2 版。

类的生命健康和整个世界的生命秩序带来重大威胁。这是因为，对人体生殖细胞进行基因编辑的直接结果是使该个体的基因图谱发生永久性变化，而这些被编辑过的基因片段可以通过生物遗传将这一改变后的性状延续给下一代，并且这一过程是不可逆的。这就意味着，已经发生了变化的个体基因图谱会因为该个体的生育行为而不可逆地进入人类基因池，最终整体改变人类的基因图谱。因此，对于一项安全性无法确定的高科技而言，如果无法消除其对人类社会所带来的高风险，那么再美好的应用前景也只能是镜花水月。此外，作为人类身体的一部分，人类基因与其他动植物和微生物相比，又存在本质的不同。这是因为，人的存在本身就是目的，不应成为达成其他任何目的的手段。人的主体性是人性尊严的基本内涵，在缺乏法律规范与保障的情况下，针对人类基因的编辑活动，挑战的是人性尊严这一根本的价值观念。

基因编辑技术到底是人类社会的福音还是隐藏着洪水猛兽的潘多拉魔盒，某种意义上却并不是由技术本身所决定的，而取决于人类如何认识和对待这项技术。从实质上看，人类基因编辑技术的安全隐忧与伦理争议的背后仍然是"人"的问题——即在人类基因编辑活动中，如何理解"人"、如何对待"人"以及如何保护"人"的问题。伦理原则作为对科学研究的道德要求，源于科学领域的自律共识，往往又经立法搜集，而被确立为统一的法律化要求。如《世界人权宣言》第1条规定：人人生而自由，在尊严和权利上一律平等。他们赋有理性和良心，并应以兄弟关系的精神相对待。我国《民法典》第13条规定：自然人从出生时起到死亡时止，具有民事权利能力，依法享有民事权利，承担民事义务。第14条规定：自然人的民事权利能力一律平等。基于此，人作为相互平等的权利主体，便成为现代法秩序的价值默认。作为权利主体的人，不应当被客体化地对待，也因此成为一切道德体系和知识体系的正当性前提。

当然，运用法律制度规范人类基因编辑等科学研究行为，可能会招致这样一个疑问：法律制度的刚性是否会损害科学研究的自由？要回答这一问题，还是要从自由本身的定义入手。严复先生将英国哲学家约翰·穆勒（John

Stuart Mill）的《论自由》译为《群己权界论》[1]，即深刻揭示了自由与法律的关系。法律的任务就在于确定边界，即通过确定权利，明确义务，厘清责任，明确每一个主体的行为空间，在此空间内，主体所享受的才是受法律保障的自由。对于人类基因编辑技术而言，研究自由虽然受到保障，但这种自由并不意味着人类基因编辑行为可以无拘无束。也就是在这一意义上，英国哲学家卢梭才在他的《社会契约论》中指出，“我们必须很好地区别仅仅以个人的力量为其界限的自然的自由，和被公意所约束着的社会的自由”。[2] 法律作为具有强制性的行为规范，从未回避对科学研究的规定。如我国《宪法》（2018 修正）第 47 条规定了公民的“科学研究”自由，第 20 条对科学研究的“国家目的”进行了规定：国家发展自然科学和社会科学事业，普及科学和技术知识，奖励科学研究成果和技术发明创造。我国《民法典》第 1009 条进一步规定，从事与人体基因、人体胚胎等有关的医学和科研活动，应当遵守法律、行政法规和国家有关规定，不得危害人体健康，不得违背伦理道德，不得损害公共利益。实际上，法律制度特别是立法之于人类基因编辑的科研活动的主要功能就在于为其确立活动的边界。人类基因编辑科研活动规范边界的确立，是科学研究的内生目的，是科学研究自由的题中应有之意。申言之，伴随着人类社会的发展和整个知识体系的更新，科学研究活动只有在遵循规范边界的基础上，才能以符合法律规范和伦理道德的研究方法，继续保持技术的稳步前进。相反，如果缺少了法律制度对越界科研活动的规制，反而会损害科学领域的创新环境，并导致社会对科学的隔离心态，最终使科学失去发展的原动力。因此，本书的重点在于，法律制度特别是立法对人类基因编辑引发的技术风险与伦理困境可以发挥哪些作用，以及如何发挥这些作用。

本书是司法部法治建设与法学理论研究部级科研项目“我国人类基因编辑立法规制研究”的最终成果，同时也是崔丽副教授主持的 2021 年沈阳师范

[1] ［英］约翰·穆勒：《群己权界论》，严复译，（上海）商务印务馆 1903 年版。

[2] ［法］让—雅克·卢梭：《社会契约论》，何兆武译，天津出版传媒集团、天津人民出版社 2014 年版，第 27 页。

大学学术文库"民法典研究文丛"系列专著之一。全书由崔丽副教授负责主题选取与结构设计，并撰写了本书的第一章、第三章、第五章，约 11 万余字，张猛博士撰写了前言、第二章、第四章、结论与参考文献部分，约 10 万余字。本书最后由崔丽副教授进行统稿。知识产权出版社刘雪编辑和唱学静编辑对本书进行了认真细致的审校，从内容到形式提出了诸多富有见地的修改意见，在此特别致谢。最后，著者想表达的是，对于人类基因编辑技术而言，这是一个"最好的时代"——经过数十年的技术迭代，遗传性基因缺陷被解决的曙光已然出现。但是，这又极有可能是一个"最坏的时代"——如果缺乏了法律制度对技术发展的保驾护航，基因编辑技术很可能因为滥用而成为人类自我毁灭的导火索。站在这样一个基因生物学世纪的十字路口，我们必须看到，法律规制与基因编辑技术发展之间正如鸟之两翼、车之双轮。只有充分发挥法律特别是立法的规制功能，才能使基因编辑技术发展翱翔于法治的天际，奔驰在造福人类的康庄大道上。

崔丽、张猛

于沈阳师范大学田家炳教育书院

目　录

绪 论

一、问题缘起

在生命科学技术飞速发展的今天，如果将基因工程技术视为整个生命科学的皇冠，那么，基因编辑技术则是镶嵌在这顶皇冠上的那颗最闪亮的明珠。基因编辑技术是指在基因组中进行脱氧核糖核酸（DNA）插入、删除、修改或替换的技术。实际上，基因编辑技术并不是一个新技术，最早的基因编辑技术甚至可以追溯到20世纪90年代初期。但是，在基因编辑技术发展的初期，不论是第一代的锌指核酸酶编辑技术（ZFN），还是第二代的转录激活样效应因子核酸酶技术（TALEN），都存在着脱靶率高且细胞毒性大的问题，[1]这些问题在很大程度上限制了基因编辑技术的进一步推广与应用。直到第三代基因编辑技术——被称为“基因魔剪”的成簇规律间隔的短回文重复序列及其相关蛋白9（CRISPR/Cas9）技术的出现，基因编辑技术才真正步入整个微生物科技舞台的中央。

作为当前影响力最大也是社会关注度最高的基因编辑技术，CRISPR/Cas9技术的诞生如同很多科学发现一样极具偶然性。20世纪80年代，日本微生物学家石野良纯（Yoshizumi Ishino）等在大肠杆菌的基因中发现了一段固定编码但作用不明的序列会间隔重复出现。[2] 这一偶然发现开启了人类进

---

[1] 季海艳、朱焕章：《基因编辑技术在基因治疗中的应用进展》，载《生命科学》2015年第1期。

[2] 王海帆、王予涵、初明：《CRISPR/Cas9系统基因编辑技术——解读2020年诺贝尔化学奖》，载《生物学通报》2021年第1期。

行基因编辑研究的道路。此后，西班牙微生物学家弗朗西斯科·莫伊卡（Francisco Mojica）以及荷兰微生物学家约翰·范德欧斯特（John van der Oost）等经过研究发现，这种固定编码的序列不仅出现在大肠杆菌基因中，数十种微生物的基因体都存在类似现象。莫伊卡将其命名为“成簇规律间隔的短回文重复序列”（CRISPR）。[1] 科学家们经过承前启后的研究逐渐查明了CRISPR的用途——CRISPR是细菌在长期演化过程中自然形成的一种用以抵抗外来入侵病毒的后天免疫系统。CRISPR主要由两部分组成：一是用来切断入侵病毒DNA中与CRISPR相关的核酸内切酶9（CRISPR associated 9，简称Cas9蛋白）；二是向导核糖核酸（small guide RNA，简称sgRNA），其主要作用是识别并结合特定DNA序列，引导Cas9蛋白对目的基因进行编辑。2012年，法国微生物学家埃马纽埃尔·卡彭蒂耶（Emmanuelle Charpentier）和美国结构生物学家珍妮弗·安妮·杜德纳（Jennifer A. Doudna）在《科学》（*Science*）上发表的论文揭示了CRISPR－Cas9运作的基本原理：当病毒入侵细菌体时，细菌体的CRISPR－Cas9系统会捕捉一段病毒的DNA，存放进那些名为CRISPR的位置点。当下次相同病毒再度来袭，向导RNA与Cas9内切酶便会双双出动，对照记录在案的DNA辨识敌人并切断病毒DNA。[2] CRISPR－Cas9技术的运作为细菌提供了获得性免疫——这种免疫类似人类通过注射疫苗获得的二次免疫。

CRISPR/Cas9技术相较于其他基因编辑技术而言，具有编辑精度高、价格低廉且易于应用的特点。这些特点使得CRISPR/Cas9技术迅速成为农业、微生物学以及人类生物学等领域中最受欢迎的基因编辑工具。从理论上看，这一技术不仅可以用来培育抵抗力更强且产量更高的农作物，也可以通过对人类致病基因的编辑使人类摆脱诸多疾病的困扰。鉴于针对人体细胞特别是人体生殖细胞的基因编辑活动涉及诸多的伦理与法律问题，因此“基因编辑

[1] 方锐、畅飞、孙照霖等：《CRISPR/Cas9介导的基因组定点编辑技术》，载《生物化学与生物物理进展》2013年第8期。

[2] See Jinek M, Chylinski K, Fonfara I, et al, *A Programmable Dual－RNA－Guided DNA Endonuclease in Adaptive Bacterial Immunity*, Science, vol. 337, p. 816 (2012). 转引自邱仁宗：《基因编辑技术的研究和应用：伦理学的视角》，载《医学与哲学》2016年第13期。

不得用于生育目的，已达成广泛的社会共识”。[1] 但是，这一共识在实践中不断受到冲击。

2015 年 4 月，我国研究者黄军就发表了全球第一篇利用 CRISPR/Cas9 技术修改人类胚胎基因的报告。由于实验“当时所使用的是废弃的、不能发育成正常胎儿的三原核胚胎，且实验期限未超过 14 天，既没有用于生殖目的，也不涉及临床应用”，[2] 因此其并未受到伦理方面与法律方面的强烈关注。[3] 直到 2018 年，基因编辑不得用于生育目的共识因为两名基因编辑婴儿的诞生而被彻底打破。2018 年 11 月 26 日，中国学者贺建奎宣布其利用 CRISPR/Cas9 基因编辑技术敲出了一对名为“露露”和“娜娜”的双胞胎的“CCR5”基因，以使她们出生后能天然抵抗艾滋病，并且这对双胞胎已经健康出生。[4] 世界上首例基因编辑婴儿的出生，引发了国内外学术界的广泛关注。时隔一年，2019 年 12 月初，国外知名媒体《麻省理工科技评论》（*MIT Technology Review*）曝光了南方科技大学原副教授贺建奎投给国际顶尖期刊《自然》（*Nature*）和《美国医学会杂志》（*The Journal of the American Medical Association*）的部分论文手稿，并指出论文中有数处科学不严谨和可能的利益相关点，[5] 再度将基因编辑这一新兴技术推上风口浪尖。

2019 年 12 月 30 日，深圳市南山区人民法院对备受关注的首例“基因编辑婴儿”案作出了一审判决，认定贺建奎、张仁礼、覃金洲等三名被告人未取得医生执业资格，贸然将基因编辑技术应用于人类辅助生殖医疗的行为构成非法行医罪，依法追究了三人的刑事责任。[6] “贺建奎事件”的判决结果说

---

[1] 王康：《人类基因编辑实验的法律规制：兼论胚胎植入前基因诊断的法律议题》，载《东方法学》2019 年第 1 期。

[2] 崔丽：《基因权利的法理基础与规制进路——由“基因编辑婴儿”引发的思考》，载《大连理工大学学报（社会科学版）》2020 年第 3 期。

[3] 王洪奇：《利用 CRISPR/Cas9 介导基因编辑人类三核受精卵伦理问题探讨》，载《医学与哲学》2016 年第 13 期。

[4] 仲崇山、蔡姝雯等：《“基因编辑婴儿”打开了潘多拉魔盒?》，载《新华日报》2018 年 11 月 28 日，第 15 版。

[5] See Henry T Greely, *CRISPR'd babies: human germline genome editing in the 'He Jiankui affair'*, Journal of Law Biosciences, Vol. 6, p. 112 (2019).

[6] 王攀、肖思思、周颖：《“基因编辑婴儿”案一审宣判》，载《人民法院报》2019 年 12 月 31 日，第 1 版。

明，生殖系基因编辑的临床应用行为应予禁止。然而，判决虽已作出但有些争议并未解决，本案能否适用非法行医罪以及法律该如何应对人体生殖系基因编辑行为还有待于进一步思考。基于刑法的谦抑性的要求与促进科学技术发展的目的，无需禁止基础研究型人体生殖系基因编辑活动。[1] 基于此，随着人类基因编辑技术的发展，关涉基因编辑技术引发的权利诉求不断发生并呈现出新样态，在伦理规范约束乏力的情况下，基因编辑行为的法律规范体系亟待建立。与基因权利保护相关的法律规范需求日益凸显，亟待立法予以规制。

作为对“贺建奎事件”的立法回应，2020 年 5 月 28 日我国通过的《民法典》第 1009 条沿袭了《民法典》人格权编草案（三审稿）的规定，并将其从原来的草案（二审稿）第 789 条人体试验条款规范中独立出来，作为我国《民法典》第 1009 条[2]的单独条款予以规定，足见基因编辑条款纳入《民法典》的现实意义及其独立价值。然而，虽然《民法典》人格权编这一规定确有其积极意义，但该规定仍然不足以应对相关的实践发展需求。[3]《民法典》第 1009 条的规定原则性强，操作性弱，实际上是行政法规范内容直接引入和上升到民法典的体现，[4] 具有典型的宣示功能，对这一条文应当如何展开和具体适用亟待在《民法典》实施中予以落实。人格权本身是一个不断发展和变动的权利，未来应当更加注重并积极构建更为科学完备的法律解释体系，以此更好地辅助立法运行。[5] 基于此，本书以《民法典》第 1009 条人体

---

[1] 余秋莉：《论人体生殖系基因编辑行为的刑法应对——兼评贺建奎“基因编辑婴儿”案》，载《法律适用》2020 年第 4 期。

[2] 《民法典》第 1009 条规定：“从事与人体基因、人体胚胎等有关的医学和科研活动，应当遵守法律、行政法规和国家有关规定，不得危害人体健康，不得违背伦理道德，不得损害公共利益。”

[3] 石佳友：《人格权立法的进步与局限——评〈民法典人格权编草案（三审稿）〉》，载《清华法学》2019 年第 5 期。

[4] 2007 年我国全国人大常委会第一次修订的《科学技术进步法》第 29 条规定：“国家禁止危害国家安全、损害社会公共利益、危害人体健康、违反伦理道德的科学技术研究开发活动。”需要说明的是，2021 年第二次修订的《科学技术进步法》第 107 条规定的内容与此类似。从法律规范的逻辑结构看，该条文与《民法典》第 1009 条规定均属指引性条款，这条规定虽并非只针对基因编辑技术，但从“科学研究、技术开发与科学技术应用”方面提供了一般性规定，我国《民法典》第 1009 条规定实际上是对该规定法律位阶的提升和领域的具体化，原理具有相通性。

[5] 姚辉：《当理想照进现实：从立法论迈向解释论》，载《清华法学》2020 年第 3 期。

基因编辑条款的规定为出发点，针对人类基因编辑技术在人体运用已经产生及将来可能会产生的伦理、法律和社会问题，根据我国人类基因编辑技术法律规范的现状，检讨我国法律规范存在的不足，进而提出完善立法规制的路径，最终实现人类基因编辑技术的有序发展。在此基础上研究我国人类基因编辑的立法规制体系的构建，以期为基因权利的保护和基因编辑技术的发展找到适度的平衡点。

二、文献综述

人类对基因编辑技术的探索始于20世纪80年代的人类基因组计划。目前，一些国家的科学家已经在基础研究和治疗遗传性疾病方面取得了进展。而在基因编辑技术安全方面，国外学者对人类基因编辑的研究主要侧重于基于伦理规范的自我约束和政府监管等方面。1997年，世界卫生组织（WHO）发布了《世界人类基因组与人权宣言》，此后，各国纷纷立法对基因技术应用制定规范，如法国的《生命伦理法》（1988）、英国的《人类受精与胚胎研究法》（1990）、德国的《胚胎保护法》（1990）和日本的《规范基因技术法》（2002）等，学者的研究也围绕此类相关规范展开。

（一）国外研究现状

针对人类基因编辑技术，外国学者主要从以下几个角度进行分析：是否支持人类基因编辑？如何看待基因编辑与伦理道德的关系？应当如何规制人类基因编辑行为？如果人类基因编辑行为是为了治疗或增强，这些活动是否应该受到限制和禁止？如何以有效的方式对其进行监管？如何在保护人权和科学研究自由之间，在保护个人权利和社会福祉之间寻求和保持平衡？如何在全球层面推广基因编辑治理机制？是否有可能建立一个全球监管机制？域外专家对规制基因编辑行为的基本建议是：一方面通过国际协议或国际规则达成国际共识，另一方面组织各领域专家立法禁止生殖系基因编辑的临床应用。在人类基因编辑的立场上，具有代表性的观点有：加拿大学者罗萨里奥·伊萨西（Rosario Isasi）、埃里卡·克莱德曼（Erika Kleiderman）和巴萨·玛丽亚·克诺珀斯（Bartha Maria Knoppers）在《科学》（*Science*）杂志上发表的《编辑适合基因组的政策?》论文中提出，应当禁止企图用一个生殖系被刻意编辑的胚胎或生殖细胞使人怀孕之类的特定应用。❶ 美国生物学家、1975 年诺贝尔生理学或医学奖获得者戴维·巴尔的摩（David Baltimore）以及 1980 年诺贝尔化学奖获得者保罗·伯格（Paul Berg）等学者联名发表的题为《基因组工程与生殖细胞基因修饰的谨慎前进之路》的文章指出，应当尽快组织科学家、临床医生、社会学者、一般公众等利益相关者展开公共讨论，确立“应用 CRISPR/Cas9 技术操控人类基因组”的规制框架。❷ 域外国家对人类基因编辑研究侧重于基因检测和基因隐私权等，法律责任追究主要涉及行政管理与刑事责任，无法达到有效防范人类基因编辑风险的目的。近年来，越来越多的国外研究者注意到了科学与法律之间因为学科划分而产生的隔阂，乔治华盛顿大学保罗·恩里克斯教授（Paul Enríquez）于 2021 年在剑桥大学出版社出版了名为《重写自然：基因组编辑的未来以及如何弥合法律与科学之间的差距》的专著，❸ 在书中，保罗·恩里克斯教授挑战了与科学和法律相关的传统错误二分法，对人类基因编辑技术引发的复杂法律、科学、伦理、政治、经济与社会问题进行了系统解释与回应。总体上看，域外国家也尚未形成成形的立法规制体系，目前国外学者对人类基因编辑立法规制的研究还是一个比较薄弱的领域。

（二）国内研究现状

基因编辑技术在增进人类福祉的同时，也不可避免地对自然人权利和人类基因安全产生重要影响。“基因编辑婴儿事件”发生之前，人类基因权利保护已引起了学者们的关注，形成了一些有代表性的学术成果：如王迁教授的《论“基因歧视”及其法律对策》❹、邱格屏教授的《人类基因的权利研

❶ See R. Isasi, E. Kleiderman, B. M. Knoppers, *Editing policy to Fit the Genome?*, Science, Vol. 351, p. 337 – 339 (2016).

❷ See David Baltimore etc, *A Prudent Path Forward for Genomic Engineering and Germline Gene modification*, Science, Vol. 348, p. 37 (2015).

❸ Paul Enríquez, *Rewriting Nature: The Future of Genome Editing and How to Bridge the Gap between Law and Science*, Cambridge University Press, 2021.

❹ 王迁：《论“基因歧视”及其法律对策》，中国人民大学出版社 2005 年版。

究》[1]、王康教授的《基因权的私法规范》[2] 等专著；刘大洪教授[3]、倪正茂教授[4]等学者对基因隐私权、基因技术与生命健康权保护等研究也有较大影响。

"基因编辑婴儿事件"发生之后，有些学者开始讨论对人类基因编辑实验的立场问题，以王康教授[5]和刘长秋教授[6]等为代表；有些学者从人类基因编辑正当性及与人性尊严的关系出发，讨论技术发展与法律的关系，以郑戈教授[7]和朱振教授[8]等为代表；还有学者讨论基因编辑道德标准与人类改进的限度，以姚大志教授[9]和陈景辉教授[10]等为代表。对于人类基因编辑技术，学术界存在不同的观点和看法。针对贺建奎等人进行生殖细胞基因编辑并培育出人类第一个天然免疫艾滋病婴儿的行为，各个学科和专业从不同角度探讨基因编辑技术并提出了诸多观点。这些专业涉及哲学、伦理学、生物学、医学、法学和社会学等。值得一提的是，2019 年《北京航空航天大学学报（社会科学版）》围绕《生物安全法》[11] 的修改组织了 8 篇稿件，其中，与人类基因编辑直接相关的论文有王康教授的《〈生物安全法〉立法定位及其基因技术的风险控制》[12]、王志敏教授的《〈生物安全法〉应当切实规范人类基因技术研究和应用活动》[13] 等。上述论文从基因编辑技术管控视角讨论了生物安

---

[1] 邱格屏：《人类基因的权利研究》，法律出版社 2009 年版。

[2] 王康：《基因权的私法规范》，中国法制出版社 2014 年版。

[3] 刘大洪：《基因技术与隐私权的保护》，载《中国法学》2002 年第 6 期。

[4] 倪正茂：《基因技术立法与社会效益第一原则》，载《探索与争鸣》2001 年第 4 期。

[5] 王康：《人类基因编辑实验的法律规制——兼论胚胎植入前基因诊断的法律议题》，载《东方法学》2019 年第 1 期。

[6] 刘长秋：《"基因编辑婴儿事件"与生命法学之证成》，载《东方法学》2019 年第 1 期。

[7] 郑戈：《迈向生命宪制——法律如何回应基因编辑技术应用中的风险》，载《法商研究》2019 年第 2 期。

[8] 朱振：《反对完美？——关于人类基因编辑的道德与法律哲学思考》，载《华东政法大学学报》2018 年第 1 期。

[9] 姚大志：《基因干预：从道德哲学的观点看》，载《法制与社会发展》2019 年第 4 期。

[10] 陈景辉：《有理由支持基因改进吗?》，载《华东政法大学学报》2019 年第 5 期。

[11] 《生物安全法》已于 2024 年 4 月修改。

[12] 王康：《〈生物安全法〉立法定位及对基因技术的风险控制》，载《北京航空航天大学学报（社会科学版）》2019 年第 5 期。

[13] 王志敏：《〈生物安全法〉应当切实规范人类基因技术研发和应用活动》，载《北京航空航天大学学报（社会科学版）》2019 年第 5 期。

全立法，已成为推进人类基因编辑立法的重要内容。这些学术成果为人类基因编辑的立法研究打下了基础。同时，我们也应当看到，人类基因编辑立法研究是一个新兴且复杂的课题，面临着许多亟待澄清的理论与实践问题。

我国国内学者对基因编辑技术的研究主要侧重于技术和伦理两个方面。如王立铭教授的《上帝的手术刀：基因编辑简史》[1]，主要讲述了基因编辑技术的发展过程。此外，在法律层面，此前也有少量学者论述了基因编辑技术的法律规制问题，例如沈秀芹副教授以其博士学位论文为基础出版的《人体基因科技医学运用立法规制研究》一书，就是具有代表性的研究成果。该书从伦理和法理两个方面论述基因技术立法规制的必要性，提出构建我国人体基因科技法律体系的建议。[2] 从“风险预防”这一基点来看，多数学者认为人类基因编辑技术因巨大风险而需要法律规制，如王康教授[3]、刘旭霞教授[4]、郑戈教授[5]等。从宪法与部门法协同的角度，有学者对人体基因科技风险规制路径进行了反思，[6] 认为应当通过二阶风险规制视角、社会子系统沟通框架弥补部门法规制视角的局限。

归纳而言，关于对人类基因编辑的立场和态度，国内专家的论述主要涉及以下内容：人类基因编辑违背伦理道德和人的尊严吗？人类基因编辑有无风险？关于人类基因编辑的权利基础是什么？基因编辑有无科研自由？法律层面应当如何规制人类基因编辑行为？[7] 概括而言，国内外专家学者普遍认为体细胞基因编辑仅具有脱靶风险，不会遗传给后代；生殖性基因编辑具有脱靶风险和遗传风险，可能会遗传给子孙后代，危害生物安全和“社会公共

[1] 王立铭：《上帝的手术刀：基因编辑简史》，浙江人民出版社 2017 年版。

[2] 沈秀芹：《人体基因科技医学运用立法规制研究》，山东大学出版社 2015 年版。

[3] 王康：《人类基因编辑多维风险的法律规制》，载《求索》2017 年第 11 期。

[4] 刘旭霞：《〈生物安全法〉应突出生物技术安全防范问题》，载《北京航空航天大学学报（社会科学版）》2019 年第 5 期。

[5] 郑戈：《迈向生命宪制——法律如何回应基因编辑技术应用中的风险》，载《法商研究》2019 年第 2 期。

[6] 石晶：《人体基因科技风险规制路径的反思与完善——以宪法与部门法的协同规制为视角》，载《法制与社会发展》2022 年第 2 期。

[7] 纪洪亮：《基因编辑法律规范之完善——以贺建奎基因编辑婴儿案为例》，上海师范大学 2021 年硕士学位论文。

利益”，应当禁止以生育为目的的生殖性基因编辑。虽然有研究对如何应对人类基因编辑技术发展对法律的挑战作出了探讨，但对应当如何选择人类基因编辑立法规制的模式尚未达成共识。本书将进一步反思对待人类基因编辑立法规制的基本立场，明确人类基因编辑法律规制的合理界限，为人类基因编辑立法规制体系构建提供理论支撑和现实参考。

三、研究构想

（一）命题与观点

基因编辑技术是一柄双刃剑。一方面，将基因编辑技术应用于医学领域，对于治疗癌症、遗传疾病等效果良好，能够给人类带来治疗重大疾病的新希望和福祉；另一方面，如果基因编辑技术所编辑的是人类自身的基因，又冲击着社会伦理、社会公共利益和法律秩序，给人类带来了前所未有的新问题与新挑战。贺建奎等人的“基因编辑婴儿事件”在国内外引起了轩然大波，本书以该案为切入点分析了我国人类基因编辑法律规范的不足，并从立法层面完善了人类基因编辑的规制措施。针对基因编辑技术缺乏相关法律直接规定的现状，本书主要关注《民法典》《生物安全法》《刑法》以及《科学技术进步法》等立法的相关规定，探究人类基因编辑立法规制的理论基础与合理界限，提出构建私法规范与公法规范协同治理的人类基因编辑立法规制体系。

本书结合我国人类基因编辑的立法现状，通过分析人类基因编辑实然层面与应然层面的相关主体和法律责任，结合人类基因编辑的技术风险以及“基因平等权”“基因自主权”“基因隐私权”“权利冲突”“社会公共利益”等理论，借鉴域外该领域的立法经验，从宪法、综合法、民法、行政法与刑法等方面和人类现世利益以及未来利益等多个维度，分析如何规范人类基因编辑行为、如何完善人类基因编辑法律规范等。这一研究从防范人类基因编辑引发的技术风险出发，以我国现有法律规定为基础构建人类基因编辑的立法规制体系。这将有利于推进人类基因编辑立法的科学化，为我国基因编辑技术的运用划定合理边界，进而达到人权保护与人类基因编辑技术发展相平衡的目标。

在具体的观点表述上，本书通过分析人类基因编辑技术对现有法律制度的挑战，揭示了人类基因编辑技术对法律价值、法律主体和法律权利等方面带来的影响，阐释了人类基因编辑技术立法规制的必要性。研究以新兴权利理论为分析工具，揭示了人类基因编辑科技发展对人性尊严和人类基因利益的冲击，从基因权利综合性和复杂性属性出发，在对人类基因编辑技术相关概念及发展现状进行梳理和反思的基础上，明确了基因权利应采取有别于传统保护模式的新兴权利保护的路径，为后续立法规制框架的完善提供了坚实的法理基础。

本研究相对于已有研究的独到价值在于：首先，本书首次以法理学和部门法学交叉研究为背景，对人类基因编辑的立法规制进行体系性研究；在新兴权利框架内讨论人类基因编辑所涉及的利益主体、权利属性及规制边界等问题，对于丰富人类基因编辑法律问题研究具有重要意义。其次，本书探究了人类基因编辑技术应用的合理限度，探寻了从人类基因安全到个体基本人权，从一般法律原则到具体权利类型的人类基因权利的保护逻辑；对于避免人类基因编辑技术被滥用，为基因编辑技术创新发展与人权保护之间的利益平衡提供了参考。最后，本书提出了私法规范与公法规范相结合的规制路径，并主张通过私法规范的转接和指引功能，实现各个部门之间的多元协同治理，为人类基因编辑风险的法律规制提供可行的路径。

（二）构架与内容

除绪论与结语外，本书共分五章，结构体系和内容安排如下。

第一章，人类基因编辑技术与立法规制的必要性。人类基因编辑技术发展给伦理和法律都带来了新风险与新挑战，有进行立法规制的必要性。通过对基因编辑技术的内涵界定与应用前景的分析，提出有条件允许人类基因编辑技术应用的同时，必须认识到其给伦理道德和法律秩序带来的前所未有的新风险和新挑战。人类基因编辑技术不仅挑战人类社会伦理道德，也冲击着与每个人都密切相关的法律权利，如自然人的生命权、身体权、健康权、平等权、隐私权与知情权等。“基因编辑婴儿事件”的发生，暴露出在伦理规范约束乏力的情况下，对人类基因编辑行为进行法律规制具有必要性。为了回应新型社会关系对法律的现实需求、促进基因编辑技术良性发展以及防止人类基因被滥用，我国迫切需要对其进行立法规制。法律制度特别是立法能够以强制的手段约束人的行动，通过实体性内容和程序性内容的设定，发挥其对人类基因编辑行为的规制功能。

第二章，人类基因编辑立法规制的域外经验。人类基因编辑技术的风险以及对人性尊严的挑战，决定了人权保护理念应当成为国际社会人类基因编辑行为共同遵守的基本底线。人类基因编辑立法应当借鉴国际规范与域外国家先进经验。第一，国际规范的主要特征是内容上以禁止性规范为主，但是效力上仍属于软法规范。例如，《世界人类基因组与人权宣言》规定，生殖克隆有违人类尊严而不得允许其进行；联合国《关于人类遗传数据的国际宣言（草案）》规定，禁止将人类基因资源用于社会歧视以及各种侵犯人权的行为，强调尊重人的尊严和受试者知情同意原则。第二，通过对域外典型国家立法的考察可以发现，多数国家基本上不允许以生殖为目的对胚胎进行基因编辑。英国、德国等都通过法律进行监管，并分别设置了低至 5 年以下、高达 20 年监禁的刑事责任；美国和日本则采取伦理守则与法律规制相结合的模式，对人类胚胎的基因编辑试验进行限制。以法国（主要通过《法国民法典》进行的规定）为代表的部分国家则通过将基因权利纳入以人格权、隐私权、财产权和知识产权等为内容的民事权利范畴，来遏制基因技术对公民权利的侵犯。第三，国际规范与域外立法对我国立法的启示与借鉴。上述国际规范与域外立法在立法规制原则、规制模式与规制内容为我国人类基因编辑立法规制提供了丰富的素材与经验启示。通过分析可知，大多数国家都禁止以人类基因编辑增强为目的，允许以治疗为目的的基因编辑，我国应借鉴域外类型化规制模式以避免违反伦理规范的不法研究和应用。

第三章，我国人类基因编辑的私法规制。“基因编辑婴儿事件”暴露出的问题是相关法律法规整体呈现出缺乏系统性、内容笼统模糊、法律位阶较低、法律责任配置不足等问题。针对人类基因编辑技术的不确定性风险、伦理性风险、公平性风险以及合法性风险，应当分别确定法律规制的基本原则。人类基因编辑私法规制应当构建以权利保护为中心的特别立法原则，确立尊重人类尊严与权利相对原则、权利保护与科技发展相协调原则以及风险预防与多元共治原则。人类基因编辑私法规制的比较法借鉴方面，以法国和美国等规制经验为例进行分析，归纳出以权利保护为中心的基因权利私法规范体系的域外经验。人类基因编辑私法规范的内容主要围绕基因平等权、基因自主权和基因隐私权等展开，构建基因权利私法规范体系的核心内容。最后，主张以《民法典》适用为契机，结合人格权编第1009条的规定，构建作为新兴权利的基因权利保护体系，推进人类基因权利的类型化保护、渐进性保护以及体系性保护路径的实现。

第四章，我国人类基因编辑的公法规制。人类基因编辑公法规制有其必要性。任何单一的法律规制方式都无法有效应对基因编辑技术发展带来的风险和挑战，因此，在以基因权利为基点的私法规制之外，以技术规制为中心的公法规制模式有其自身的优势。我国既有公法规范存在的主要问题是法律位阶较低。我国与基因编辑相关的法律法规主要有《人胚胎干细胞研究伦理指导原则》[1]《人类辅助生殖技术规范》《人类辅助生殖技术管理办法》和《人类精子库技术规范》[2] 等。对于人类基因编辑，目前我国的基本立场是，通常仅限于医疗或研究目的，但不允许进行生殖性细胞基因改造，更不允许克隆人。但是，因为这些法律位阶较低且没有相应的违法惩戒措施，所以无论是行政责任追究还是刑事责任追究都难以实现。一般法中的相关规定也应当根据技术发展进行调整。公法规制应当遵循基本人权原则、依法规制原则以及区别对待原则，从宪法、行政法与刑法等层面提高公法规制的法律位阶，制定《人类基因技术基本法》，为我国制定具体领域的人类基因技术法提供基本法律规范，在此基础上加强公法与私法法律规范协同治理的效果。

第五章，我国人类基因编辑法律责任体系的构建。首先，明确人类基因编辑法律责任体系的立法定位。人类基因编辑法律责任体系构建的目的是维护人类现世利益与后代人利益，保障人类基因编辑技术运用的安全性。其次，应对人类基因编辑法律责任体进行基本框架的设计。基本框架设计的思路应

---

[1] 科学技术部、原卫生部于2003年12月24日发布《人胚胎干细胞研究伦理指导原则》。

[2] 参见原卫生部2003年《关于修订人类辅助生殖技术与人类精子库相关技术规范、基本标准和伦理原则的通知》（卫科教发〔2003〕176号）。

以底线思维指引人类基因编辑的责任体系构建，合理划定人类基因编辑的行为边界，适当限制科研自由权，减少人类基因编辑对代际正义的影响为目标。最后，在人类基因编辑的部门法体系构建上，应当完善权利侵害法律责任的配置。重点增加民事立法规制，在《民法典》中构建基因权利保护法律体系，完善侵害胎儿权利和后代人权利应当承担的法律责任和追责路径；完善行政立法，强化伦理审核，让公众参与到有意义的对话和决策过程中，细化研究人员、伦理委员会、医疗机构等各主体的法律责任；在刑法方面，应当综合考虑和结合现行刑事责任配置的状况予以完善。对于后果严重的人类基因编辑的滥用行为，依照罪刑法定原则定罪处罚，同时对于现有规范尚未能完全覆盖的滥用行为类型，应在刑法中增设新罪名进行规制。

（三）研究评价与展望

基因技术为我们打开了一扇微观世界的大门，在这个世界内，作为传统法律规范主体的自然人变得极为庞大与复杂；而基因编辑技术的发展则使得“改造人”与“编辑人”的行为从神话与想象变为离我们越来越近的现实。这就导致传统法律制度在处理微观世界的基因编辑引发的法律问题时，会显得捉襟见肘，无所适从。因此，本书以“人类基因编辑的立法规制”为研究主题，侧重于从立法层面回应基因科技对现行立法的挑战。具体而言，在应对人类基因编辑技术的过程中，应当坚持尊重人的尊严、伦理道德和公共利益的基本立场，对人类基因编辑行为的主体、客体及客观方面等予以明确。只有明确人类基因编辑技术应用的法律边界，才能使人类基因编辑行为在法律允许的范围内展开，最终达到促进技术发展与人格权保护的平衡。在人类基因编辑立法规制的界限上，应当反思现有法律规范及规则适用过程中所暴露出来的问题，除了应当关注人类基因编辑技术立法规制规范体系的科学性之外，也应从解释论层面为人类基因编辑技术的应用确定一个更为合理的法律规范边界。基于此，后续研究应结合基因权利作为新兴权利保护的特殊语境，更为精细、更为清晰地对人类基因编辑行为进行类型化规制，对人类基因编辑的行为模式以及法律后果作出更为具体的规范阐释。

本书的特色在于对生命法学这一新兴领域的交叉学科研究方法的使用。

本研究从法理学与部门法学、科技与法律研究相结合的视角出发，探寻我国人类基因编辑的立法规制问题，拓展了我国人类基因编辑法律规制研究的宽度和深度。本书引入新兴权利理论阐释基因权利所表征的人格尊严进行法律转化的法理基础和保护路径问题，在理论观点上具有较强的创新性。本书研究步骤完整、严密，借鉴域内外已有研究成果的经验，研究内容相对翔实和可靠。这一研究有利于从法学理论和部门法学结合视角探究人类基因编辑技术发展与法律规制的客观规律；有利于正确认识科技与法律的相互促进和良性互动关系，有利于科学理解我国人类基因编辑立法和司法实践的价值取向与新时代人格权保护的丰富意蕴，回应新兴技术发展对现行法律规范提出的新挑战。

当然，需要指出的是，本书仍然存在着有待于深入挖掘和拓展研究之处。首先，新兴交叉学科研究领域专业知识掌握仍有不足。虽然著者已经尽量扩大阅读范围并请教专业人士，积极参加跨学科会议与研讨，弥补相关领域专业知识上的短板，但是鉴于缺乏基因编辑所涉及的微生物相关知识的专业学习背景，可能在涉及人类基因编辑的科技与医学知识领域存在认知与理解上的不当之处。[1] 在新兴交叉学科领域的研究过程中，欠缺对于相关科学事实应有的理解，法律说理可能同样不具备足够的深度和说服力。因此，就法学研究而言，著者努力通过拓展阅读和参加交叉学科研讨会等模式尽可能尝试解决面临的技术问题和理论难题。其次，受限于笔者的语言能力，本书使用的外文参考文献比较有限，一手外文资料的引用和阅读也较为有限，可能会产生一些研究视野上的局限和问题。因此，期待着在后续研究的过程中拓展思路以及读者提出批评和建议。

此外，人类基因编辑的法律规制是一个系统工程，不仅涉及国内法的问题，还涉及国际规范等国际法的完善以及国内法与国际治理规范的协调与发展问题；不仅涉及立法方面的问题，而且还涉及如何健全人类基因编辑活动的全球治理与监督机制，包括健全基因编辑科学伦理专家委员会事前审查机

[1] 实际上，这确实是纯文科背景的研究者在面对交叉学科命题研究问题时，在判断基因编辑法律问题时的一大欠缺，只能尽量通过已有文献和相关司法判决等反映出的信息梳理和总结，尽可能地减少判断上的失误。这一点也是作为研究人员在进行交叉学科研究时急需解决的理论与实践难题。

制与伦理审查机制、健全基因编辑事中第三方评估机制、健全基因编辑事后问责机制与法律责任衔接机制等内容。由于主题和篇幅所限，本书侧重立法规制的讨论，主要包括人类基因编辑立法规制的必要性、域外经验、私法规制、公法规制以及责任体系构建等问题，并未对其他上述问题进行系统性讨论。同时也期待在未来研究中进行更加全面和深入的拓展性研究，进而为人类基因编辑的伦理与法律治理提供更为坚实的理论支撑和现实参考。

第一章

人类基因编辑技术与立法规制的必要性

基因，简单地说就是能够决定生物的特征以及未来发展的遗传物质。近几年来，随着现代生物技术的飞速发展，基因编辑也逐步进入公众的视野。基因编辑技术作为一项能够在基因组上对基因序列进行靶向性修改的技术，可以在基因层面实现基因序列的矫正。基因编辑的本质是将人工改造的核酸酶制成"分子剪刀"并在活细胞的基因组上将与具体疾病有关的基因进行敲除、插入和修复的一项技术。需要说明的是，基因编辑技术是一柄双刃剑，在造福于人类福祉的同时也可能被滥用，而一旦被滥用必然会产生不可控制的风险。如果任由基因编辑技术不受控制地应用于人类胚胎，不仅可能会影响到婴儿的健康，而且一旦造成缺陷，还将遗传给其子孙后代，尤其是该技术一旦被滥用于制造基因编辑"定制婴儿"，必将对人类生存产生巨大的风险与挑战。人类基因编辑是科学和伦理交织的产物，涉及不同面向的权益保护与伦理冲突问题，规范人类基因编辑技术是贯彻风险预防原则的题中应有之义。[1] 因而，明确人类基因编辑技术的基本内涵与应用前景、合理限制其技术风险，是我国法律规范必须面对与解决的重要课题。

第一节　人类基因编辑技术的内涵界定与应用前景

21 世纪是基因生物学的世纪。由于基因携带着人类遗传信息，依托于医

---

[1] 石佳友、刘忠炫：《人体基因编辑的多维度治理——以〈民法典〉第 1009 条的解释为出发点》，载《中国应用法学》2021 年第 1 期。

疗技术的不断提高，基因编辑技术在基因治疗、基因检测等领域展现出了极高的应用前景。特别是随着人类基因组研发计划的进行，各个国家纷纷尝试将基因编辑技术引入疾病治疗过程，除了可以大大提高病患的治疗效果，还可以为生物技术产业以及制药业带来巨大的商机。基因编辑技术的飞速发展已经赋予人类基因资源新的内涵，使各国对相关基因资源的争夺更加激烈。除此之外，基因检测的巨大功能也不容忽视，用于疾病治疗的基因检测可以按照检测需要分为排除副作用的基因检测以及选择治疗药物所用的检测。但是，实践中“基因编辑婴儿事件”的出现以及“深圳华大基因检测”[1] 等案件的发生，引发了人类基因编辑技术应用的巨大争议。因此，探讨基因编辑技术的基本内涵与应用前景，对于阐释基因编辑法律规制的正当性与合理限度，是不可或缺的前提条件。

一、人类基因编辑技术的内涵界定

作为自然界原本存在的物质，基因这个概念的提出早于“脱氧核糖核酸”（DNA）。人类生命的基本构造需要基因支撑，人类生命的性能同样需要基因支撑。早在 1865 年，遗传学之父乔治·孟德尔（Gregor Mendel）就通过豌豆实验提出了遗传规则，他认为遗传的特性是由“遗传因子”所决定的，对所谓的“基因表现”进行了解释、说明。人体基因作为生成一条多肽链或者功能核糖核酸（RNA）所需的全部核苷酸序列，支撑着生命的基本结构和性能、储存着生命各个阶段的全部信息、关乎生物体的生、老、病、死等一切现象。以遗传学角度而言，基因是决定生物特征及未来发展的遗传物质。以人类基因而言，每个人的基因在个体当中都有些许的不同。这些不同的基

[1] 参见广东省深圳市中级人民法院民事判决书（2019）粤 03 民终 22765 号。该案的主要内容是深圳华大基因科技服务有限公司诉自媒体“记者金微”名誉权侵权纠纷。该案的基本案情是：2018 年 10 月 26 日，记者金微撰文《华大基因被罚！14 万孕妇基因已流到国外，细思极恐》，对华大基因联合国外机构研究中国人基因提出疑问，称“14 万名中国孕妇的基因涉大规模人群采集，14 万孕妇对自己的基因用来研究是否知情，这个研究存在涉外问题，有无批准，有无数据外流等”。2019 年 11 月 25 日，深圳市中级人民法院二审最终判定：虽然金微文章标题存在不当，可能误导读者构成侵权，但文章内容只是“提出了关于华大基因研究是否得到合法审批，华大基因用遗传信息作研究是否得到了孕妇授权的怀疑”，并无明显不当，侵权程度有限。

因会影响一个人的身高、体重、脾气、性格等，换言之，基因会对人类的行为有某种程度上的影响，除了产生人的眼睛、双脚、内脏等器官之外，还会通过某种类型的基因对自然人行为的各个方面发挥相应的作用和影响。如果能够以检测个人基因序列为工具，找出人体内带有的基因型，就可以针对个人所携带基因予以改变。基因的特性包括两个方面：其一，就基因的载体或者说存在方式来说，其具有物质性；其二，就基因的本质来说，其具有信息性，这是生命遗传的内在要求。

基因编辑是一种功能强大的新工具，是指通过添加、替换或删除 DNA 碱基对来改变基因组序列的过程。该方法涉及最新的 CRISPR/Cas9 系统，与过去的编辑策略相比，这是一种更加精准、高效、灵活且廉价的基因组编辑方法。[1] 该技术利用名为 Cas9 的蛋白酶，经过 RNA 分子作用于靶向 DNA，在靶向 DNA 上键入或者敲除目标片段，或者对该 DNA 重新进行编辑。[2] 现代科学领域广泛应用的基因编辑技术便是该技术。基因编辑技术作为对特定目标基因进行修饰的基因工程技术，涉及细胞、胚胎等特定组织的基因诊断、基因治疗和基因改良等。伴随着这种技术的进步，无论是基础研究，还是通过基因治疗或预防疾病来促进人类健康，人类对基因编辑的应用潜力都表现出日益高涨的兴趣。由于人体基因具有遗传信息属性，具有固有性和专属性，因而，一旦能够发现自然人基因与特定疾病罹患概率的关联性，就如同找到了类似于物理、化学定理一般的自然法则，从而成为后续研究与应用的基础。基于此，基因编辑一般可分为基础研究、基因实验和临床应用三个阶段。基因编辑的基础研究是科学家实验发现过程中必然经历的阶段，尤其是分离后的基因是后续基因治疗、基因药理学、基因诊断技术以及其他有关基因研究的基础。从价值立场上看，一般基因编辑的基础研究应当予以允许，而基因实验和临床应用应当采取相对谨慎的态度。之所以要采取谨慎的态度，是因为基因编辑技术在生物科技中属于基因重组技术，经过基因实验或者临床应

[1] ［美］美国国家科学院、美国国家医学院主编：《人类基因组编辑：科学、伦理和监管》，马慧等主译，科学出版社 2019 年版，第 1 页。

[2] 赵钦军、韩忠朝：《基因编辑技术的发展前景及伦理与监管问题探讨》，载《科学与社会》2016 年第 3 期。

用，可能会以人工制造出属于生命体的微生物。

基因编辑技术是指对基因进行靶向修饰（敲除、插入、替换等）而获得新的特征或功能的技术，换言之，“基因编辑技术是以特异性改变遗传物质靶向序列为目标的技术”。[1] 自2012年CRISPR/Cas被用作基因编辑工具以来，基因编辑技术在全球范围内呈现出蓬勃发展的态势。[2] 人类基因编辑技术已经深入我们生活的各个领域。基因编辑在人类社会生活的各个领域间有不同的影响，例如农业、粮食业、畜牧业、器官移植、基因治疗、人工DNA等。有些领域甚至可以超越自然界物种的限制，通过基因编辑技术将各不同物种的基因相互植入、修改或是进一步创造出新的物种。在对人类各个领域发挥重要影响与作用的同时，基因编辑技术的应用也引发了诸多争议和讨论，带来了不容忽视的风险和挑战。为了避免技术风险导致整个基因编辑技术发展上的因噎废食，我们首先应当客观分析基因编辑技术应用的前景，在此基础上再对其风险进行立法规制。

二、人类基因编辑技术的应用前景

随着人类基因组研发计划的开展，2000年6月26日，由美国总统克林顿及英国首相布莱尔与美国、英国、日本、德国、法国及中国大陆科学家共同宣布，历时10年的“人类基因组计划”的人体基因排序草图已经完成，并进而公布人类基因组图谱与基因序列的草图后，与基因有关的问题被越来越广泛地讨论。虽然自DNA被发现至今已超过百年，且渐渐被广泛地运用到犯罪侦查及诉讼证据或亲子鉴定等方面，但基因对人类的影响绝非仅限于此层面。20世纪末世界上第一只复制羊多莉（Dolly）[3] 的诞生以及21世纪初人类基因组定序的完成等与基因有关的生物技术的重要新闻逐一被报道，成为科学家对于动物干细胞移植技术开展研究的一个重要里程碑。虽然世界上

[1] 任云晓、肖茹丹等：《基因编辑技术及其在基因治疗中的应用》，载《遗传》2020年第1期。

[2] 陈云伟、陶诚等：《基因编辑技术研究进展与挑战》，载《世界科技研究与发展》2021年第1期。

[3] 世界上第一只以体细胞复制技术（Clone）的哺乳动物绵羊于1996年7月5日诞生，美国《科学》杂志将复制绵羊技术评为1997年世界十大科技之一。

第一只复制羊多莉已于2003年死亡，寿命不到7岁，但是全世界科学家已经开始多方尝试以无性方式繁殖猪、鹿、马等哺乳动物。❶ 在基因编辑技术的冲击与影响下，生命的定义和生存的含义都面临着颠覆式的挑战。人类已能对DNA与基因组定序等资源进行研究、利用决定了我们所生活的这个世纪已经是一个标准的生物学世纪。由于人体基因组定序完成，世界各国科学家以全新的遗传工程学加上生物工程技术的翅膀后，人类就可以用基因编辑技术改变生物的遗传密码，以人为控制改变生物世界已经从可能变为现实。

随着时代发展与科技进步，科学家和生物医学工程已经能够分离、纯化，测定基因排列的序列并且将其应用在各种极具利用价值的使用上。近年来，科研人员不断对CRISPR/Cas系统进行优化和扩展，新技术、新成果、新应用层出不穷，并在生物技术产品开发、医疗、农业、能源、材料与环境等领域不断拓展应用，为人体细胞或组织及其他生命体的遗传改造提供了前所未有的有力工具，应用前景非常广阔。2020年10月7日，瑞典皇家科学院将2020年诺贝尔化学奖授予了在基因编辑技术方面做出卓越贡献的法国科学家埃曼纽尔·卡彭蒂耶（Emmanuelle Charpentier）和美国科学家詹妮弗·杜德纳（Jennifer A. Doudna）❷，一方面，凸显出基因编辑技术的重要价值、强劲的发展势头及应用前景，为一些复杂疾病的治疗提供潜力，为合成生物学提供工具；另一方面，这项技术仍然面临脱靶、免疫原性、副作用、生物选择性等不确定性因素所带来的风险，人体基因编辑操作也带来了伦理道德与生物安全等方面的争议。针对以上问题，如何支持人类基因编辑技术的研发与应用并进行有效治理，是生命科学界面临的伦理挑战，也同样是摆在法学界面前的一项重要任务。

然而，与其他科学技术不同之处在于，基因编辑技术不只是深入到一般人的日常生活，如基因改良食品，甚至深入到了关涉生命存在的议题，如基因治疗、基因改良、胚胎干细胞研究、克隆研究等——这些议题不仅涉及维

---

❶ 毛巍：《中国培育转基因猴，探索自闭症疗法》，载《世界科学》2018年第10期。

❷ 陈云伟、陶诚等：《基因编辑技术研究进展与挑战》，载《世界科技研究与发展》2021年第1期。需要特别说明的是，两位获奖者的成果从2012年率先发表到2020年获得诺贝尔奖，仅用了8年时间，远低于过去诺贝尔科学奖平均20年左右的获奖时间。

持生命，甚至涉及创造生命。时至今日，人类基因编辑技术的发展已成为疾病预防与治疗的主要研究项目。这一崭新的生物技术引发了诸多伦理及道德争议，例如，人类与其他物种的差异何在？也需要从法律哲学视角探讨，这一技术是否侵害了“人之所以为人”的人性尊严？人类基因编辑技术的应用对伦理和法律都带来了空前的挑战，其发展和运用应当有合理限度并受到限制，以避免其滥用对人性尊严造成的不当侵害。随着 CRISPR/Cas9 技术的广泛运用，能否对人体基因实施编辑已经成为当前生命伦理学领域最热门的话题。[1] 因为人体基因编辑一方面能为一些顽固性疾病的治疗带来希望，另一方面也会给人体健康乃至整个人类的基因池安全带来难以预测的风险。[2]

概括而言，人类基因编辑技术的研究与开发具有重要意义。[3] 将基因编辑技术应用于人类，不仅可以预防疾病和根治重大疾病，也可以促进精准医疗的进步，提高我国整体医疗水平。但是，各国政府除了适度鼓励科技发展研究外，必须注意到人类基因编辑可能产生的风险问题，这些涉及自然人的主体性、个人隐私、遗传基因筛选及去除先天性疾病、治疗癌症医药研究等方面，必须予以适当的法律规制。基于人类基因编辑技术的应用前景，确立人类基因编辑应用的合理限度和立法规制机制尤为必要。虽然人类基因编辑技术有着诸多发展前景与应用价值，但是考虑到人类基因编辑技术的伦理风险与安全风险，我们应当严格规范以生殖为目的的人类基因编辑活动，同时也应该尽量降低已经完成的生殖系基因编辑对后代利益的不确定性影响。人类基因编辑技术具有新兴性、复杂性等特征，基因编辑行为关涉到的被编辑者的人权保障问题应当受到重视，对于利益相关主体的人权保障也不可忽视。在可预期的将来，全球有关人类基因编辑的被编辑者和相关利益主体保护的规范，也将会逐渐取得基本共识。在全球治理和科技发展时代趋势的引领下，无论是基于人权保障的崇高理想，抑或基于防范人类基因编辑技术滥用的功

---

[1] 朱振：《基因编辑必然违背人性尊严吗?》，载《法制与社会发展》2019 年第 4 期。

[2] 石佳友、庞伟伟：《人体基因编辑活动的协同规制——以〈民法典〉第 1009 条为切入点》，载《法学论坛》2021 年第 4 期。

[3] 纪洪亮：《基因编辑法律规范之完善——以贺建奎基因编辑婴儿案为例》，上海师范大学 2021 年硕士学位论文，第 13 页。

利思考，建立一套符合人类社会基本共识的基因权利保护原则和人类基因编辑立法规制体系与机制具有重要的意义。

第二节 人类基因编辑技术发展带来的风险与挑战

作为21世纪生命科学中最受瞩目的前沿技术，基因编辑技术在极大地增进人类福祉的同时，也引发了一系列伦理问题与法律问题，给人类社会的发展带来了前所未有的挑战。“基因编辑婴儿事件”引起了医学界、伦理界、法律界和社会各界的广泛关注，产生了很大的争议。这是因为，这一事件不仅涉及生物技术风险问题，还涉及伦理和法律问题。基因编辑技术不仅挑战人类社会伦理道德，也冲击着与每个人都密切相关的法律权利。科技发展本身可能带来诸多风险以及非理性的后果，容易模糊目的和手段的边界，导致人的客体化、工具化、边缘化等人格尊严危机，进而威胁人的主体性。[1] 人体组织蕴含着人类基因及基因组信息，随着人类基因编辑技术的迅猛发展，各国生物医学产业发展的竞争日趋激烈，基因编辑技术的迅速发展虽然能造福人类，但也会对人性尊严、生命健康权、身体权、隐私权等权利带来巨大挑战。人类基因编辑技术的应用，使得自然人个体的各项权利都遭遇到了前所未有的冲击。

一、人类基因编辑技术发展带来的风险

2018年11月26日，贺建奎等的“基因编辑婴儿事件”发生后，作为世界上首例基因编辑婴儿，“露露”和“娜娜”的出生引发了国内外学术界的广泛关注。该事件刚刚发生后，国内理论界122位科学家就发表联合声明表示“强烈谴责”“坚决反对”。2019年1月21日，新华社公布的调查结果中，“基因编辑婴儿事件”被定性为贺建奎为追逐个人名利，自筹资金、蓄意逃避监管、私自组织有关人员实施国家明令禁止的以生殖为目的的人类胚胎基

[1] 韩大元：《当代科技发展的宪法界限》，载《法治现代化研究》2018年第5期。

因编辑活动。深圳市卫生计生委医学专家委员会经过调查发现，这一项目未按要求向深圳市卫生计生委进行备案，且“基因编辑婴儿”项目组的各种证明，存在着伪造的嫌疑。[1] 2019 年 12 月 30 日，深圳市南山区人民法院对备受关注的首例“基因编辑婴儿”案作出了一审判决，认定贺建奎、张仁礼、覃金洲等三名被告人未取得医生执业资格，贸然将基因编辑技术应用于人类辅助生殖医疗的行为构成非法行医罪，依法追究了三人的刑事责任。贺建奎被判处有期徒刑三年，并处罚金人民币三百万元，对其他两名涉案人员均进行了刑事处罚。而之所以对贺建奎等进行重判与重罚，[2] 也从另一侧面说明了人类基因编辑技术一旦被滥用所导致的严重后果。

（一）脱靶风险

人类基因编辑活动所产生的风险首先是技术风险。而技术风险中最为直接的风险就是人类基因编辑不可预知的脱靶性风险。如前所述，作为生命科学研究中关注度最高的领域，基因编辑是指利用生物学手段（如 CRISPR/Cas9 技术）实现对特定的基因片段的敲除或者修复。基因编辑技术可以通过“对目标基因进行删除、替换、插入等操作，以获得新的功能或表型，甚至创造新的物种”。[3] 尽管基因编辑技术在基因治疗、基因改进、疾病预防、异种移植等生命科学领域存在巨大的潜力，可以给人类的健康带来福音，但是，目前对人类基因进行编辑的准确率仍然无法保证足够的精度。这就意味着，

---

[1] 广东省“基因编辑婴儿事件”调查组表示，对贺建奎及涉事人员和机构将依法依规严肃处理，涉嫌犯罪的将移交公安机关处理。对已出生婴儿和怀孕志愿者，广东省将在国家有关部门的指导下，与相关方面共同做好医学观察和随访等工作。参见肖思思、李雄鹰：《广东初步查明“基因编辑婴儿事件”》，载《人民日报》2019 年 1 月 22 日，第 12 版。

[2] 依据我国《刑法》（2023 年修正）第 336 条的规定，将基因编辑、克隆的人类胚胎植入人体或者动物体内，或者将基因编辑、克隆的动物胚胎植入人体内，情节严重的，处三年以下有期徒刑或者拘役，并处罚金；情节特别严重的，处三年以上七年以下有期徒刑，并处罚金。依据最高人民法院《关于审理非法行医刑事案件具体应用法律若干问题的解释》，本条所称的“情节严重”包括：（一）造成就诊人轻度残疾、器官组织损伤导致一般功能障碍的；（二）造成甲类传染病传播、流行或者有传播、流行危险的；（三）使用假药、劣药或不符合国家规定标准的卫生材料、医疗器械，足以严重危害人体健康的；（四）非法行医被卫生行政部门行政处罚两次以后，再次非法行医的；（五）其他情节严重的情形。显然，在基因编辑婴儿案件中，贺建奎等的行为并不符合法定“情节严重”的前四种情况，但仍然被按照三年有期徒刑顶格量刑，显然法院认为其非法进行人类基因编辑的行为“情节严重”。

[3] 卢俊南、褚鑫等：《基因编辑技术：进展与挑战》，载《中国科学院院刊》2018 年第 11 期。

编辑过程中就存在发生损害的可能，这种损害不仅可能发生于目标基因，而且还很可能导致其他基因的损伤，从而对被编辑的人造成不可逆转的先天性损害，甚至可能引起恶性的基因突变。这种风险就是所谓的“脱靶效应或脱靶风险”。[1] 因此，从安全性角度看，“CRISPR 技术虽然相较于其他基因编辑技术更加高效、低廉，但是该技术存在‘脱靶’风险，一旦脱靶则可能破坏人体正常的无关基因，产生细胞毒性，由此导致无法控制的疾病与遗传”。[2]

由于人类基因编辑活动涉及重大的脱靶风险和安全问题，因此，科学家对于以人体细胞为对象的基因编辑通常都持非常谨慎的态度。当然，谨慎并不意味着禁止。实际上，利用基因编辑技术对艾滋病、癌症等困扰人类的疾病进行基因治疗，一直是各个国家基因编辑领域研究的重要方向之一。[3] 虽然中国研究者黄军早在 2015 年就已经开展了对人类胚胎的基因编辑实验，但是实验所使用的是废弃的、不能发育成正常胎儿的三原核胚胎，且实验斯限未超过 14 天，没有用于生殖目的，也不涉及临床应用。[4] 而 2018 年贺建奎等“基因编辑婴儿事件”却越过了人类胚胎基因编辑技术的体外试验阶段，直接以生殖为目的使被实验的人类胚胎孕育成了婴儿。而且，“基因编辑婴儿事件”中，“露露”和“娜娜”的出生仍然未解决技术上的脱靶风险。最关键的是，根据贺建奎公布的试验数据，已有专家基本确信贺建奎团队“基因编辑婴儿”行为已经破坏了女婴体内其他主要基因。目前，受制于人类对于自身基因系统理解与认知的局限，脱靶问题成为限制人类基因编辑技术走向临床应用的最大瓶颈。人们担心的是，一旦在基因编辑过程中破坏了某些基因的某种我们仍不可知的内在联系，哪怕仅仅是一个碱基的改变，都可能带来不可逆转的功能的变异或导致更为严重的疾病。因此，开发安全高效的基

---

[1] 基因编辑的脱靶问题，是指在定向编辑某个基因的同时，可能会在基因组其他无关位点引入非特异性遗传修饰。与药物的“副作用”概念类似，基因编辑技术的脱靶问题带来了潜在的临床风险。参见王立铭：《上帝的手术刀：基因编辑史》，浙江人民出版社 2017 年版，第 221 页。

[2] 陈诗雨、杨芳：《人类基因编辑技术伦理问题探微》，载《齐齐哈尔大学学报（哲学社会科学版）》2019 年第 8 期。

[3] 季海艳、朱焕章：《基因编辑技术在基因治疗中的应用进展》，载《生命科学》2015 年第 1 期。

[4] 梁普平、黄军就：《推开人类胚胎基因研究的神秘大门》，载《生命科学》2016 年第 4 期。

因编辑技术仍然是该领域的研究重点。

（二）人类基因池被污染的风险

随着基因编辑技术的不断发展，其应用领域将不可避免地由修复突变基因向增强原有基因的功能扩展。基因编辑技术则使得人类胚胎直接成为被编辑的对象。在“基因编辑婴儿事件”中，贺建奎团队的做法显然存在以下问题：“基因编辑婴儿事件”已经越过了基因编辑技术的体外试验阶段，使被编辑的人类基因最终被孕育成婴儿，导致人类基因的生殖性和遗传性受到了前所未有的关注。[1] 基于人类基因编辑技术自身的风险性[2]和人体基因的遗传信息属性，这将可能会导致该婴儿被编辑的基因在人类繁衍的过程中不确定地混入人类基因池，危害人类基因池整体安全。

首先，从人类基因的生殖性来看，人类胚胎细胞与体细胞最大的区别在于其是否承担生殖功能。正是在这一意义上，人类胚胎细胞被视为潜在意义上的人。也就是说，胚胎虽然不是标准意义上的人，但是人类胚胎一旦着床，就可能成长为人，人类生命的发生过程是从受精以后按照一系列的连续程序进行的。在生殖系基因编辑中，由于此种受编辑的人类基因的遗传性特质，可能对人类基因库或基因池带来不可逆转的污染风险，进而对后代群体的利益造成损害，侵害代际权益。[3] 因此，胚胎基因与人的其他细胞不同，具有人类生命萌芽的重大意义，应受到伦理上的尊重，对人类胚胎的处置必须非常慎重。

其次，从人类基因的遗传性来看，基因不仅是个体独特的生物特征，也是人类繁衍的生命密码。因此，基因信息直接属于生命个体，但遗传性将使得基因信息最终属于全人类。具体来说，被修改的基因信息可能进入婴儿的所有细胞——包括生殖细胞。由于人体遗传基因信息会随着生殖行为而代代

---

[1] 仲崇山、蔡姝雯等：《“基因编辑婴儿”打开了潘多拉魔盒?》，载《新华日报》2018 年 11 月 28 日，第 15 版。

[2] 风险性是指基于目前的技术手段，人们对生殖细胞及胚胎编辑的安全性尚无法作出有效评估。贺建奎在采访中明确说到，有一个基因序列有脱靶的潜在风险，而这种风险会为人体带来不可预知的影响。

[3] 钱继磊：《论作为新兴权利的代际权利——从人类基因编辑事件切入》，载《政治与法律》2019 年第 5 期。

遗传，因此，当我们修改某一特定个体的基因信息时，同时会对其后代、家族乃至整个族群的特征产生一定程度的影响。这种“社群性”的特性，使得我们在利用基因数据时，可能会同时一并揭露其他人的遗传状况。换言之，这种特性将使因基因编辑可能受到伤害的范围，从个人扩张到有血缘关系的利益相关主体（族群）。对个体生殖细胞的基因进行编辑，不但改变了个体，也会遗传至下一代。也就是说，“基因编辑婴儿事件”中，基因编辑的结果不仅会影响“露露”和“娜娜”本人，还可能通过“露露”和“娜娜”的生育行为传递给她们的子孙后代。最终，这些被改变的基因将被汇入到整体人类基因池。进入人类的基因池后，这些不确定性的可遗传物质的改造会带来什么样的影响，没有人能预知。正是这种涉及人类自身生命本体的不可预知、不可研判的风险，让全世界对基因编辑技术的研究都慎之又慎。

随着现代医学技术的推进与人类基因编辑技术的运用，个别医疗机构与科研人员在某些利益驱使之下从事的有关人体基因和人体胚胎方面的科研活动，一旦越界，不仅可能对试验个体造成损害，也可能给社会整体发展带来冲击。因此，有必要通过立法予以规制，使这些科研活动在科学、伦理的指引下健康有序发展。[1] 从人类生殖系细胞基因编辑的风险分析，在风险评估上，如果在基因治疗与常规治疗哪个为对病人最优方案的比较中存在疑问，研究者可以通过设计试验对两种治疗方案的最坏结果进行比较，假如基因治疗的最坏结果优于常规治疗的最坏结果，则基因治疗可以得到伦理辩护。以“基因编辑婴儿事件”为例，贺建奎等声称为了“免疫艾滋病”而修改了两名婴儿的基因，其最坏的结果是基因经过修改后遗传给了后代，污染了人类基因池，且这种基因修改的影响根本无法预知，也就是说其风险具有不可控性。而常规治疗中，即使两名婴儿先天携带了艾滋病病毒，在现有的医疗水平下，我们已经可以通过多样治疗手段将艾滋病变为慢性病，不会影响患者寿命，这种风险相较于前一种显然更小和更为可控。将两个最坏结果作比较可以发现，常规治疗的风险明显会更小。因此，一旦人类基因编辑技术被不当应用，可能会对人类基因池的安全造成影响，这是必须考虑的技术风险。

---

[1] 李昕：《用法律规范人类基因组编辑技术的发展》，载《光明日报》2019年5月9日，第16版。

如果允许经过改造的新基因进入人类基因池，可能会造成整个人类基因池被污染。经过改造的新基因在人类基因池的扩散速度及其对于整个人类的影响是难以评估也是难以控制的。

（三）人类基因多样性减损的风险

习近平总书记指出："要从保护人民健康、保障国家安全、维护国家长治久安的高度，把生物安全纳入国家安全体系，系统规划国家生物安全风险防控和治理体系建设，全面提高国家生物安全治理能力。"❶ 人类基因编辑技术的运用应当避免对生物安全和人类基因多样性风险。对人类基因的编辑和修改，有可能导致人类基因多样性受到影响，造成人类进化方向发生永久性的不可逆的转折，尤其是人类生殖性细胞基因编辑的行为更是有可能对物种多样性产生长久且广泛的影响。人类基因编辑技术操纵和修改了基因序列的自然发展，可能会对生物多样性带来更多的伤害，会使原有的人类基因样态遭到减损，威胁到人类基因多样性。物竞天择是一项人类社会发展的自然法则，人类基因本来就多种多样十分复杂，虽然价值选择多种多样，但是如果大多数人对基因的选择偏好相同，那么基因多样性就会遭到破坏，从而影响物种多样性以及自然生态的多样性。基因的单一性会导致未来遭遇很多未知的风险。人类基因编辑技术很容易被掌握生物技术专业知识的人不当利用，在缺乏严格监管的情况下，会带来极大的生物安全风险。❷ 生物安全问题已经成为人类社会面临的生存与发展的重要威胁之一。实际上，生物安全的危害形态包括多种类型，生物技术的谬用与滥用是其中的一种危害形态。生物技术本身应当被视为技术谬用与滥用的客体，这体现了科学技术的双刃剑性质。❸

"基因编辑婴儿事件"属于典型的生物技术的滥用，其危害结果具有多

❶ 《习近平主持召开中央全面深化改革委员会第十二次会议强调完善重大疫情防控体制机制健全国家公共卫生应急管理体系》，载《人民日报》2020年2月15日，第1版。

❷ 《生物安全法》（2024年修正）第2条第1款规定："本法所称生物安全，是指国家有效防范和应对危险生物因子及相关因素威胁，生物技术能够稳定健康发展，人民生命健康和生态系统相对处于没有危险和不受威胁的状态，生物领域具备维护国家安全和持续发展的能力。"

❸ 王小理：《生物安全时代：新生物科技变革与国家安全治理》，载《国际安全研究》2020年第4期。

方面的影响。基因编辑技术存在着被恶意用于编辑人类基因并且人工创造出未知基因序列的风险，从而对人类基因多样性带来极大的安全挑战。从目的上看，针对生殖细胞的基因编辑可以被分为“治疗性编辑”、“预防性编辑”和“增强性编辑”。❶ 治疗性基因编辑的对象是人体细胞中的致病基因，目的是避免致病基因的遗传而影响后代人的生命健康。而以预防或增强为目的的基因编辑在本质上已经突破了“治疗”目的，成为一种基因改造。由于生殖系基因改造所含巨大的未知风险，可能对人类生物多样性造成侵害，通常被基因科研伦理所禁止。贺建奎等基于预防性功能而进行的生殖性基因编辑显然背弃了这一伦理原则，因而遭到科学界的质疑与反对。

综上所述，人类基因编辑活动可能会产生巨大的技术风险，基因编辑技术所产生的风险包括技术上的脱靶风险、人类基因池遭到不可逆污染以及人类基因多样性减损等风险。实际上，人类基因编辑行为带来的风险和挑战是多方面的，除了上述风险外，还包含对既有价值观和伦理法律规范等带来的冲击与挑战。其中，人类基因编辑对人类社会价值观的挑战是最深层次的挑战，主要涉及对人主体地位的冲击、对人性尊严的挑战以及对人类生命价值观的重塑等；而对既有规范的挑战主要包括对伦理规范和法律规范的挑战，如基因伦理、基因歧视、基因正义、基因责任（包括责任性质与责任类别）等问题，以上相关内容将在下面章节中进行详细讨论。

二、人类基因编辑技术发展带来的挑战

人类基因编辑活动不仅存在损害人格尊严以及身体健康的风险，而且存在损害伦理道德和公共利益的风险，甚至可能会影响国家安全。❷ 这些风险的存在，给人类社会既有的伦理道德秩序与法律规范体系带来了前所未有的冲击与挑战。正是如此，这也正是我国《民法典》《生物安全法》《刑法》等法律将基因编辑行为纳入各自调整范围的原因所在。换言之，由于人类基因编辑活动同时涉及科技、伦理和法律等多方面问题，因而，

---

❶ 王晁、张洪江：《人类胚胎基因编辑技术的伦理考量》，载《医学与哲学》2019 年第 4 期。

❷ 朱晓峰：《人类基因编辑研究自由的法律界限与责任》，载《武汉大学学报（哲学社会科学版）》2019 年第 4 期。

除了严密的科研伦理审查之外，必须对人类基因编辑活动进行严格且有效的法律规制。

（一）人类基因编辑技术发展的伦理挑战

就人类基因编辑的科研伦理而言，经基因编辑的早期人类胚胎以及生殖细胞不得用于妊娠，已经成为世界各国与国际社会科学共同体的基本共识，也是每一个基因研究者应当遵守的基本职业伦理。有学者指出，“在对待‘基因编辑婴儿事件’等类似事件中，生命伦理学、医事法学、卫生法学以及生命法学各自视角与关注面向是存在极大差异的”❶。本质上，在不同学科和研究视角差异的背后，蕴含的是多元化和差异化的价值观，是多种利益诉求在不同维度、不同群体以及不同领域之间的映射。就基因编辑的伦理约束规范而言，2001 年原卫生部《关于发布人类辅助生殖技术和人类精子库相关技术规范、标准及伦理原则的通知》（卫科教发〔2003〕176 号）中制定的《人类辅助生殖技术规范》《人类精子库基本标准》《人类精子库技术规范》《实施人类辅助生殖技术的伦理原则》，是我国较早涉及人的生物医学研究的规范性文件。2003 年，科学技术部和原卫生部联合颁布的《人胚胎干细胞研究伦理指导原则》并修订了上述规范性文件。2016 年原国家卫生和计划生育委员会颁布《涉及人的生物医学研究伦理审查办法》，标志着我国针对人的生物医学研究的规制体系在实质上得以确立。通过对上述规范的分析可以发现，科研伦理规范主要着眼于事前规制，实施过程中缺乏有效的强制执行力，其实施效果往往依赖个体的自觉遵守和外在的舆论约束。因此，为应对人类基因编辑技术发展带来的伦理挑战，有学者主张“确立一种刚性的生命伦理规制”❷，以增强科研伦理准则的约束力。

1. 人类基因编辑可能侵犯人的尊严

人是目的而非手段，任何科技的发展和相关研究都应当建立在充分尊重人的尊严的基础之上。根据德国古典哲学创始人康德的说法，每个人具有“人之为人”的价值，每个人拥有决定自己道德目的的能力，如果侵害个人

---

❶ 刘长秋：《“基因编辑婴儿事件”与生命法学之证成》，载《东方法学》2019 年第 1 期。

❷ 段伟文：《基因编辑婴儿亟待刚性生命伦理规制》，载《学习时报》2018 年 12 月 5 日，第 6 版。

的自主决定权，就是把个人当作工具，应该尊重每个人的自主地位。❶ 而功利主义的代表人物约翰·密尔则关心人的个体性（individuality），认为只要个人不妨害其他人的表现自由，社会应该允许个人依照自己的信念去发展，不过当个人的观念错误或不当时，我们有义务试图去说服他改变想法。换言之，“康德尊严说认为人的尊严就在于人在任何时候无论是对待自己还是对待他人都应当将其看作是目的而不是手段或者工具”❷。康德对于个人的尊重建构在个人视为目的的最高道德准则，而密尔对个人自主的诠释则同时兼顾了不干涉他人及主动强化自主的表现，虽然他们的说理方式不同，但这两种哲学思想都支持自主权尊重原则。❸ 如果说大陆法系深受这种一般人格权理论的哲学思想影响的话，那么其主要是宣示了人的尊严和个人自主决定权的基本精神。

人的尊严可能受侵害的风险是人类基因编辑技术所带来的重要伦理风险之一。贺建奎等将基因编辑技术进行临床应用的行为会使“基因编辑婴儿”的人格尊严受到严重侵害。面对人类基因编辑技术，我们应该具有的一种伦理态度是，“既要维持尊严在生命科技中的基础性价值地位，也要构建一种更加开放的、通过基因科技来促进关于人的尊严理解的新框架”❹。基因编辑对人类社会伦理底线的挑战在于，“通过技术对曾经被视为具有神圣性的人的自然体加以改造、设计和控制……人之存在这幅图像具有完整性，基因干预只要破坏或改变这幅图像，就有可能会造成对人之尊严的侵犯”。❺

在科技飞速发展的今天，人的尊严遭遇到了来自基因科技的巨大威胁与挑战。基因编辑技术在深刻改变人类世界的同时，也在不断威胁与挑战

❶ 陶应时、王国豫：《人类胚胎基因编辑技术的伦理考究——基于人的完整性视域》，载《科学技术哲学研究》2019 年第 1 期。

❷ 罗会宇、雷瑞鹏：《我们允许做什么？——人胚胎基因编辑之反思平衡》，载《伦理学研究》2017 年第 2 期。

❸ See Tom L. Beauchamp & James F. Childress, *Principles of Biomedical Ethics*, Oxford University Press, 2001, p. 63 – 64.

❹ 郑玉双：《生命科技与人类命运：基因编辑的法理反思》，载《法制与社会发展》2019 年第 4 期。

❺ 孙海波：《基因编辑的法哲学辨思》，载《比较法研究》2019 年第 6 期。

人的主体地位。在这一技术影响下，人在私法领域中有沦为法律关系客体的可能，“主体客体化”的风险已经成为不能忽视的社会现实。因此，有必要通过包括人格权法在内的民法典适用和解释活动，在私法领域内为“人”树立一道保护屏障。相较于人类基因编辑技术对生命健康带来的未知风险，基因编辑对“人之为人”的本质和人的尊严的冲击更大。在多元共治框架下，引入科技伦理治理已成为必然趋势。所谓科技伦理治理就是“将与科技相关的伦理原则纳入治理之中，丰富治理的目标以及修改或增添治理的手段”。[1] 面对人类基因编辑技术这一新产物时，技术发展必须伦理先行。[2] 而且即使已经成为普遍的伦理共识，也并不意味着仅简单制定一个规范就可以彻底解决问题。相反，在伦理规范的拟定过程中，必须详细到这项技术可能涉及的各个方面，让公众参与到有意义的对话和决策过程中，完善伦理审查机制，在社会公众中达成生物技术应用领域的普遍伦理共识。

2. 人类基因编辑可能侵害胚胎的人格权益

除了有悖伦理道德，对人格尊严的侵犯之外，生殖系基因编辑还可能进一步损害作为试验对象的胚胎的人格权益。这是因为，从“自然人”这一主体性基点来看，人不能“扮演上帝”的角色，利用基因编辑技术对人体胚胎进行改造，违反“物竞天择”的自然发展规律，改变了人的自然属性，有悖于伦理道德。正如朱振教授所言，“基因编辑技术用于恢复身体健康是好的，但是用于改变人类基因，就是以一个上帝视角来掌握人类出生，优化人类基因则是不可以的”[3]。另外，有观点主张，反对生殖性基因编辑的原因在于其缺乏人性伦理观念的科学研究，不但会直接威胁到人体健康和人格尊严，更会影响到社会整体的发展与安全。其理由主要表现在：可能会破坏人类的独特性和生物多样性；科学研究的不确定性；可能会违反自然人的生长规律；

---

[1] 《新兴科技伦理治理问题研讨会第一次会议纪要》，载《中国卫生事业管理》2020 年第 2 期。

[2] 姚建国、雷锦程：《人类基因组研究的几个伦理问题》，载《南昌大学学报（人文社会科学版）》2003 年第 5 期。

[3] 朱振：《反对完美？——关于人类基因编辑的道德与法律哲学思考》，载《华东政法大学学报》2018 年第 1 期。

破坏社会家庭的完整性；以后会影响到人类基因库的安全性；可能会被有野心的独裁者滥用；等等。[1]

在“基因编辑婴儿事件”中，自然人的个体利益主要涉及受试者和基因编辑胚胎存活的婴儿两类。其中，与基因编辑行为有关的活动首先应当获得受试者“事先、自愿和明确同意”。[2] 但从逻辑上看，实践中“自我决定权”则会陷入一种尴尬的境地。即在对特定的人类胚胎进行基因编辑时，该人类胚胎并不具备人类的自主意志，无法行使自我决定权。等到该被编辑的人类胚胎出生且具备自主意识时，自我决定权已经丧失了行使的现实条件。此时，人类胚胎早就已经孕育出生命，胚胎既然都不存在了，那么针对胚胎的基因编辑的自主决定权显然就更加没有意义了。因此，在接受基因编辑以及形成胚胎的过程中，即便医疗机构或其工作人员对“尚未形成胎儿”的基因进行编辑，造成了婴儿出生后的损害，最终也会因为侵害行为（基因编辑行为）发生时婴儿还未出生不是民法中的权利主体，而自始不构成对婴儿权利的侵犯。显然，这一结果与个体“自我决定权”实现的目标相去甚远。在人类基因编辑的问题上，应区分基因治疗与基因改良。如果是为了潜在主体利益的基因治疗，该潜在主体的父母作为其法定代理人可以代其接受基因编辑。但基因改良应被法律所禁止。如果父母仅仅为了预防某种疾病而对正常的胚胎细胞进行改造，在法律上已经超出了法定代理人的权限，“基因编辑婴儿事件”的发生，除了贺建奎团队的做法违法外，受试者父母也有滥用亲权之虞。

（二）人类基因编辑技术发展对法律的挑战

在2018年“基因编辑婴儿事件”发生前，我国已有法律规范对基因编辑技术引发的问题进行了事后救济规定，主要是通过行政监管与刑事制裁实现秩序的维护。这种规范虽然在约束力上强于伦理规范，但却过于刚性，极有可能误伤科学研究的积极性。在社会治理的诸多手段中，行政监管存在一

---

[1] 刘玉婷：《生命伦理学视域下基因编辑技术伦理问题研究——以2018年“基因编辑婴儿事件”为中心》，上海师范大学2021年硕士学位论文。

[2] 石佳友、刘忠炫：《人体基因编辑的多维度治理——以〈民法典〉第1009条的解释为出发点》，载《中国应用法学》2021年第1期。

定漏洞，而刑事制裁向来被视为一种成本极其昂贵的规制手段，如果无法抑制这种动辄刑事处罚的立法冲动，必然会损害法律的“谦抑性”，[1] 陷入一种“重惩处轻救济”的误区。此外，更容易被忽视的是，不论是科研伦理还是法律制裁，指向的主体均是法律规范的违反者，忽视了对权益受损者的救济与补偿，亟须法律规范予以应对。

1. 人类基因编辑技术可能威胁人体健康

人类基因编辑技术的应用，在给人类带来福祉和希望的同时，也必然会有安全风险与危害，它不但直接关涉基因编辑人的身体健康，还不可避免地存在一些人类基因编辑活动自身所特有的风险与危害。如前所述，到目前为止，人类基因编辑技术存在的最大安全风险就是脱靶风险。贺建奎等的“基因编辑婴儿事件”这种将基因编辑技术用于人体胚胎并孕育出了生命的行为之所以遭到谴责，主要是从技术层面来看，贺建奎等采用 CRISPR - Cas9 基因编辑技术，即利用 Cas9 核酸酶在细胞特定基因组位点上的特点对细胞进行切割、修饰，该技术更容易得到纯合子突变体，而且可以在不同的位点同时引入多个突变，但也存在脱靶效应。[2] 当前基因编辑技术用于人类胚胎尚不够成熟，存在脱靶及未知的安全风险等。那么，如果允许此类型的基因编辑行为，未来将会带来一系列的不可控风险，如脱靶风险、遗传风险等，这将会对基因编辑人及其后代的人体健康产生重大影响，这既违背了代际正义，也超出了法律规范所允许的正义范围。

在现有法律规范体系范围内，自然人是基于自然规律而出生的人，人体健康是以“自然人”的个体存在为前提的。基因治疗的本质是为了恢复自然人的基因功能，从而达到治疗的目的。虽然基因治疗会使得人自然本性的局部发生改变，但是其没有偏离“生命本质”的轨道，没有抛弃生命自然本质，是在认可生命本质前提下促进身体健康、维持身体和谐状态。基因治疗遵循了生命进化规律，保持了自然人身体与精神的完整性。而生殖性基因增

---

[1] 田野、刘霞：《基因编辑的良法善治：在谦抑与开放之间》，载《深圳大学学报（人文社会科学版）》2018 年第 4 期。

[2] 王康：《人类基因编辑实验的法律规制：兼论胚胎植入前基因诊断的法律议题》，载《东方法学》2019 年第 1 期。

强是为了增强正常人性状、能力，一方面可能增加原本生命体没有的机能，另一方面可能给人的器官等带来超越常人的能力。这种基因编辑行为实质上是对于人的自然本质的超越，并非人类自然进化。这种“非人”的成分破坏了基因完整性与人种完整性，让个体丧失主体性，可能变成非自我的异类，同时也对人的价值以及自我认同感造成很大的挑战与危机。相对于自然分娩的婴儿而言，基因编辑婴儿会成为“人造个体”，前者是自然实体，后者是人造实体。这会导致人类产生自然人“人之为人”的困惑以及产生对人自身和生命本质的恐惧。一旦生殖性基因编辑推广开来，一个人的基因有大半都被改造的话，那么他就会成为与自然人不同的“基因编辑人”。我们就会对他产生认同感危机，同时也会不知应当以何种方式和他打交道。传统生活中的家庭、社会的伦理标准以及法律法规是否同样适用于基因编辑人，也会存在一定的争议。特别是对现有法律法规体系中“自然人”和人体健康的概念也会因为“基因编辑人”的出现而充满不确定性。

2. 人类基因编辑技术可能加剧社会的不平等

当代美国著名政治哲学家罗尔斯在《正义论》中指出，正义的两个基本原则之一是“差异原则”，即确立社会和经济的不平等时，应当对整个社会最不利地位的人有利，而且所有的社会地位和官职对一切人开放或提供平等的机会。[1] 如果法律规范对基因编辑技术不加以干预和限制，可能会导致该技术被泛用甚至滥用，会导致基因不平等，进而引发基因歧视等现象。实际上，在“基因编辑婴儿事件”发生前，我国也曾在2009年发生过“基因歧视第一案”[2]，这一案件所折射的是由于基因技术被滥用而导致的基因歧视。实际上，由于我们每个个体基因特性的不同，所展现的天赋、才能、智慧、性格以及身体素质就会有所差异。可以预见的是，随着人类基因编辑技术的

[1] ［美］约翰·罗尔斯：《正义论》，何怀宏等译，中国社会科学出版社1988年版，第5页。

[2] 参见佛山市中级人民法院（2010）佛中法行终字第381号判决书。此案是一起因基因检测而引发的行政诉讼判决：原告是参加2009年广东省佛山市公务员考试的3名考生，在笔试和面试总分排名中分别为第1名或第2名，但在体检中，血液检查结果表明原告携带地中海贫血致病基因，被告佛山市人力资源和社会保障局以轻型地中海贫血属于血液病为由拒绝录用。原告于2009年12月29日提起诉讼，但这一诉讼请求未获两级法院支持。本案因涉及基因歧视问题，因而被媒体称为“基因歧视第一案”。

发展，如果允许科技手段以“增强”为目的的基因编辑，有经济实力者可以抢先购买，使其后代的基因得以改良，那么，普通人在竞争中根本不是其对手，未被增强的基因反而成为弱势群体遭到歧视的理由，这可能会引发社会上新的社会不平等，违反正义原则。事实上，与人体基因、人体胚胎相关研究不仅涉及现今世代的利益，而且涉及未来世代的利益。不难想象，此类技术的滥用将可能给整个人类带来不可弥补的巨大风险与损害。因此，片面强调现今人类基因编辑技术发展带来的福祉和便利，而忽视由此给现今世代和未来世代所带来的不可知风险，显然是自私和非正义的。我国《民法典》第1009条在充分考虑代际正义的基础上作出的规定，也以实现代际正义为重要目标。[1] 由于与人体基因、人体胚胎等有关的医学和科研活动对未来世代的影响一方面很难预知，另一方面损害可能不可逆转，再加上未来世代无法通过参与现今社会立法的方式表达自己的利益诉求。故而，在认定此处的“社会公共利益”之时，需要平衡考虑未来世代和现今世代的利益，避免造成社会的不平等和非正义的现象。

值得注意的是，我国《民法典》第1009条对人类基因编辑活动规制的规定，尽管强调了坚持人体健康、伦理道德和公共利益的基本立场，但却并未直接提及人格尊严。一方面，从理论层面来看，法律之所以认真对待与人体基因、人体胚胎等有关的医学和科研活动，主要原因之一就是其可能会给人格尊严带来重大损害。[2]“从事与人体基因、人体胚胎等有关的医学和科研活动，必须建立在尊重人格尊严的基础上”。[3] 另一方面，从现行立法来看，将“国家尊重和保障人权”规定于我国《宪法》第33条中，“尊重”代表了对基本权利的消极义务，而“保护”则对应积极义务。[4] 这一条款被宪法学者延伸解释为我国基本权利的概念性条款[5]，《个人信息保护法》外引域外立

---

[1] 王利明：《彰显时代性：中国民法典的鲜明特色》，载《东方法学》2020年第4期。

[2] 王利明教授指出，我国《民法典》第1009条对人体基因、人体胚胎医学科学研究作出的限制性规定，是出于对人格尊严的维护。参见王利明：《彰显时代性：中国民法典的鲜明特色》，载《东方法学》2020年第4期。

[3] 黄薇主编：《中华人民共和国民法典人格权编解读》，中国法制出版社2020年版，第93~94页。

[4] 张翔：《基本权利的体系思维》，载《清华法学》2012年第4期。

[5] 韩大元：《宪法文本中的人权条款的规范分析》，载《法学家》2004年第4期。

法智慧，内接本土实务经验，从我国《宪法》第 38 条“公民的人格尊严不受侵犯”的“人格尊严不受侵犯”出发[1]，明确了人体基因作为自然人人格权保护的宪法基础和逻辑起点，能够对部门法立法进行约束和指引，在法律层面为基因权利保护搭建了相互配合、协调发展的法律保护体系。自然人的人格尊严是“人之为人”应当受到的基本礼遇和尊重[2]，人体基因权利保护应当坚持尊重与保护人格尊严的基本立场。基于此，我国《宪法》第 38 条以及《民法典》第 109 条和第 990 条都专门强调了人格尊严。换言之，人格尊严是一项必须给予保护的一般人格权，并且由《民法典》第 990 条第 2 款一般人格权保护的兜底条款规定可知，人格尊严构成其他具体人格权益保护的基础。就人类基因编辑技术运用而言，其可能带来的主要问题正是对人的物化或商品化等损及人格尊严的问题。从法律适用来看，第 1009 条没有提及人格尊严和人格利益，但并不妨碍人格尊严和人格利益保护对人类基因编辑活动的适用。实际上，我国《民法典》第 109 条一般人格权条款和第 1164 条“权益”的相关规定是具有开放性保护的条款，其已经为人类基因权利提供了可能的“过渡性”保护，可以以此来回应人类基因编辑技术发展对私法规范带来的挑战。

第三节　人类基因编辑立法规制的必要性

人类基因编辑技术对伦理、法律和社会秩序等带来了前所未有的挑战，对人类生命健康和安全都带来种种潜藏的危险，必须采取积极的、预防性的法律规制手段以防范其未知的风险。目前既有的伦理规范和法律规范已无法满足现实需求。2018 年“基因编辑婴儿事件”的发生，进一步凸显了在伦理规范约束乏力的情况下，对基因编辑行为进行立法规制具有必要性。为防止人类基因编辑技术被滥用，迫切需要法律制度充分发挥其规范作用和社会作

[1] 许可：《个人信息治理的科技之维》，载《东方法学》2021 年第 5 期。

[2] 张新宝：《〈个人信息保护法〉如何强化保护个人敏感信息?》，载中国民商法律网，https://mp.weixin.qq.com/s/ZXTnoR_UPOwSRQkMEhER5Q，2021 年 9 月 3 日访问。

用。关于法律的规范作用与社会作用，法的规范作用是基于法律的规范性特性进行考察的，法律的社会作用是基于法律的本质、目的和实效进行分析的。英国法学家拉兹曾经指出：法的规范作用表现为，法指引人们的行为，是人们行为的根据，也是评价人们行为的标准。法的社会作用是指由许多法律所建立和调节的各种法律制度所具有的社会作用。[1] 在法律规范的这两种作用中，法律的规范作用是手段，法律的社会作用是目的。法律规范能够以强制的手段约束人的行动，通过实体性内容和程序性规定，发挥其对人类基因编辑活动的规制功能。

一、回应新型社会关系对法律规范的需求

随着人类基因编辑技术的飞速发展，引发了一系列与自然人生命的孕育、出生、健康、死亡相关的新型社会关系的出现。比如，从事与人体基因、人体胚胎有关的医学和科研活动时，对受试者的知情同意、自主决定等应当如何认定和保障？在人体基因检测中，相关机构利用被检测者的人体组织进行研究获得了新的发明如何认定其法律属性？因基因检测所获得的数据权利应当如何保护？与人类基因权利保护直接相关的是，“华大基因检测案”的发生及二审判决结果进一步说明，[2] 随着人类基因编辑技术的发展，关涉基因编辑技术引发的权利诉求不断发生并呈现出新样态，对法律规范的需求日益凸显，亟待法律予以规制。对人类基因数据和遗传资源进行的研究如何保护，是否可以申请专利等，无论哪种关系都比传统的社会关系更为复杂，对现行法律规范提出了回应社会关系调整、保障新兴合法权益和稳定相关社会秩序的要求，人类基因编

[1] 黄文艺：《英美法理学与中国法理学》，载《吉林大学社会科学学报》2002 年第 4 期。

[2] 参见广东省深圳市中级人民法院民事判决书（2019）粤 03 民终 22765 号。该案的主要内容是深圳华大基因科技服务有限公司诉自媒体“记者金微”名誉权侵权纠纷。基本案情是：2018 年 10 月26 日，记者金微撰文《华大基因被罚！14 万孕妇基因已流到国外，细思极恐》，对华大基因联合国外机构研究中国人基因提出疑问，称“14 万名中国孕妇的基因涉大规模人群采集，14 万孕妇对自己的基因用来研究是否知情，这个研究存在涉外问题，有无批准，有无数据外流等”。2018 年10 月 26 日，华大基因发表声明称自媒体金微是“张冠李戴，刻意关联，制造恐慌”，并在深圳盐田法院起诉金微。2019 年 11 月 25 日二审法院判决最终判定：虽然金微文章标题存在不当，可能误导读者构成侵权，但文章内容只是“提出了关于华大基因研究是否得到合法审批，华大基因用遗传信息作研究是否得到了孕妇授权的怀疑”，并无明显不当，侵权程度有限。

辑技术的立法规制应当有效满足新型社会关系对法律规范发展提出的需求。

除此之外，基于人类基因编辑技术这种新兴科技引发的社会关系的变化比较复杂。这一变化与全人类命运和自然人个体的新型人格权保护息息相关，产生了很多新兴权利保护的诉求。传统单一的法律部门和权利类型对此已显现出调整效果有限的不足，难以满足现实需求。同时，传统的法律调整手段也无法满足这种新兴权利发展的需要。这就需要法律规范回应新兴科技发展的需求，引入新兴权利理论和新的法律规范，增加相关主体的权利义务内容，解决新兴科技发展产生的新情况和新问题。从人格权法来看，以身体权保护为例，按照传统的民法理论，“身体权更多地强调人对于身体完整性的维护”❶，但随着基因编辑技术的发展，这一表述只是身体权保护的物质性基础，无法揭示人体基因与其关联性及基因与人体分离后是否属于身体权保护的范围（详见图 1－1），也未能揭示精神性人格权保护的内容。需要说明的是，图 1－1 说明基因权利与生命权、身体权和健康权存在紧密关联性，是基

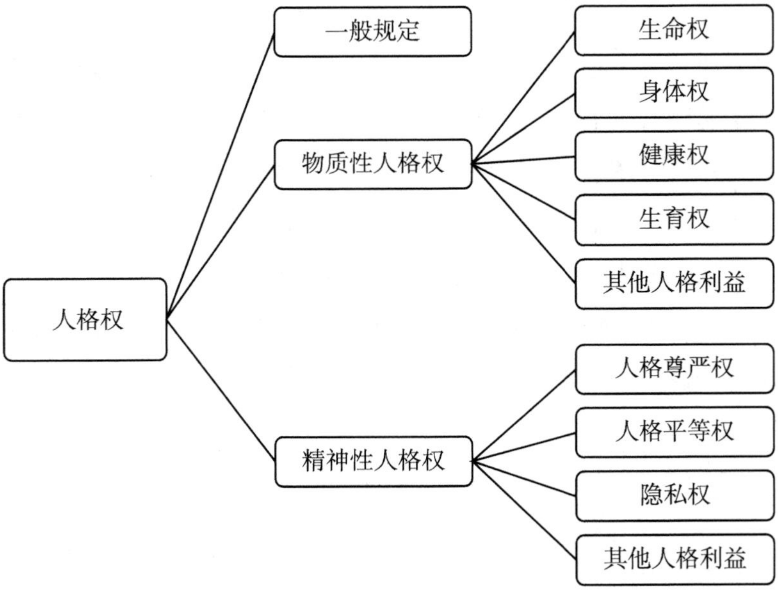

图 1－1　人格权理论体系下基因权利所关涉的人格利益

---

❶ 温世扬：《民法典人格权编草案评议》，载《政治与法律》2019 年第 3 期。

因权利保护的逻辑起点，但基因权利作为新兴权利具有复杂性和综合性的特点，与图1-1中人格权体系所列举的物质性人格权和精神性人格权保护存在交叉性和客体的重合性。以人体基因与身体权保护的关联性考察，基因权利作为新兴权利应当采取区别于传统民事权利保护的模式，进而回应现代社会人类基因编辑技术发展对人格权保护带来的挑战。

综上所述，人类基因编辑技术的飞速发展虽然能造福人类，但也对人性尊严、生命权、身体权、健康权和隐私权等权利带来巨大挑战，对其可能的危险进行立法规范并确立核心规制理念已成为法学研究的重要课题。人类基因编辑技术的突破性发展和广泛性应用，在给人类带来巨大福祉的同时，也引发了一系列的伦理道德及权益保护的危机，如基因歧视、基因隐私等。在人格尊严、生命权、健康权、身体权、隐私权、知情同意等自然人权利保护框架指引之下，无论是为了促进人类基因编辑技术的良性发展或是避险除害防止基因编辑技术的滥用，都有必要对人类基因编辑技术进行充足的讨论与立法规制。虽然《民法典》第1009条对与人体基因、人体胚胎等有关的基因编辑科研活动和医疗活动进行了原则上的规制，但该规定相对较为空泛、内容笼统。如果要确定一个人类基因编辑行为是否“危害人体健康、违背伦理道德”，是否“损害公共利益”，需要依据国家的法律、行政法规以及国家有关规定来予以确定，需要法律规范予以全面的整体性、系统性回应和调整。在人类基因编辑技术迅速发展的今天，基于新兴技术发展对法律规制提出的新挑战，如何对人类基因编辑行为所涉及的社会公共利益与私人个体利益进行综合保护，是人类基因编辑立法需要进一步考虑的问题。❶

二、促进基因编辑技术良性发展的需求

高科技的迅速发展，正在使我们进入一个面临越来越多的难以预测后果的时代。当今社会，在基因工程、人工智能、医疗技术等诸多领域，我们已经越来越难预测我们行为的长远与全面的结果，尤其是负面的后果。❷ 目前，

❶ 纪洪亮：《基因编辑法律规范之完善——以贺建奎基因编辑婴儿案为例》，上海师范大学2021年硕士学位论文。

❷ 何怀宏：《人类还有未来吗》，广西师范大学出版社2020年版，第157页。

高科技的发展已经展示了在许多方面突破的可能性。一方面，人类是必然不断追求技术进步和突破的，许多突破也的确带来了经济的高速发展与人们物质生活水平的不断提高。基因编辑技术近年来获得了蓬勃发展，技术本身得以不断改进，新成果也不断涌现。人类基因编辑技术已在疾病治疗、病毒核酸检测等领域开展了大量的应用研究，展现出良好的应用前景，特别是在用于癌症、心脑血管疾病、遗传性疾病的治疗方面引起极大关注。❶ 但是另一方面，这项技术仍然面临脱靶效应、免疫原性、副作用、生物选择性等不确定性所带来的风险，针对人类的基因编辑操作也带来了前所未有的伦理道德与生物安全等方面的争论。如何在促进人类基因编辑技术良性发展的同时对其进行有效监管，是生命科学界面临的重大伦理挑战，也是摆在我国法学理论界和实务界面前的一项重要任务。

从立法者的立法意图上分析，鉴于目前我国人类基因编辑技术的实践存在较大争议，且理论研究仍处于发展的初级阶段，科技、法律与道德伦理之间的矛盾纷繁复杂，并未达成治理的社会基本共识。例如，我国《民法典》第 1009 条的规定并不是要立刻解决“基因编辑”相关的所有问题，而是仅具有一般基础法的地位，目的是在于尝试引导相关法律关系进入法律明文规定的轨道，指明清晰的法律调整方向，展示立法者的基本立场和价值取向，细化规制方法并非此条文立法的目的。并且该规定采取开放性保护模式，已将调整规范转致为“应当遵守法律、行政法规和国家有关规定”，有待其他法律法规进一步补充和完善。但同时，刻意留下的法律空白，也使得我国私法领域在“基因编辑”研究等方面仍然可以大有作为。❷

人类基因编辑技术限制和禁止的界限究竟应该划在哪里？它的范围应该有多大？现在并没有公认的能够约束所有科技研究人员和医疗人员等相关主体的冒险试验的法律规范，亟待予以立法回应。如前所述，随着现代生物医学技术的推进和人类基因编辑技术的发展，一些医疗机构、科研机构和人员

---

❶ 陈云伟、陶诚等：《基因编辑技术研究进展与挑战》，载《世界科技研究与发展》2021 年第 1 期。

❷ 王子珍：《我国基因隐私权的法律缺位——兼评〈民法典〉第 1009 条的基因权利保护》，载《太原理工大学学报（社会科学版）》2021 年第 4 期。

贸然从事的一些有关人体基因和人体胚胎方面的科研活动，不仅可能对试验个体造成损害，也可能对社会整体道德造成冲击，有必要通过立法予以规制，使这些科研活动在科学、伦理的指引下健康有序发展。❶ 伴随着现代科技发展和社会文明的日渐进步，如何更好地保障人类生命健康与生命尊严，如何促进和推动人类基因编辑技术的良性发展，成为法学发展过程中的一个必然要求，亟须立法实践对此予以回应。

三、防范人类基因编辑技术滥用的需求

人类基因编辑技术的发展是一柄双刃剑，在给人类带来健康福祉的同时，也可能将人类置于未知不可控制的风险之中。以2018年发生的“基因编辑婴儿事件”为例分析，该事件因为关涉社会伦理道德标准及人体生命健康风险问题，将人类基因编辑技术发展中的灰色地带展现在了世人面前，一度成为我国学术界和社会公众热议的焦点并引发了轩然大波和学界讨论。值得安慰的一点是，这一事件发生后立刻受到了来自社会各界包括许多科学家的严厉批评与谴责。❷ 这些批评和谴责主要集中于三个方面。一是指出这一事件的发生对两个已经出生的婴儿“露露”和“娜娜”造成难以预测的直接后果和影响；二是这一事件对人类基因库安全可能产生的更广大和深远的后果；三是更具有普遍意义科技伦理方面的讨论，即如果科学试验可以向贺建奎等一样任意突破界限，那么将会造成更多的且不仅仅是基因工程领域的不可预测的后果。需要指出的是，在生殖领域应用人类基因编辑技术虽然可以创造出健康的人类，但与拯救或治愈患上遗传疾病的患者相比，创造健康生命有着截然不同且明显次要的道德价值。在生殖领域，人类基因编辑技术得以应用的真正价值在于，帮助极少部分人拥有与其存在亲缘关系的健康子嗣。❸ 当然，这些突破也是有巨大风险的，甚至是越往后越是如此。为此我们才有必要提出一种“预防伦理”。这种“预防伦理”如果要得以真正落实，仅仅靠

---

❶ 李昕：《用法律规范人类基因组编辑技术的发展》，载《光明日报》2019年5月9日，第16版。

❷ 在贺建奎“基因编辑婴儿事件”公布之初，国内就有122位科学家发布“科学家联合声明”联名抵制，在微博上对此项研究表示坚决反对和强烈谴责。

❸ 何怀宏：《人类还有未来吗》，广西师范大学出版社2020年版，第175页。

社会舆论和内心信念是不够的，还必须表现在一系列的预防性法律以及法律实施之中。❶ 实现这种促进基因编辑技术良性发展的“预防性法律”需求，就需要从立法层面对人类基因编辑技术进行直接规制，以此来满足科技发展对法律调整提出的需求。

防范现代科技发展可能产生的滥用风险，是人类基因编辑立法规制的重要目标之一。科技发展的风险不是指那些已经现实发生的损害或损害危险，而是指一种利益与损害、机会与危险并存的具有科学不确定性的事物，而这种科学风险的不确定性，能够成为对其进行规制的事实基础。❷ 正是基于风险的未知性和不确定性，预防性的规制较事后监管更能发挥作用。换句话说，“预防原则应当成为以法律的手段因应科技风险的主要原则。政府应当以尽可能严格的监管方式来承担自己的责任”。❸ 2018 年的“基因编辑婴儿事件”充分暴露出我国现行有关人体基因编辑技术的法律规范体系和伦理审查制度的不足。因而，制定人类基因编辑专门的、特别的立法规范迫在眉睫。“基因编辑婴儿事件”发生后，除了追究相关责任人相应的刑事责任外，其他的民事责任的承担和行政责任的追究也是我们必须思考的问题。在此基础上，我们还需要回答的问题还涉及：基因编辑婴儿“露露”和“娜娜”自身是否受到了损害？如果是，损害了“露露”和“娜娜”的何种权利？如何保护和救济“露露”和“娜娜”的相关权利？除了“露露”和“娜娜”之外，此次事件中是否还有其他主体的利益受到了侵害？基于此，在现阶段如何防范人类基因编辑技术带来的可能风险，阐释人类基因权利存在的正当性基础，并提供一条与之相适应的立法规制路径，具有重要的理论意义和实践价值。

从表面上看，“基因编辑婴儿事件”的发生，是由于贺建奎等的生物技术安全风险意识相对薄弱，伦理规范约束柔性调整不足，现有行政法规等对突发事件应急预案不具可操作性等原因所导致的。但从实质上看，真正的根源则在于我国对人类基因编辑技术的安全法治体系的不完善，包括人类基因编辑等生物技术风险治理能力、治理措施在整体上相对薄弱。非法的生殖系

---

❶ 何怀宏：《人类还有未来吗》，广西师范大学出版社 2020 年版，第 158 页。

❷ 王康：《基因改造生物环境风险的法律防范》，载《法制与社会发展》2016 年第 6 期。

❸ 陈景辉：《捍卫预防原则：科技风险的法律姿态》，载《华东政法大学学报》2018 年第 1 期。

人类基因编辑行为有遗传风险和脱靶风险，其危害对象包括现代利益相关主体和未来潜在主体，且具有不可逆转性和不可补救性。所以，对人类基因编辑行为的立法规制，不应当仅仅着眼于当代人生育权以及优生学考虑，无视未来人类面临的遗传风险问题。[1] 我国现行法对人类基因编辑立法规制表现形式是层次多样的，呈现出法律、行政法规、部门规章、规范性文件等不同法律规范位阶，在内容上包括实体性规范和程序性规范、技术准则和伦理指南，应当从多层次和多角度防范人类基因编辑被滥用可能产生的风险。

>>> 本章小结 <<<

综上所述，现代生物科技的发展带来了诸多新兴的法律问题。在当代，以人类基因编辑技术为代表的生命科技引发了人类对自身的重新审视，引起了对自然人主体的权利保障、社会结构重塑、伦理秩序维护，以及包括人体基因、人体胚胎等有关的医学和科研活动的思考，甚至还可能会发生基因歧视等问题，这是我们不得不面临的难题与挑战。现代生物技术已进入到人类基因编辑时代，关于如何进行人类基因编辑的基础研究、临床试验和临床应用等问题，相关法律规范却付之阙如。面对现代生物技术的日新月异，如果我国法律还在原地踏步，不及时回应新兴科技发展的需求，则无法实现法律秩序对新兴问题建构的可能，人类基因编辑技术也可能会引发新的问题。人类基因编辑技术的临床应用在未来可能会增进人类的福祉，但其在现阶段尚存在安全性、有效性等多方面的风险，面临伦理上的诸多挑战。因此，法律规制的目的并不在于完全禁止这一技术的继续研究或发展，而是尽可能将其技术风险和消极效应限制在最小的范围内。

事实上，人类基因编辑是一个关涉医学、伦理学、社会学以及法学等多个领域的综合性问题，而学术界对这一问题的研究也涉及医学、伦理、社会学及法学等多个交叉学科。人类基因编辑技术的不断发展，不仅为人类基因

---

[1] 王利明：《人格权立法的中国思考》，中国人民大学出版社2020年，第465～466页。

权利的保护带来了新挑战，也使得基因编辑的立法规制问题成了生命法学领域不可回避的重要问题之一。人类基因编辑技术是一种直接关涉当代人利益与后代人利益的活动，基因编辑行为对人类社会的影响则更为深远。伴随着我国人类基因编辑技术的不断发展以及基因治疗在医学临床上的日益广泛应用，其复杂的伦理问题与法律问题已成为影响我国未来社会发展不容忽视的问题，应当对人类基因编辑的立法规制及法律调整提供有针对性的、有价值的参考建议，以期达到人权保障和促进人类基因编辑技术发展之间的平衡。在2018年“基因编辑婴儿事件”发生前，从我国既有的法律规范来看，与人类基因编辑有关的法律规范主要以行政法规、部门规章和其他规范性文件的形式存在，缺乏法律层面的统一立法。上述特点决定了我国人类基因编辑相关的法律规范位阶较低、体系散乱且集中于行政监管，过多的原则性规定也导致法律规范的可操作性弱。更为严重的是，我国缺乏明确的针对人类基因编辑活动且贯穿事前审查、事中跟踪、事后监管的一体化机制与责任追究机构。[1] 因此，面对人类基因编辑技术发展带来的新风险和新挑战，回应新兴科技发展对既有法律秩序带来的问题，进行系统化的立法规制已成为必然趋势。

---

[1] 石佳友、刘忠炫：《人体基因编辑的多维度治理——以〈民法典〉第1009条的解释为出发点》，载《中国应用法学》2021年第1期。

第二章

人类基因编辑立法规制的域外经验

面对人类基因编辑技术发展所带来的一系列伦理、法律和社会现实问题，国际组织与许多国家纷纷颁布新的立法或修订原有法律，以作出必要且及时的回应。除了域外各国的立法之外，还应当积极推进人类基因编辑的全球治理，对基因编辑技术的规范也有赖于国际间的合作。为了规范人类基因编辑活动，国际社会首先应该达成一致的国际协议或者基本共识，之后人类基因编辑技术才能被允许有条件的开发和利用。为了防范人类基因编辑技术的风险并规范基因编辑活动，达成基本国际共识是必然趋势。从国际范围来看，目前针对人类胚胎的基因编辑（尤其是转入外源基因的情形）因伦理和社会风险巨大❶而被严格禁止或限制，我国也应当持较为审慎的规制立场。基于此，本章从人类基因编辑技术产生背景与风险情境出发，借鉴全球治理国际规范和域外国家规制经验，探讨如何在全球层面推动人类基因编辑治理规则的形成，如何在各国范围内建立一个有效的监管机制，进而探讨对我国人类基因编辑立法规制的启示。

第一节　人类基因编辑规制的国际规范

在人类基因编辑国际组织治理规范方面，《世界人类基因组与人权宣言》

❶ 王康：《人类基因编辑多维风险的法律规制》，载《求索》2017 年第 11 期。

与《国际人类基因数据宣言（草案）》是两个最为重要的国际公约。这两个国际公约对于国际间人类基因编辑活动的规范开展具有重要的指导价值。这是因为，国际规范不是由某个具体国家或者某一具体区域形成的医学伦理宣言，而是具有国际间性，因此在生物科技时代，无论是就国际间人类基因编辑技术研究所衍生的生命伦理规则，或是对人类基因组研发计划基本规范，国际组织公约文本和治理规范的形成都代表了国际社会对人类基因权利保护的基本共识，其对于各国规制模式的确立与相关立法的拟定，都具有非常重要的指导意义和参考价值。

一、《世界人类基因组与人权宣言》的规定

《世界人类基因组与人权宣言》（Universal Declaration on the Human Genome and Human Rights，简称 UDHGHR）是由国际生物伦理委员会提出，联合国教科文组织大会于 1997 年 11 月 11 日通过的国际公约。《世界人类基因组与人权宣言》的主旨在于维护人类基因研究中所涉及的人性尊严，主张重视人类基因提供者的个人权利，规范与人类基因相关的基因编辑活动，使其内容经过整合并进一步在国际合作的基础上，促进人类共同福祉。《世界人类基因组与人权宣言》倡导“人类尊严、平等与相互尊重等民主原则”，摒弃“人类与种族之不平等主义”，并考虑到在无损于任何规定下，有可能涉及《与贸易有关的知识产权协定》（Agreement on Trade – Related Aspects of Intellectual Property Rights，简称 TRIPs）等知识产权领域的遗传学应用国际文件的衔接问题。《世界人类基因组及人权宣言》的基本立场是承认对人类基因组织的研究及其应用，但强调同时应当充分尊重人性尊严、自由和权利，并禁止基于基因特征的一切形式的歧视。换言之，该公约已经考虑到与贸易有关的国际规范的衔接协调问题。同时，这一公约也考虑到《生物多样性公约》（Convention on Biological Diversity，简称 CBD）[1] 的规定，并根据《世界人权宣言》的前言，承认人类遗传资源多样性，不应引起任何对“人类家庭所有

[1] 本公约于 1992 年 5 月制定完成，同年 6 月于巴西里约热内卢召开的“联合国环境与发展会议”（United National Conference on Environment and Development，UNCED）开放供各方签署，于 1993 年 12 月 29 日生效。本公约系关于基因技术管制领域最重要的国际规范，并具有国际法法源的效力。

成员的固有尊严及其平等不移的权利”表示怀疑的社会或政治方面的解释。

《世界人类基因组与人权宣言》指出：违背人类尊严的一切做法，如用动物复制技术繁殖人的做法，是不被允许的。赋予人体组织和人体器官财产权，承认有价的器官和组织交易，也是违背人类尊严的做法，侵害了人性最基本的价值和道德认知。一旦为人体器官赋予财产权，将会导致人体器官买卖的合法化，进而会导致众多的贫困者选择牺牲自身的健康，卖出自己的器官，以获得物质回报。[1] 具体而言，《世界人类基因组与人权宣言》开篇前四条规定了关于人类基因组保护的相关内容。首先，该国际规范公约明确了人类基因组的人类性和多样性特征。《世界人类基因组与人权宣言》第 1 条规定：人类基因组系强调人类家庭成员们的根本统一性，及承认对其固有尊严与多样性。就象征性而言，系人类之遗产。国际上对于人类基因的共同遗产地位，联合国教科文组织政府专家委员会最后通过的《世界人类基因组与人权宣言》草案规定：从人类基因的象征的意义上来说，人体染色体也是人类遗产。国际生物伦理委员会（CIB）[2] 由此得出的结论是：关于人类遗传学的基本科学知识以及生物道德学知识都应当被看作人类共同遗产的组成部分。其次，该公约强调了对个人尊严和权利的尊重。依此《世界人类基因组与人权宣言》第 2 条规定：每个人均有使其尊严和权利受尊重的权利，无论其基因特征为何。而此尊严要求，不能归纳成个人的基因特征，应尊重其独特与多样性。再次，依此《世界人类基因组与人权宣言》第 3 条规定：人类基因组具自然演变的人类基因组系易生突变。包含每个人因自然和社会环境，尤其是健康状况、生活条件和教育等不同而有不同表现的潜能。最后，依此《世界人类基因组与人权宣言》第 4 条规定：自然状态的人类基因组，不应

[1] 联合国教科文组织下设的国际生物道德委员会，将“人的尊严”列入工作的指导方针。他们认为，尊严是每个人与生俱来的，人是科学的主体，不是科学的客体，不允许把个人“具体化”或“工具化”。因为他们推论出一个结果，就是尊严源于“我们都是人类大家庭的成员”，包括超越文化的联系。

[2] 1996 年人类基因组组织伦理委员会（HUGO）在《关于遗传研究正当行为的声明》中坚持以下原则：（1）承认人类基因组是人类共同遗产的一部分；（2）坚持国际人权规范；（3）尊重参与者的价值、传统、文化和人格；（4）接受和坚持人类尊严和自由。

产生经济效益[1]。

当然，我们也注意到，国际法律规范中往往原则性声明较多，且大部分是软法规范。例如《世界人类基因组与人权宣言》关于人类基因组研究的规定，“任何有关人类基因组及其应用的研究，违背人的尊严之行为，如复制人，是不能允许的”。依该国际规范规定的原则，要求各国和国际组织间进行合作，辨认这些相关行为，并采取必要的保护措施。一方面，人类基因资源的开发已在各个领域体现出极大的科学研究和商业应用价值，世界科技先进国家也对基因研究的成果抱有极大的信心和憧憬，期盼它能够给人类的健康带来福音。另一方面，基因信息的使用并非全然会带给人类未来希望，基因信息在某些特定时间或空间被某些特定人群的使用甚至会给人类带来无穷的担忧。因为人类基因信息具有敏感性及特殊地位，具备预示个人的基因因素的能力，这在取得基因数据时，有可能是不会被估计考虑到的；它们可能对人类的后代及群体产生重大影响及具有文化方面的意义。需要说明的是，生殖性克隆和基因编辑因为有违人类尊严而不得允许其进行。虽然《世界人类基因组与人权宣言》的相关规定并没有法律的强制力，但其主要是确定了有关人类基因编辑法律问题的原则性规定，为各国对人类基因权利保护提供了全球治理的基本共识，对于我国人类基因编辑立法规制模式的拟定也具有重要的指导价值。

二、《国际人类基因数据宣言（草案）》的规定

《国际人类基因数据宣言（草案）》（International Declaration on Human Genetic Data，简称 IDHGD）于 2003 年 10 月 17 日在联合国教科文组织第 32 届大会上通过。《国际人类基因数据宣言（草案）》共计 27 条，是继 UDHGHR 后，另一个与人类基因编辑技术发展密切相关的国际宣言。截至目

[1] 现实生活中，为了避免与现行法律和道德观的冲突，对于器官和人体组织一般采取“无偿捐赠”的形式，这也是对人体组织“物化”的一种表现。这里的观点是：应当承认人的组织和基因的财产利益，但是需要有合理公正的法律制度来确保对人类组织和基因的财产权益使用不致侵犯人类的基本尊严。

前，该宣言尚未经联合国大会认可❶。《国际人类基因数据宣言（草案）》的基本立场是，承认人类基因数据具有特殊地位，因为其可预示个人的基因，且可能对家庭及后代，甚至对整个有关群体产生重大影响；意识到对人类基因数据为采集、处理、使用等，对人权与基本自由及人性尊严有潜在的风险；认为个人利益和安全、健康应优先于社会和科学研究的权益（IDHGD 序言）。《国际人类基因数据宣言（草案）》总则部分规定了关于人类基因数据保护的相关内容。关于本宣言的适用范围，总则部分明确“不适用于对犯罪侦查、起诉及亲子鉴定”。IDHGD 的主旨在于“应尽力确保人类基因数据不用于对个人歧视或导致个人、家庭或群体或小区造成任何侮辱之目的”。

《国际人类基因数据宣言（草案）》规定了关于人类基因数据❷采集、处理、使用、保存等应当遵守的基本原则。在平等、公正、团结互助的要求下，于采集、处理、使用和保存人类基因资料时，确保尊重人性尊严、保护人权和基本自由，并兼顾思想和言论自由（第1条a项）；应尽力确保人类基因资料不用于对个人歧视或导致个人、家庭或群体或小区造成任何侮辱的目的（第7条a项）。为医学和科学研究目的采集时，于当事人为知情同意时，应向其说明有权决定是否要了解或不了解这个研究的结果；而不知情权利者的范围，应扩及可能受影响的亲属（第10条）。按照《国际人类基因数据宣言（草案）》规定，依伦理要求，通常只对不具表示同意能力者的健康有重大影响并考量其最佳利益的情况下，才可以对其进行基因筛查。由此可知，《世界人类基因组与人权宣言》及《国际人类基因数据宣言（草案）》的国际规范，鉴于基因信息的特殊性，除了要求事先、自愿和明确的知情同意外，而且其要求避免歧视及对基因信息保护及行使相关权利的范围，不再仅限于该

---

❶ 截至2021年1月，查阅联合国中文网站，关于联合国大会的已提出相关文件中，均无关于IDHGD之相关资料，则应是尚未获得联合国大会的认可。但该国际规范具有对基因编辑技术发展的研究具有重要参考价值，因而，对该国际规范介绍下文名称称为“《国际人类基因数据宣言（草案）》”。

❷ 实际上，《国际人类基因数据宣言（草案）》（IDHGD）的规范范围包括三种资料：人类基因数据（human genetic data）、人类蛋白质组数据（human proteomic data）及生物标本（biological sample），本书仅取与基因编辑技术具有直接相关的人类基因数据为内容介绍，限于篇幅和讨论重点，后面两项内容这里不做讨论。后文关于《宣言（草案）》的相关介绍均围绕人类基因数据的保护展开分析。

个人，而在特定情况下，扩张至第三人如家庭成员，也已将基因家族性纳入考虑范围。根据 IDHGD 的规定，关于本宣言的宣传和实施，各国应尽力促进各种形式的伦理教育和培训，这些规定应针对特定目标群体，特别是研究者和伦理委员会，或是针对广大公众。但是，关于本宣言的任何条款的理解，“均不得解释为任何国家、群体或个人有任何权利去从事违反人权、基本自由和人性尊严的活动或行为”。可见，《国际人类基因数据宣言（草案）》的规定，强调尊重人的尊严和受试者知情同意原则，禁止将人类基因数据用于社会歧视以及各种侵犯人权的行为。

此外，从人类基因的保护看，各国已将其作为重要资源管理。1992 年的《生物多样性公约》序言部分声明：“为了确认保护生物多样性是全人类共同关切的问题，重申各国对它自己的生物资源拥有主权权利，也重申各国有责任保护生物多样性，并以可持久的方式利用其生物资源……”该条款有以下两个含义：首先，坚持生物资源为全人类共同关切的问题及全人类的共同遗产；其次，其把生物资源的所有权和控制权明确授予了国家。人类基因资源，除了资源是存在于人体身体内这个特殊性外，其他所有的特征都与生物资源相似。从这个角度来讲，它可以归入生物资源的范畴。正是基于此，生物多样性领域的国家权利制度，也可以同样运用于人类基因资源的立法规制制度。也就是说，由国家享有本国基因资源的所有权，并对其进行管理。

以血液样本、人体组织、基因片断等为例，血液虽然是属于个人所有，但基因资源法律属性却值得深入探讨。个人所拥有的基因权利在某种情况下要让渡于国家拥有的公共利益。只有国家有目的、有组织地予以采集，有选择地予以整理，才会把个人的基因定义成为能够应用于科学研究的血液样本，否则这些样本对个人来说都是无意义的。尤其是有关基因信息的保护，按照我国《个人信息保护法》和《数据安全法》的规定，体现了国家公共利益原则。上述法律规范进一步规范数据跨境流动规则，为我国跨境数据的依法有序自由流动提供有力保护，确立了数据跨境流动应遵循安全、自由的原则；进一步完善了保护基因数据在内的跨境流动规则。

综上所述，国际组织、各个国家政府、科学研究人员、法学家、伦理学家、社会学家等都在探讨基因提供者的权利保护问题。然而，因为基因提供者往往缺乏必要的物质基础和知识积累，个体的力量十分有限，只有将其作为一个群体进行集体保护，即将国家作为人类基因资源的重要保护主体，才能够达到相应的保护效果。除此之外，为了保护人类基因资源主体的利益，利益相关主体权利的保护也是必不可少的一个因素。人类基因是组成人类生命体物质性构成材料的基础，必须从尊重自然人尊严的角度来做利益分配，才能让人类基因编辑技术朝多数人认可的方向发展，才能形成人类基因资料和个体基因权利保护相关国际社会和国内规范的社会基本共识。

第二节　人类基因编辑规制的各国立法例

他山之石，可以攻玉。人类基因编辑的立法规制问题并非我国所特有的问题，借鉴其他国家立法例，可以为我国人类基因编辑的立法提供参考。随着现代人类基因编辑技术的不断发展，域外各个国家都在积极对人类基因编辑技术进行立法规制，但由于各国的文化传统、历史发展以及法律传统的不同，其法律规制的模式也有所不同。而且由于人类基因编辑技术应用的时间并不是很长，目前各国对其采取的具体政策也不尽相同，其中对生殖系人类基因编辑的临床应用多采取禁止性的基本立场。纵观大部分国家和地区，除少数国家完全禁止对人类基因编辑技术的应用（如奥地利、意大利、瑞士）外，主流立场是在一定条件限制下的允许或特许人类基因编辑技术的应用。从规制模式上，部分国家和地区采取了伦理守则模式，实行相对宽松的管制政策❶。综上所述，不同国家和地区基于不同立场和选择，形成了几种形态各异的法律规范模式。以下仅对英美法系和大陆法系国家的典型立法例和规制经验予以考察。

---

❶ 王康：《人类基因编辑实验的法律规制——兼论胚胎植入前基因诊断的法律议题》，载《东方法学》2019 年第 1 期。

一、英美法系典型国家的立法例

人类基因编辑技术[1]的最新发展和研究成果使得人类能够精确、有效、简便地进行基因编辑。这些技术革新在可能为多种严重疾病提供医学解决方案，给人类带来福祉的同时，也引起了诸如基因编辑人和胚胎编辑等伦理问题，不可避免地对社会生活和法律制度产生深刻影响。然而，这些伦理问题并未完全阻止各国政府对人类基因编辑活动的研发与投入。英国政府于2016年正式批准弗朗西斯·克里克研究所首次在人类胚胎上使用基因编辑技术的实验申请。2017年，美国俄勒冈健康与科学大学研究人员也宣布，美国首次对大批单细胞胚胎的DNA进行了基因编辑。基因编辑技术的飞速发展使得“定制婴儿”等问题比任何时候都迫在眉睫。[2] 可见，针对人类基因编辑技术的应用，英美法系典型国家采取了比较开放的态度。

（一）美国关于人类基因编辑的立法

美国对人类基因编辑技术的发展以及基因治疗采取了较为开放的态度，相应地制定了一系列与基因编辑技术相关的法案。美国众议院和参议院均有通过相关的法案，包括基因信息与歧视、基因研究以及禁止复制人等一系列规范。从最新实践情况看，美国在2017年2月针对基因编辑婴儿的报告结论是“应该允许科学家修改人类胚胎，以消除镰状细胞性贫血等毁灭性遗传疾病”，并建议“一旦基因编辑技术充分应用于人类，应当同步设定适当的限制条件”。[3] 当然，为有效保护胚胎或禁止将基因胚胎工程适用于人类，以免造成不可逆转的伤害，美国也很早纷纷制定相关法律。例如，美国于1997年发布总统令，禁止以联邦政府的资金对人类胚胎实施基因改良技术，至于是否可以进行相关的研究没有明确规定；2008年时任美国总统布什签署

---

[1] CRISPR/Cas9技术可以在DNA序列中的特定位置对基因进行插入、移除、修饰或取代。因为基因技术高效精准、简单易用且成本低廉，使人类基因编辑变得更有效便捷。

[2] 蒋莉：《基因编辑和人类生殖：社会伦理及法律规制》，载《苏州大学学报（法学版）》2018年第4期。

[3] 房琳琳：《美国家科学院报告支持基因编辑人类胚胎：设计婴儿又近了一步》，载《科技日报》2017年2月16日，第1版。

了《反基因歧视法》。以下主要针对美国与人类基因编辑有关的法案展开分析。

1. 基因信息与歧视

美国联邦关于基因信息与歧视的法案，以 2008 年的《反基因歧视法》最为重要，该法案已于2008 年经众议院通过及总统签署，完成了立法而得以生效适用。这一法案旨在保护个人的基因信息免遭雇主和保险公司不当利用，鼓励美国人充分利用基因技术的优势而无惧歧视。[1] 其主要是禁止基于基因信息或基因服务的健康歧视；基于隐私保护的考虑，禁止收集基因信息；禁止保险业者以基因信息决定是否承保及保费设定，并限定雇主能取得受雇者基因信息或进行基因检测（genetic monitoring）的情形。此外，规定职业介绍所、工会、在职培训等基因信息的使用、取得、保存等；并认定基因信息应作为“机密医疗记录”（confidential medical record）的一部分，规定其限制及其揭露规则。

2. 基因研究

由于人类基因组开发计划的完成，人类基因组的重要性得到凸显，有鉴于此，遂于美国参议院提出《基因组对生命研究和发展法案》（The Genomes to Life Research and Development Act，S. 682），指示由美国能源部（Department of Energy）作为主管机关，统筹主持基因组的相关研究，目标在开发未来能源、稳定大气中的二氧化碳含量、促进环境清扫以及发展基于生物科技的新工业。

3. 禁止复制人

美国在国际社会上主张应当全面禁止人类复制，其在国内法关于此议题也采取全面禁止的立场。首先，在众议院通过的《人类复制禁止法案》，禁止任何形式关于人类复制的行为，无论来源细胞是来自于活人或者死者，也无论基于任何目的；违反者将处以十年以下有期徒刑以及一百万美元或不超过二倍的犯罪所得利益（以较高者为准）；同时美国并不限制任何除了人以外的动植物的复制研究。美国虽然没有制定单独的基因编辑技术法，但在上

---

[1] ［美］乔伊·沃尔特马斯等编：《美国禁止残疾与基因信息歧视法解读》，蒋月、郑净方译，商务印书馆2012 年版，第43 页。

述法案的实施方面行政立法、监管发挥了重要作用。关于基因编辑的法律规制基本立场具体表现在，对基因治疗方面的法律主要为公共卫生方面的法律规范以及联邦药物及化妆品法等。除此之外，美国出台的《联邦健康保险可转移与说明责任法案》，设定了健康保险中的基因隐私保护的最低控制标准和基因信息泄露的基本防护措施。

4. 美国有关基因编辑临床试验的规制模式

在人类胚胎基因实验方面，如胚胎干细胞研究，美国采取了伦理守则为主和法律规范为补充的规制模式。前者表现为美国国家科学院（NAS）发布的《人类胚胎干细胞研究指导原则》，这是美国人体胚胎干细胞研究的伦理守则和行政监管的基础。[1] 在法律规范层面上，美国采取以对政府资助人类胚胎研究的限制而予以规范。例如，针对中山大学人类胚胎基因编辑实验风波，美国国立卫生研究院（NIH）于 2015 年 4 月 29 日发表声明，重申了禁止人类胚胎基因改造实验的长期政策，表示不会对此种研究提供科研经费，改造人类胚胎基因的问题不是第一次出现，但这是人类不应逾越的底线。[2] 2017 年年初，美国国家科学院与美国国家医学院（NAM）对此前的严格立场予以缓和。它们通过人类基因编辑委员会发布了人类基因编辑研究的伦理及监管的原则和标准，要求对任何可遗传生殖基因组编辑临床研究实验，应当以令人信服的治疗或者预防严重疾病或严重残疾的目标，并在严格的监管体系下使其应用局限于特殊规范标准，同时必须以充分的持续反复评估和公众参与为条件。[3] 针对 2018 年我国发生的世界首例免疫艾滋病的“基因编辑婴儿事件”，NIH 主任弗朗西斯 · 柯林斯同样发表了措辞严厉的声明，并重申相同的法律政策。由此可见，美国在人类基因实验方面的法律政策形成过程是相对谨慎的，同时也开始逐步放宽限制以促进基因技术进步。另外，美国联邦立法仅仅禁止联邦资金资助制造或破坏人类胚胎的研究，而私人资金的

[1] 王康：《人类基因编辑实验的法律规制——兼论胚胎植入前基因诊断的法律议题》，载《东方法学》2019 年第 1 期。

[2] 吴跃伟：《中国科学家修改人类胚胎基因，美国国家卫生研究院发声明反对》，载澎湃网，https://www.thepaper.cn/newsDetail_forward_1326815，2021 年 11 月 20 日访问。

[3] ［美］美国国家科学院、美国国家医学院主编：《人类基因组编辑：科学、伦理和监管》，马慧等主译，科学出版社 2019 年版，第 3 页。

资助不受此限制，因而美国并非绝对禁止人类胚胎干细胞研究。但毫无疑问，对人类胚胎基因改造实验（尤其是制造或破坏人类胚胎）则是绝对禁止的。

除此之外，在美国对基因编辑的临床试验和临床应用规制方面，采取的是行政监管模式。美国食品药品监督管理局（FDA）是对基因治疗计划及基因治疗临床试验及其实施进行管制的机关。在FDA之下，辅助其工作的机关是其下设的生物学评估研究中心、各研究机构内的审查委员会以及属于美国国立卫生研究院的基因重组咨询委员会等。根据新修订的公共卫生法和1997修订后的联邦食品药物及化妆品法，除了美国政府部门所提出的相关计划外，所有商业性质的基因治疗计划都必须经过核发执照才能开展。基因编辑计划的开展需要经过严格的管制程序、行政许可和执行审查程序。具体而言，除了要遵循科学上的安全性评估原则以外，程序上还包含了受试者权利保护的协调平衡原则，也就是“知情同意”原则。这个原则要求在知情同意书上必须对受试者提供充足而明确的信息，包括基因研究试验的性质、风险评估的效益比、是否有其他可替换的治疗途径、隐私保密条款、受伤害后的赔偿、可以咨询的独立医师以及是否自愿参与试验的解释等。不仅如此，在受试实验的研发计划书的开头还必须有一份对援用本计划基因产品的专业医师的明示提示，包括基因技术试验所知的药性、副作用和效益等事项的指示说明。

可见，美国对待人类基因编辑的态度相对开放，实施的是特许行政监管与统一审批制度。在美国联邦制管理体系下，如果要进行人类基因编辑实验，需要先通过美国食品药品监督管理局（FDA）的审批才可进行。[1] 针对CRISPR/Cas9基因编辑技术以及与其目的相接近的试管婴儿技术，美国国家科学院采取的态度是允许科学家修改人类胚胎，以消除镰状细胞性贫血等毁灭性遗传疾病，但对基因编辑技术完全应用于人类则采取相对限制与谨慎对待的态度，不支持对能够正常发育为婴儿、胎儿的胚胎进行种系编辑，也不支持基因编辑技术用于增强人类智能等非治疗性目的。[2] 从这个角度来说，

---

[1] 何晓丹、陈琦琦、展进涛：《欧美等国基因组编辑生物安全管理政策及对中国的启示》，载《中国科技论坛》2018年第8期。

[2] 朱振：《反对完美？——关于人类基因编辑的道德与法律哲学思考》，载《华东政法大学学报》2018年第1期。

美国针对人类基因编辑所采取的规制立场与我国的规制政策更为接近，均采取相对开放态度，并允许以基因治疗为目的人类基因编辑，并规定了伦理规范和立法规制的基本原则。

（二）英国关于人类基因编辑的立法

世界上第一例试管婴儿即于1978年在英国诞生，因此，英国的人工辅助生育技术一向发达。这也决定了英国能够较早地对基因编辑相关技术作出反应。概括而言，英国采取了典型的法律规范和开放的特许管理相结合的规制立场。英国1990年的《人类授精与胚胎学法》规定，除获得特别许可外任何人不得制造、保存或使用胚胎，同时建立人类授精与胚胎学管理局（HFEA）作为主管机构，负责批准使用人工辅助生殖技术的申请。[1] 英国禁止与上述类似的人类基因编辑行为，违反者处十年以下有期徒刑或科处罚金。随着人类基因编辑技术的发展，与美国的立场类似，近些年来英国对人类基因编辑活动采取了相对开放的态度。英国议会于2015年通过了“三亲婴儿”合法化的议案。[2] 2016年2月1日，HFEA批准了一项人类胚胎基因编辑实验，目的是找到在人类生育早期起到关键性作用的基因。HFEA强调，该实验只能以研究为目的，不能将编辑后的人类胚胎植入女性体内。[3] 可以看出，英国对于包括“设计婴儿”即试管婴儿在内的人类辅助生殖技术在法律规范上采取的是特许主义，并主要围绕医学治疗他人疾病及帮助具有遗传病史的夫妇生育后代展开基因编辑技术研究；这种许可模式使得其监管部门能够统一并具有针对性地就特定事件进行个案审查[4]，也能够避免相关主体对人类基因编辑技术的不当运用，形成有效的监管机制和规制效果。

2018年7月17日，英国纳菲尔德生物伦理委员会（Nuffield Councilon

[1] 王康：《人类基因编辑实验的法律规制——兼论胚胎植入前基因诊断的法律议题》，载《东方法学》2019年第1期。

[2] 朱振：《反对完美？——关于人类基因编辑的道德与法律哲学思考》，载《华东政法大学学报》2018年第1期。

[3] 王康：《人类基因编辑实验的法律规制——兼论胚胎植入前基因诊断的法律议题》，载《东方法学》2019年第1期。

[4] 汪丽青：《“设计婴儿”的规制研究——基于英国、美国的比较分析》，载《广东社会科学》2015年第1期。

Bioethics）发布了一份关于基因编辑和人类生殖的报告，建议在某些情况下，应该允许对人类胚胎进行基因编辑。[1] 该报告一经发布便在英国乃至全球科学界引起轩然大波。该报告讨论了人类基因编辑科学、伦理学与法律的相互作用问题，并就英国生物医学研究项目的伦理审查机制如何完善，在生物伦理学领域进行法律干预的"门槛"等问题作出相应回应，对英国和其他国家都产生了非常重要的影响。在这份有关人类基因编辑的前沿报告中，英国纳菲尔德生物伦理委员会认为，遗传基因编辑在道德上并非不可接受的，只要符合严格的道德要求和监管测试就应当被允许。有关人类基因编辑和社会伦理法律规制的主要内容，主要是确保人类基因编辑以符合伦理道德标准的方式进行，应遵循的两个基本原则：一是有利于未来人们福利的原则；二是社会公平正义和稳固原则。[2] 并以此为基础，提出并阐释人类基因编辑治理建议。除此之外，英国所制定的《人类受精和胚胎学法案》中相关条款，确认了基因所有者就基因享有的财产权利，并且这种财产权在一定条件下还可以进入知识产权领域受到专利法的保护。

总体而言，无论是对人类基因权利的学术研究，还是发端于 20 世纪 90 年代对基因技术进行规制的各国立法实践，都往往通过将基因权利纳入隐私权、财产权、知识产权等为载体的民事权利的范畴之中，来遏制发展速度显然远远高于法律的人类基因编辑技术对公民权利的蚕食和吞噬。在基因权利的保护上，各国立法所采取的立场不同，要么是财产权路径要么是人格权（隐私权）保护路径，这反映了不同利益导向（优先保护）的法律政策。在各国关于人类基因编辑的规制模式中，这些法律政策都会得到反映。当然，以权利保护为中心的私法规范模式并不排斥以技术规制的公法规制模式，如前所述，英美法系既有采取隐私权保护为主的相关立法，又有针对基于基因医学研究和技术应用问题的行政色彩较浓的专门立法。

---

[1] 蒋莉：《基因编辑和人类生殖：社会伦理及法律规制》，载《苏州大学学报（法学版）》2018 年第 4 期。

[2] ［英］纳菲尔德生物伦理学理事会：《可遗传的基因组编辑与人类生殖：伦理和社会问题》，冯君妍、冀鹏、王继超译，载雷瑞鹏、翟晓梅、朱伟、邱仁宗主编：《人类基因组编辑：科学、伦理学与治理》，中国协和医科大学出版社 2019 年版，第 154～155 页。

二、大陆法系典型国家的立法例

大陆法系的各个国家对于基因编辑技术的法律规范，从原则上看立场并不完全一致。德国和法国受到欧洲大陆历史中较为极端的“优生学”经验教训的影响，两国均采取相近的反对立场。其中德国实行的是较为审慎、相对禁止的法律政策，禁止针对胎儿性别、遗传特质、遗传疾病等方面的基因检验并禁止基因编辑；而法国虽允许试管婴儿技术，但仅许可遗传疾病诊断。❶

（一）德国关于人类基因编辑的立法

针对与人体基因、人类胚胎有关的医学和科研活动，德国采取的是单独立法模式。目前采取这种立法模式的国家还有奥地利、澳大利亚、瑞典等。德国于1991年1月1日生效的《胚胎保护法》规定，禁止人为方式变更人类生殖细胞的遗传信息，禁止以人工方式生产与其他胚胎、胎儿、人类或死者相同基因的胚胎、融合或结合有不同基因的复数胚胎或人类与动物混合的胚胎等行为。德国制定的《胚胎保护法》对基因改良及人类胚胎的干扰予以限制，违反者处五年以下有期徒刑或科以罚金。❷ 除此之外，德国于2002年7月1日施行《确保人类胚胎干细胞之输入及利用时有关胚胎保护的法律》（简称《干细胞法》），限于研究目的之下，并符合一定条件，始能输入、利用人类胚胎干细胞，违者处三年以下有期徒刑。

此外，德国于1990年制定了《基因科技法》（也有人将其翻译为《基因科技管制法》），该法于1993年进行了修正。❸ 德国现行法中的《基因科技法》，是规范基因科技之设施、活动，及受基因改造之有机体释出等；共分为七个部分四十二节，具体地规定了基因科技研究中遵守的法律规范，但不适用于人体上受基因改造之活动。其中，该法把基因科技活动，按科学发展状况，按对人类健康与环境的风险程度，区分成不同等级，包括一般规定、

❶ 王康：《人类基因编辑多维风险的法律规制》，载《求索》2017年第11期。
❷ 刘立杰：《基因编辑婴儿的三大法律问题》，载《方圆》2018年第24期。
❸ 王岳：《基因科技的法律问题研究》，载《法律与医学杂志》2002年第2期。

基因设备的技术操作、基因交易、公共规定、义务规定、刑罚和罚款规定以及过渡性的规定等，对其他各国的基因科技立法具有借鉴意义。

（二）法国关于人类基因编辑的立法

在法国，议会于1994年通过了《生命伦理法》，并于2004年8月进行修改，该法创设了生物医学办公室作为国家主管机构，明文禁止将未受精卵的卵核取出，再取出其体细胞植入到人类胚胎内，将该胚胎植入母体内诞生人类的行为，违反者处20年以下有期徒刑。即使是为研究目的，也禁止做成人类胚胎，仅得使用剩余胚胎。法国《生命伦理法》还规定，基因检测只能用于科学研究目的（在特殊）严重的情况下必须通过司法途径方能解决，禁止对人的克隆，排除个人对基因材料的财产权，实行无偿的知情同意、匿名捐献原则。随着人类基因编辑技术的发展，各国对基因检测和基因治疗等活动的应用比以往更为广泛，针对与人体基因、人体胚胎有关的医学和科研活动，如何进行规范已经成为各个国家立法不能回避的重要问题。

除此之外，为了规范人工生殖技术及人工生殖子女的身份，法国修正了民法。法国最具创新的规定是《法国民法典》关于基因权利的相关规定。法国不仅将基因权利列入了法律文本之中，《法国民法典》也是将基因检测和通过印痕法进行人的鉴别问题写入民法典，作出相关立法规制的典型代表。在大陆法系，法国是法典化国家的一类典范。根据1994年、2002年、2004年和2005年的几次修订法律的决定，《法国民法典》在第一卷（人）第一编（民事权利）中增加了第三章（对人的遗传特征进行检查以及通过遗传特征对人进行鉴别），而令人瞩目的内容是专门规定了“基因权利”。结合第二章关于“尊重人的身体”的规定，《法国民法典》中的基因权利主要包括：人的尊严、人体及其组成部分和所生之物的非财产性、人体和基因的完整性、基因检测的科学和医疗目的、知情同意、基因身份鉴定、禁止基因歧视等方面。[1] 如前所述，除《法国民法典》规定外，法国还有针对基于医学研究和

---

[1] 《法国民法典》，罗结珍译，北京大学出版社2010年版，第4～5页。后文所引法国民法典“基因权利”条款及相关条款的中文翻译，均参照该译本，详细内容将在后文中介绍。

技术应用问题的行政色彩较浓的专门立法。法国甚至还在刑法典中，针对泄露他人基因隐私、基因歧视、基因优化、非法产前基因诊断、克隆人等设置了一系列的刑事责任。[1] 这些规定都为我国基因权利法律规制体系的设计提供了参考。

（三）其他国家关于人类基因编辑的立法

在大陆法系，其他国家也有一些与人类基因技术相关的立法。比利时是第一个以法律禁止保险基因歧视的国家，1992 年通过的《陆地保险合同法》规定：投保人有义务在签订保险合同时准确地披露一切知道或应当知道的与保险人风险评估有关的情况，但基因信息不予披露；为缔结保险合同而进行医学检查只能基于基因分析技术以确定其未来的健康状况。禁止保险人对具有"缺陷基因"的人提高保费，同时也禁止对投保人主动披露基因信息而降低保险费。塞尔维亚在 2009 年也通过了《禁止歧视法》，把基因特征明确列入禁止歧视的事由之中。亚美尼亚甚至明确将基因特征列为 1995 年宪法禁止歧视的事由之中。以色列在 2000 年专门制定了《基因信息法》[2]，该法目的是为基因信息收集、存储和使用确定基本原则，对基因检测、基因咨询等进行规制。该法禁止在雇用和保险中的基因歧视，甚至还提供了罚款或者 1 年到 5 年监禁的刑事责任机制。

在 2000 年以前，日本无单独立法，没有对基因科技进行单独或专项立法，依其他部门法规范模式。日本主要依据相关科技立法和其他部门法的相关内容对基因编辑科技的发展进行规范。日本制定的《科学技术设置法》《科学技术厅组织令》都是规范科学技术的专项立法，其中很多规定适用于基因编辑技术，是该国基因科技法体系的基础。除此之外，其他部门法中关于基因科技的相关规定是基因编辑技术法的重要组成部分。日本与基因编辑技术相关的法律，以法律层面分层次加以规范，是从 2000 年以后开始。主要可分为与人类有关及非与人类有关的胚胎基因立法两个方面，这里只是介绍

[1] 王康：《基因权的私法规范》，中国法制出版社 2014 年版，第 180 页。
[2] 王康：《基因权的私法规范》，中国法制出版社 2014 年版，第 177～178 页。

与人类有关的相关立法。与人类有关的法律，最主要的是2000年12月公布的《克隆技术规制法》，于2001年6月生效。该法案认为，克隆人将对人的尊严和社会秩序带来重大影响，因此，任何人不得从事人类克隆胚胎、人类动物杂交胚胎、人类或动物胎内移植之人类融合胚或集合胚，违者处以十年以下有期徒刑或科或并科一千万日元的罚金。

此外，2001年12月，由日本教育、文化、体育和科技部大臣颁发《关于管理制定胚的指导原则》，这一指导原则用于规范克隆胚的生产和研究。[1]根据这个指导原则，只准许用14天以内的体外受精所产生的剩余人胚开展胚胎研究；并授权文部科学省对于“特定胚胎”[2]制定相关指南，以免有碍于科学研究的进展；且关于如何取得特定胚胎，应当遵守该指南的规定。另外，关于特定胚胎的做成、让受或输入通知，应依第6条规定为之，违者将处1年以下有期徒刑或100万日元以下罚金；并规定文部科学省于必要限度内，得进入相关研究设施进行检查，或约谈相关人员。

第三节 比较分析与借鉴：对于我国的启示

综合以上各国立法例及有关禁止复制人的相关讨论，包括美国联邦立法法案，德国、法国、日本的成文法等诸多与基因编辑技术有关的规范，加以分析后可分成与基因编辑技术有关的共同原则和直接涉及人类基因编辑应遵循的特有原则，以下分别作出说明和探讨。比较而言，美国禁止人类基因改造实验、禁止生殖性克隆和人兽嵌合体胚胎培育等法律政策，是在此种实验研究和技术应用中应该遵循的伦理准则和法律底线；英国有关法律规范及其开放管理和法定特许的政策立场应被适当地借鉴。德国通过《胚胎保护法》等法律对胚胎的生命和尊严予以维护，例外规定了基因编辑试验的严格限制

[1] 沈秀芹：《人体基因科技立法规制研究》，山东大学2010年博士学位论文。

[2] 特定胚胎是指：人类胚胎之分割胚胎、人类胚胎核移植胚、人类复制胚、人类集合胚、人类动物杂交胚、人类性融合胚、人类性集合胚、动物性融合胚或动物性集合胚。

条件。[1] 以上典型模式，在法律规范体系和政策选择上值得借鉴，应当结合我国特定情况从法律规制层面上予以考虑。

一、域外经验一：立法规制原则的启示

考察域外立法规制的经验，我国关于人类基因编辑技术立法规制借鉴的可能性在于，经过域外人类基因编辑的比较分析，其经验存在共同的立法规制基础和共性，且有其共同遵守的基本原则及其各国特有遵循的特有原则，具有引入我国立法规制的必要性和可行性。

（一）尊重人类

直接涉及人类基因编辑技术的法律规范，其中尊重人类原则最为重要。从总体上加以分析和概括，其主要包括以下原则：

（1）尊重及保护个人，包括其家庭成员及其所属之群体社会。

（2）禁止违背人性尊严及一切形式歧视的行为。

（3）承认人类多样性并认为人类基因组系人类遗产。

（4）施以基因编辑技术前，应进行严格的风险评估。

（5）施以基因编辑技术，应得相关人员的事先自愿和知情同意。

（6）科技进步需以尊重人权和全体利益为目的。

（7）个人的利益和安全，应优先于社会和科学研究。

基于尊重人类原则，在基因编辑技术的法律规范上，域外有些国家就有了区分“直接涉及人类”与“非直接涉及人类”的基因编辑技术的区别理由，而且各个国家也应当针对“直接涉及人类”的基因编辑技术制定特别的法律规范。

（二）基因数据

对于基因数据，亦可分析得出下列原则：

（1）每个人都有权决定是否要知道其基因数据，其范围应扩及可能受影响的家属。

---

[1] 王康：《人类基因编辑实验的法律规制——兼论胚胎植入前基因诊断的法律议题》，载《东方法学》2019年第1期。

（2）应确保基因数据不用于对个人歧视。

（3）应保护可识别个人、家庭或群体的基因数据的私密性。

（4）除重大公共利益的原因，基因数据不应向第三人揭露。

由于基因数据的特殊性，使得对于基因数据的保护及相关权利，不再仅限于该基因数据的“个人”，而在特定情况下，将扩张至第三人。

（三）克隆技术

克隆技术若以对象而分，可包括“人类克隆”及“非人类克隆”，并包括“人与非人混合的克隆”；如果以目的来划分，可包括“生殖性人类克隆”及“非生殖性人类克隆”，后者包括医疗、研究等其他非生殖性目的。目前国际社会对“生殖性人类克隆”是全面禁止的，而对“非生殖性人类克隆”最具争议。关于人与非人混合的克隆，明文禁止的仅是日本、德国等国家的法律规范，而从禁止生殖性人类克隆的理由来看，对于人与非人混合的克隆，“非生殖性人类克隆”似乎也会得到同样应当禁止的结论。

（四）伦理问题

人类基因编辑技术将对伦理产生程度不等的影响。由于直接涉及人类的基因编辑技术，因尊重人类原则的要求，以及认识生命科学迅速发展及应用而对人性尊严、个人权利和自由等所产生的伦理问题，应当重视研究人员、科学政策负责人等的责任、伦理学教育，而伦理教育的对象，也包括广大公众；并且，必须发展国家和国际间的生命伦理学，如何避免基因编辑技术造成的社会不公，如何避免基于基因的歧视，跨国别的人文主义的社会基本共识如何形成，以及如何评估其影响，科学、伦理学和法律之间如何实现良性互动，如何保护基因组编辑中受试者的基本权利和自由，特别是尊重人类尊严的权利，如何在保护人权和科学研究自由之间，在保护个人权利和社会福祉之间保持平衡，都是各个国家生命伦理学面对人类基因编辑技术应用必须回应的伦理问题。

二、域外经验二：立法规制模式的启示

从以上各国对人类基因编辑技术的立法规制中可以看出，无论是单独的

立法模式，或者制定统一规则的综合立法模式，从大方向上分为两大类：一类是从整体上对人类基因编辑技术进行规范，另一类是从不同应用领域上对人类基因编辑技术进行分类规范。

（一）采取类型化的规制模式

从各国立法规制模式的共性而言，应当针对人类基因编辑的不同类型分类别加以规制。就域外法律规范经验来看，法律政策不一。虽然各国对待基因编辑技术的基本立场与各自的历史经验、产业结构及民众态度等有关，但就各国法律规制的总体经验来看，基本上都不允许以生殖为目的而对胚胎进行基因编辑。对于非生殖性体细胞基因治疗，以恢复人的身体健康为目的的基因编辑基本上都被有条件的允许。可见，我国应当在借鉴域外人类基因编辑风险规制模式的基础上，采取类型化的保护方式，区分生殖性基因编辑与非生殖性基因编辑，区分基因治疗与基因改良，建立类型化区别性对待的立法规制模式。

（二）应实现私法与公法规制的协同治理

从各国有关私法规制的经验而言，应加强私法对基因编辑的立法规制。以《法国民法典》为代表的国家通过将基因权利纳入人格权、隐私权、财产权、知识产权等为载体的民事权利范畴，来遏制人类基因编辑技术对公民权利的侵犯。大多数国家都禁止以人类增强为目的的基因编辑，允许以治疗为目的的基因编辑，我国应当借鉴域外私法规制模式避免违反伦理规范的不法研究和临床应用。同时，应当借鉴国际规范中软法规范的私法转化和具体落实。例如《世界人类基因组与人权宣言》规定，生殖克隆有违人类尊严而不得允许其进行；《国际人类基因数据宣言（草案）》规定，禁止将人类基因资源用于社会歧视以及各种侵犯人权的行为，强调尊重人的尊严和受试者知情同意原则。结合以上国际规范的内容，可以将“人的尊严”以及“知情同意”等内容进行私法转化和落实。同时，单一的立法规制模式已经无法应对新兴科技带来的挑战，还应当从技术规制视角出发，发挥公法规范规制的功能，与私法规制模式相结合，实现对人类基因权利的综合性保护和协同治理。

（三）完善法律规制的配套实施体系

从完善法律衔接、构建立法规制体系的角度来说，可以制定与人类基因编辑科技相关的一部基本法，从而提升基因编辑科技立法的法律层级。以我国私法规范完善为例分析：例如，我国应当制定相应的配套实施法律规范，与《民法典》第1009条与人体基因、人体胚胎有关的医疗和科研活动的原则性规定予以衔接，并使事前防范风险和行政监管有法可依。在健全人类基因编辑法律法规体系的基础上，应当完善宪法、行政监管及刑法等规范。就具体监管措施而言，由于基因编辑最终是以治疗和预防疾病为目的，因此，可以借鉴美国的做法由同一机构进行统一审批，也就是说，可以由我国国家药品监督管理局或其他机构等统一负责基因编辑技术相关研究、临床试验和应用的审批；从监管角度而言，则可以借鉴英国模式，采用特许主义，进行个案的审查制度，避免遗漏不合规行为。另外，完善相关程序性规定和权利救济制度，防范人类基因编辑技术可能的风险。从司法救济方面，则可以借鉴对人类基因编辑技术采取较为严格禁止措施的德国模式，建立对试验对象的强制保险制度，即如果造成了人身损害，保险金数额应当与风险相匹配。[1]通过引入风险分担机制，分散风险，增加保险公司这一承担风险的主体，使得基因编辑的受试者能够获得更为周全的权利救济。

三、域外经验三：立法规制内容的启示

考虑到人类基因编辑活动与科技发展的不确定性，以及由此可能造成的潜在风险，所以国际上关于基因研究有关的公约，均提示不得违反人权、必须尊重人性尊严、社会有益性的发展、公平正义的基础等方式进行，设立了各项研究立场、原则以及基因研究风险的利益平衡考虑方式。然而，伦理性的要求往往只能由研究者本身自律，不易透过法律明文规定达成实效，所以，在法律规范上则应当辅以一定的程序性管控以及伦理机构审查，在遵循人权保障原则的前提下，避免造成过度干预人类基因编辑技术的发展，反而不利

---

[1] 杨雅婷、汪小莉：《基因编辑临床研究风险责任之法律探析》，载《科技管理研究》2018年第20期。

于人类整体进步的影响。

(一) 人类基因编辑应遵循的总体立场

从生物医学上看,研究结果表明,目前已知人类每人身上大多有5万到10万个基因,一共大约有30亿个遗传密码。基因信息是指存在于每个人细胞核中,决定每个人基因的遗传信息。随着分子生物学突破性的进展与应用,我们开始系统地探索生命的奥秘,尤其是了解基因密码,探究其载体的人体基因。凭借这一科学研究进展能够了解各种基因的功能与控制方式、基因相互的关系、基因与人体生理以及疾病的关联,便能研发新药或治疗方式,并进一步掌握人类生命秘密,积极造福社会人群。反之,人体的基因信息,存在于体内细胞核中,只要获得一个人的细胞核,进而利用现代人类基因编辑技术,获知该人的遗传信息,进而可以商用或者谋取不法利益。所以,个人的基因信息,在目前的人类基因编辑技术发展的情况下,几乎可以说是唾手可得,应当加强对人类基因权利的保护。

从基因编辑所处阶段不同来看,应当按照不同的阶段采取不同的规制立场。正如2015年12月人类基因编辑高峰会议达成的共识所言:禁止出于生殖目的而在临床使用基因编辑技术改变人类胚胎或生殖细胞,但许可将该技术应用于基础性研究和临床前研究。针对人类基因编辑技术,一味地回避或采取不适当的措施只会催生更为庞大的地下市场。就人类基因编辑技术对于遗传疾病治疗的优势与"十四五"发展规划落实相关政策的角度,进一步发展人类基因编辑在遗传疾病治疗方面的作用值得鼓励,但需完善立法以防范人类基因编辑技术被不当使用,进而防范其引致伦理风险和技术风险。

(二) 人类基因编辑立法的主要内容

在立法内容方面,目前只有德国、奥地利、澳大利亚和瑞典制定了基因科技管制立法。它们的共同点表现在:基本内容一般包括总则部分,立法目的、适用范围、法条用语的定义,以及基因编辑伦理委员会的组成、主要任务等都针对基因编辑活动和基因编辑技术设施的安全性进行分等级管理,不同的等级管制程度不同,应当遵循的程序也不一样。各国立法除了都针对基因编辑技术研究所应当遵循的一般义务作了规定外,也都对基因编辑行为的法律后果作了一般规定，包括承担的相应法律责任及损害责任赔偿方面的内容。这些国家中，只有奥地利的基因科技法单独对人体基因科技作了专门性规范，值得对其规定进行进一步分析和借鉴。

综上所述，通过国际规范及外国立法例整理、归纳和比较分析，发现有两种类型的原则，如果以基因编辑技术的对象为区分，可以分为“是否涉及人类”与“无论是否涉及人类”两类。前者可以再分为“直接涉及人类”与“非直接涉及人类”；后者亦可称为“共同原则”。在共同原则之中，国家责任原则被确认，国家对其境内基因资源有其权利，但负有保育生态环境、保护及尊重人类及大自然（永续性发展为其体现），以及不使境外环境造成损害的责任。此外，国家亦应建立管制机制，包括环境影响评估、风险评估及救济机制等。不仅如此，国家应当有为现在及后代子孙保育环境之共同责任，以及应当促进人类基因编辑技术方面全球治理的国际合作责任。

而在“直接涉及人类”的基因编辑技术的发展方面，尊重人类尊严原则为此类基因技术规范的指导方针，甚至可谓其他原则均衍生于此原则，其中包括尊重及保护个人及其家庭成员与所属群体、禁止违背人性尊严及一切形式的歧视、认为人类多样性系重要、承认人类基因组系人类共同遗产、施以人类基因编辑技术应进行事前严格的风险评估、施以基因编辑技术应得相关人员事前自愿和知情同意、个人利益与安全应当优先于社会及科学研究等。并且，各个国家应当重视生命伦理学，促进国家和国际间相互合作与共同发展，进而达成人类基因编辑规制的社会基本共识。

（三）应当完善法律责任的约束和配置

从各国法律规制实施而言，应加强对人类基因编辑法律责任的约束和惩罚机制。多数国家基本上不允许以生殖为目的对胚胎进行基因编辑。英国、德国、法国、加拿大等国家都通过法律进行监管，并分别设置了低至 5 年以下、高达 20 年监禁的刑事责任；美国和日本则采取伦理守则为主的规制模式，对人类胚胎的基因编辑试验进行限制，在此基础上，还应当明确人类基因编辑技术管制的基本原则，进而明确违反的法律责任配置，才能有效防范人类基因编辑的可能风险。

本章小结

人类基因编辑技术本身的不确定性与其对各层面影响广泛且深远，使得国际组织和各个国家不得不对人类基因编辑技术加以立法规制。如前所述，国家如果对人类基因编辑技术加以立法规制，则可能涉及宪法所保障的公民基本权利的限制问题，如对科学研究自由、营业自由等基本权利的限制等。然而，经由基因编辑技术本质、国际潮流及我国现阶段国情的综合分析，本书承认国家对人类基因编辑技术进行立法规制具有形式正当性，且各国应当有共同可以遵循的基本立场和原则，这也属于国家应作为的义务，应当确立其立法规制应当遵循的基本立场和原则，应当明确国家进行法律干预的“门槛”或者立法规制的限度。

关于立法规制模式方面，本书透过基因编辑技术对人体或对人类的可能影响，以及是否将使基因编辑技术改变结果进入遗传、传递给子孙后代，分析出几种区别对待情况，对基因编辑技术加以类型化，并进而区分其不同的立法规制模式。例如，体细胞基因治疗属于“广义的基因编辑技术”，基于此，应当属于直接涉及人类的未构成遗传改变的广义基因编辑，应当采取相对宽松的允许立场。在立法规制内容上，随着更加多样化的人类基因编辑技术的发展与运用，应当构建区别于非人类基因编辑的特别规制内容。坚持尊重人类，保护人类健康、安全及尊严，以类型化区别为基础，在人类基因编辑技术持续发展、透过 DNA 等分子层面造福人类福祉的前提下，借鉴域外典型国家立法规制的成功经验，探究人类基因编辑技术的立法内容，才能实现有效的立法规制。

第三章

我国人类基因编辑的私法规制

在私法上把人体基因确认为人格权，并且是一种新型人格权，就是在本质上表明它可以成为具体人格权的客体。我国《民法典》第1009条创设了与人体基因、人体胚胎保护有关的私法规范，[1] 这是一大创新和亮点。《民法典》是民事活动的基本法，在其独创的人格权编中对贺建奎等的"基因编辑婴儿事件"作出了回应，弥补了与人体科研和医学活动有关的私法法律规范缺失的问题。《民法典》以基本法的形式设定了基因权利的私法保护规范，标志着将"基因人格权"保护首次编入《民法典》，具有里程碑的意义。《民法典》第1009条关于调整人体基因权利的法律规范，为法学界研究人类基因编辑的法律规制提供了契机。然而，从该条规定看，作为《民法典》人格权编的创新性规定，这一条款仍然是有关人体基因保护的原则性规定，只是确立了从事与人体基因、人体胚胎等有关的医学和科研活动的底线性规则，如何适用并未具体展开，有些问题仍然需要厘清和解决。因而，如何理解人类基因编辑的私法规制与基因权利保护的关系，就成为我国《民法典》适用中必须直面的问题。《民法典》第1009条的规定，表明了"人类基因上的权利"作为一种新型人格权的基因权利在法律上成为可能。以下主要对人类基因编辑私法规制应遵循的基本原则、比较法经验以及私法规范内容等进行阐述。

---

[1] 《民法典》第1009条规定："从事与人体基因、人体胚胎等有关的医学和科研活动，应当遵守法律、行政法规和国家有关规定，不得危害人体健康，不得违背伦理道德，不得损害公共利益。"这条规定采取了开放式立法保护模式，为相关主体从事与人体基因、人体胚胎等有关医学和科研活动从私法层面上设定了义务规则和行为底线。

第一节 人类基因编辑私法规制的原则

法律不是作为一个规则体，而是作为一个过程和一种事业，在这种过程和事业中，规则只有在制度、程序、价值和思维方式的具体关系中才具有意义。[1] 在当下，人类基因编辑技术获得了飞速发展，尤其是“基因编辑婴儿事件”发生后，引发的现实问题受到社会各界广泛关注和讨论，对人类基因的所有权利诉求也无不深深地嵌于这种背景之中。我国私法层面上展现出的主要问题是，基因权利是“在人格交往实践中已经特别化了”的“新型人格关系”，应当得到私法的及时规范。[2] 《民法典》总则编开宗明义，“根据宪法，制定本法”。此举表明了《民法典》的立法依据，同时也表明民事法律对宪法精神和原则的体现，以及对宪法关于公民基本权利保护规定的细化与落实。[3] 为了保护自然人具有基本人权属性的基因权利，我国《民法典》第1009条及相关规定正是为了回应新兴技术发展需求应运而生。该条规定了与人体基因编辑行为有关活动的基本框架，同时也明确了应当遵循一定的指导原则，即应当遵循以风险预防为基点，以权利保护为宗旨，以冲突协调为中心，以责任正义为保障。[4] 同时，“规范的原则和描述之结合也给予法律一种理性的系统化”。[5] 在建构主义的立场上，为获得这种理性的系统化，人类基因编辑行为的私法规制应当遵循尊重人类尊严与权利相对原则、权利保护与科技发展相协调原则、风险预防与多元共治等原则，为规范体系和私法内容的展开提供指导。

---

[1] ［美］哈罗德·J. 伯尔曼：《法律与革命（第一卷）——西方法律传统的形成》（中文修订版），贺卫方等译，法律出版社2008年版，第11页。

[2] 龙卫球：《人格权立法面面观——走出理念主义与实证主义之争》，载《比较法研究》2011年第6期。

[3] 王利明主编：《〈中华人民共和国民法总则〉条文释义》，人民法院出版社2017年版，第6页。

[4] 王康：《基因权的私法规范》，中国法制出版社2014年版，第158页。

[5] ［美］迈克尔·D. 贝勒斯：《法律的原则——一个规范的分析》，张文显等译，中国大百科全书出版社1996年版，第1页。

一、尊重人类尊严与权利相对原则

自然人人权价值存在的基础和前提是人所具有的生命权，失去生命的人就无从谈及人权价值。所谓人权价值的起点就是自然人生命健康不能被肆意侵害，生命价值、生存价值和发展价值也只不过是人权价值最为基本的形式化表达。人们在谋求自身发展的过程中所需要的其他人权价值统称之为生存价值，例如：平等权。《世界人权宣言》第 1 条规定：人人生而自由，在尊严和权利上一律平等。人权即意味着人享有生存发展的充分自由，每个人都有尊重他人自由发展的义务，法律就是在确认与限制自由之间作出恰当平衡，禁止伤害社会和他人是所有国家的法律限制自由的内容，任何新技术的研究和应用都应当在充分尊重人类尊严的基础之上合法进行。基因编辑技术的发展也应当遵循尊重人类尊严的基本立场。贺建奎等的“基因编辑婴儿事件”违背国际共识，进行基因编辑的临床应用使基因编辑婴儿的人格尊严受到侵害，也使得代际正义和人类尊严受到侵害。一切社会制度与新兴科技的发展和进步都是为满足人类社会福祉的基本需要，“基因编辑婴儿事件”的后果是使人类主体性地位受到挑战，可能会丧失“人之为人”这一做人的主体性尊严与资格。从基本原则角度出发，应当把尊重人类尊严和保护人身安全放在价值考量的第一位，但任何权利的行使都具有相对性，关于人体基因编辑的法律法规也应当将尊重人类尊严和权利相对的原则作为其首要的立法原则。

权利具有相对性，无论是奠基于自然法观念还是实证法观念的个人权利，都不过是社会的一种认可。在工具意义上，只有这种被社会承认的权利才能够满足权利人对特定利益的合理期待。即使是“表面上最个性而最自利的权利，亦必须以社会为目的而去使用他的权利，必须适合于这种权利创制的精神”。❶ 权利的精神正是权利滥用的鉴别，具体表现为正当动机的概念。❷ 我

---

❶ ［法］路易·若斯兰：《权利相对论》，王伯琦等译，中国法制出版社 2006 年版，引论，第 6 页。

❷ ［法］路易·若斯兰：《权利相对论》，王伯琦等译，中国法制出版社 2006 年版，第 257 ~ 258 页。

国《民法典》总则编就规定了公序良俗原则和禁止权利滥用原则，对个人权利的行使边界作出限制。因而，个人的自由权（即一切权利和义务的溯源）受到来自法律规定的客观限制，还受到权利本身的社会及经济目的的主观限制。绝对化的权利往往促进“不切实际的期盼”[1]，要保有权利，就要维持其相对性（即权利不得滥用），我们的权利至少必须以他人的权利不受侵害为界限。如期所述，我国《民法典》第 8 条规定：“民事主体从事民事活动，不得违反法律，不得违背公序良俗。”本条规定了作为民法基本原则的公序良俗原则，属于“民法的根本准则，贯穿于整个民法，统率民法的各项制度及规范”[2]。该规定对个人权利行使具有重要的引导和约束功能。《民法典》第 132 条规定了禁止权利滥用原则，这为基因权利的相对保护提供了总纲性依据。另外，结合《民法典》第 153 条第 1 款的规定：“违反法律、行政法规和强制性规定的民事法律行为无效。但是，该强制性规定不导致该民事法律行为无效的除外。”该禁止性规范为人类基因编辑活动划定了行为边界，旨在弥补强行法规定的不足，除了既有规定外，人体基因编辑活动违反公共秩序和善良风俗的，法律将作出行为的效力否定性评价和违法性判断。[3] 这就为人类基因编辑活动设定了兜底性底线规则。

基因权利并不是绝对的权利，它面临着与技术进步、公共利益等社会目的以及其他权利的冲突和协调。“个人在社会中的自由度必须放到社会本身的公平和自由度的背景之下。”[4] 考虑到基因权利自身的独特性，基因权利受到法律政策的限制甚至高于其他具体人格权。我国《民法典》第 1009 条创设的与人体基因、人体胚胎有关的医学和科研活动的私法规范，规定了“一个应当”和“三个不得”的义务性规则。其中，“一个应当”从正面要求设定了“应当遵守法律、行政法规和国家有关规定”的基本规则底线，而“三

---

[1] ［美］玛丽·安·格伦顿：《权利话语——穷途末路的政治言辞》，周威译，北京大学出版社 2006 年，第 18 页。

[2] 崔建远：《论民法原则与民法规则之间的关系》，载《江汉论坛》2014 年第 2 期。

[3] 石佳友、刘忠炫：《人体基因编辑的多维度治理——以〈民法典〉第 1009 条的解释为出发点》，载《中国应用法学》2021 年第 1 期。

[4] ［俄］E. A. 苏哈诺夫主编：《俄罗斯民法》（第 2 册），王志华、李国强等译，中国政法大学出版社 2011 年版，第 713 页。

个不得”从反面限制方面规定为“不得危害人体健康，不得违背伦理道德，不得损害公共利益”，分别从不同“法益”出发，明确了相关主体的义务边界。从内在利益相关者出发，从受试者保护视角出发，规定基因编辑“不得危害人体健康”；从外在利益相关者出发，基因编辑“不得违背伦理道德”“不得损害公共利益”，这实际上是民法基本原则在人格权编领域的再次重申和体现，为基因权利的行使设定了必要的边界。可见，《民法典》第1009条规定的“三个不得”回应了基因权利行使的义务边界问题。我们必须认识到，人类基因上的各项权利都是有限制的，基因权利不仅关涉个体利益，还关涉人类共同利益，因而必须“留有足够多的同样好的东西给其他人所共有”“事实就是如此”。[1] 对人类基因权利而言，其建立在自然权利基础之上的基因权利，真正要实现其正当性，就必须在法律上承认一个谦抑的权利边界的合理存在。权利边界的存在，可以清晰地说明权利的相对性即不得滥用的规范依据。在人体基因权利的私法规范设定上，对权利相对原则的坚持，就是要求在权利边界上寻求原则与规则的有机调和。

二、权利保护与科技发展相协调原则

人类基因编辑技术的不断发展给传统人格权保护和既有法律规范体系提出了新问题与新挑战。尽管法律规范具有滞后性，但也应当随着基因编辑技术的发展不断地革新自己，以适应新的社会事物，实现权利保护的目标。其实，权利保护与基因编辑技术发展的本质还是上层建筑与经济基础的关系问题，所以协调自然人权利的保护与新兴技术的发展之间的关系，是人类基因编辑技术立法的应有之义。如果法律调整得过于宽松，就会使得医学和科研人员在被赋予相当的学术自由的同时，可能会迷失方向，造成法律调整的失灵与科学技术应用的失控。但是，如果法律干预得过多，科研人员的手脚就会被束缚，就会使得科学研究和技术发展失去自由，使技术发展陷入僵化。因而，由人类基因编辑技术发展带来的对于社会颇具争议的问题，法律应当保持怎样的态度，作出何种回应并且参与到何种程度，都会对人类基因编辑

---

[1] ［英］洛克：《政府论》（下篇），叶启芳、瞿菊农译，商务印书馆1982年版，第19页。

技术发展速度和未来走向产生直接的影响。

值得庆幸的是，人类在道德伦理上基本立场是相同的。在人类基因编辑的基本伦理上，各个国家已经具有了相当程度的共同认知与基本共识，即在严格限制生殖系基因编辑和体外胚胎试验的前提下，适当鼓励基础研究。基于此，在制定私法规范时应当保障科研和学术研究自由的同时，充分保护利益相关者（比如：科技人员、临床试验受试体）的合法权利，既不能妨碍人类基因编辑技术的发展，也不能使得自然人主体权利遭到侵害。所以，立法者应当听取广泛而不同的意见，让公众参与到有意义的对话和决策过程中，在听取普通大众的意见的同时一定要重点考虑相关科技专业领域的专家意见，保障相关领域专家真实地参与到重要的决策中去。具体到人类基因编辑活动，应当考虑基因编辑技术的现实状况和未来发展趋势，以及潜在的风险等问题，并作出准确恰当的回应，以解决权利保护与科技发展相适应的问题，实现民主参与原则。《民法典》第1008条规定："为研制新药、医疗器械或者发展新的预防和治疗方法，需要进行临床试验的，应当依法经相关主管部门批准并经伦理委员会审查同意……"其中"伦理委员会审查同意"就体现了受试者权利保护和科技发展中的广泛民主参与原则。根据人类基因编辑技术的发展及时调整权利保护的内容，做到与时俱进，一成不变的法律是无法满足人类社会发展的需要的。对于因为新技术可能产生的新问题，法律也应当关注并及时有效地回应，避免问题出现后面临无法可依的窘境。

在人类基因权利私法规范的原则设定上，为了不阻碍人类基因编辑技术的进步给人类带来的福祉，有必要在法律规范中引入宽容原则与商谈原则。宽容原则的无上命令就是如此行为，使你行为的结果与最大可能避免并减少人类损害相契合[1]。在商谈中，还需要宽容原则让社会正义更加丰满起来。禁止损害具有一种伦理道德的意义。当然，我们无法禁止所有的风险、危害和损害，这是一个几乎所有时代都要面对的现实性问题，当今社会这也已成为一个现实主题。在人类基因编辑技术发展面临的伦理困境中，宽容可能会

[1] ［德］阿图尔·考夫曼：《法律哲学》（第二版），刘幸义等译，法律出版社2011年版，第353页。

是更好的商谈基础和达成社会基本共识的路径。科研自由并不是没有限度的，科研自由应当始终在服务于人的目的下保持其目的性和社会性两个维度[1]，科研自由应当以人格尊严原则和生命健康为其界限，在明确人格尊严和生命健康不容侵犯的前提下，确定科研自由合法行使的界限，保证科学研究的正当性和合法性，实现人类基因编辑技术的理性发展。

为了实现权利保护与科技发展相协调原则，我们应当给科技发展预留适度的空间。如果我们以审慎的态度对待人类基因编辑行为，保持足够的理性，那么我们在私法上认可基因权利诉求时，就必须给人类基因编辑技术的进步保留一个适度的发展空间。就人类基因编辑活动而言，我国《民法典》采取了以行为准则为核心内容的人格权规制模式。[2] 这是一个规制人类基因编辑技术的法律底线规则。也就是说，基因权利的私法规制必须遵循着宽容规制和适度商谈原则。《民法典》第1009条的规定就体现了这一原则，“本条规则的重要意义在于将上述研究活动合法化，并为其确立新的底线规则，且进一步强化了对人格尊严、生命尊严的保护”。[3] 针对与人体基因、人体胚胎有关的医学和科研活动，《民法典》确立了人类基因编辑活动的基本行为准则和底线规则。《民法典》第1009条规定的重要价值在于，一方面，其对人体基因、人体胚胎等有关的医学和科研活动具有直接的适用性，能为此类活动提供行为指引；另一方面，其也为后续立法设定了原则和参照，有助于配套立法的制定及完善。[4] 在人类基因编辑研究方面，宽容规制原则要求以自然人权利保护为中心的法律规则适当保持对人类基因编辑科技发展的隐忍；在人类基因编辑技术应用中，宽容规制原则要求基因权利主体在主张权利时合理考虑对利益相关者的利益融入。

实际上，权利保护与科技发展相协调原则契合我国的文化传统和伦理观

---

[1] 朱晓峰：《人类基因编辑研究自由的法律界限与责任》，载《武汉大学学报（哲学社会科学版）》2019年第4期。

[2] 石佳友、刘忠炫：《人体基因编辑的多维度治理——以〈民法典〉第1009条的解释为出发点》，载《中国应用法学》2021年第1期。

[3] 王利明：《彰显时代性：中国民法典的鲜明特色》，载《东方法学》2020年第4期。

[4] 石佳友、庞伟伟：《人体基因编辑活动的民法规制——以民法典第1009条的适用为例》，载《西北大学学报（哲学社会科学版）》2020年第6期。

念。当前的中国法律体系明显是由来自古代传统的道德准则、从西方移植的权利思想以及在法律实践中不可或缺的实用性考虑共同组成的一个三维体系，但指导法律实践适度是最终依据，与其说是个人权利，不如说是人际关系的道德准则。[1] 当然，这里考虑的仅是熟人社会中的包容宽容在内的道德准则。在现代的多元化道德情境中，在伦理道德的标准存在争议面前，宽容变得更为重要，应当根据时代的发展需求赋予新的内涵。在面对权利保护和科技发展的关系上，在权利关系结构日益紧张的时候，才更加需要宽容原则的缓和，因为人类基因编辑技术应用的场域的权利诉求更多涉及的是有关人的尊严、人格利益等方面的伦理决策。《民法典》人格权编是针对人体基因编辑活动的核心规范：在第一章一般规定中，第 990 条第 1 款明确了具体人格权的基本类型，并通过第 990 条第 2 款一般人格权的兜底性条款为人格权益提供广泛的保护，为人体基因编辑活动可能造成的其他人格尊严侵害预留了救济空间。[2]

权利保护与科技发展相协调原则，要求实现宽容规制原则。同时，在权利保护和科技发展相协调原则要求下，“宽容的前提是高度的精神自由与形成确定意见的能力”。[3] 因而宽容规制原则的实现，是建立在承认和尊重利益相关者的不同诉求和自由人格的基础之上的。基因权利主体在充分告知后的自主决定，人类基因共同体成员之间就是否提供特定基因用于科学研究或参与商业计划的自由协商，都是宽容原则体现出的对基因权利的底线尊重。当然，宽容原则不是无边际的，而仅仅是对基因伦理境遇和基因权利冲突解决过程中的一种缓和。宽容观念对实体内容和程序正义的融入也不是无原则的，它的底线是法律所划定的边界就是基因权利的私法规范。《民法典》第 1008 条和第 1009 条的规定就体现了这一点。比如，在人类基因资料库的建设中，某一范围的基因样本的采集和检测可能会伤害到个体的人身权益（基因自主

[1] 黄宗智：《中西法律如何融合？道德、权利与实用》，载《中外法学》2010 年第 5 期。

[2] 石佳友、刘忠炫：《人体基因编辑的多维度治理——以〈民法典〉第 1009 条的解释为出发点》，载《中国应用法学》2021 年第 1 期。

[3] ［德］阿图尔·考夫曼：《法律哲学》（第二版），刘幸义等译，法律出版社 2011 年版，第 350 页。

权、基因隐私权、基因公开权等），但也可能对个体具有收益和优待。权利保护与科技发展相协调原则要求在个体利益与公共利益这两个正当性之间进行调适，利益衡量的法律政策将根据具体情况而倾向性地对基因风险（利益和损害）进行分配，在责任正义的框架和要求下允许这个风险。

三、风险预防与多元共治原则

风险与收益往往是相伴而生的，基因编辑技术给人类带来的福祉是有目共睹的，但人格尊严可能遭到的侵害和潜在的影响是人类基因编辑技术所带来风险的现实体现。因此，在寻求科技的进步与人格权益的保护中防控潜在风险，才能在保证权利人权利的同时充分享受人类基因编辑技术带给人的“福祉”。基于此，风险预防原则是新兴科技发展应当遵循的基本原则，人类基因编辑技术发展和基因权利保护也应当遵循这一原则。科学技术发展即意味着该项技术开发过程中应当保障科学性和安全性，这不仅是对技术本身发展的要求，也是对该技术进行基础研究和临床试验、临床应用过程中同样要遵循的原则。人类基因编辑技术的运用应当遵循科学、谨慎的态度，以保障自然人的生命健康为基本准则，尽可能避免操作过程中的漏洞和失误，有效防范技术风险和法律风险的产生。

人类基因编辑技术进行临床试验和临床应用前，应当严格进行风险评估，避免不必要的技术风险。基于基因编辑技术的新兴科技属性，应当评估其技术风险，即需要评估试验的目的、方案、后果，确保受试者的自主决定和知情同意，在发起项目和向受试者说明的过程中应当保持诚信，不得有隐瞒、欺骗。就行政主管部门而言，在对人类基因编辑技术临床试验的过程中，保证真实性、公平性、科学性和精准性，不仅要对受试者的生命健康负责，也要鼓励科研和医学研究工作者的研究开发工作，谨遵风险评估、科学诚信原则，不得有流于形式的审查和评估，也不得朝令夕改。鉴于人类基因编辑技术的新兴性和复杂性，从风险预防原则出发，应当关注行为人举止本身带来的风险，对行为本身进行定性和评价，坚持程序正义和实体正义相结合，行为性质、违法和犯罪的判断标准不以行为结果造成的损害为唯一评价标准。

人类基因编辑技术关涉多方面重大现实问题，涉及技术、伦理、法律和社会等多方面问题，尤其是伦理问题，蕴含的巨大风险需要谨慎对待。为了更好地预防人类基因编辑技术的风险，在立法完善上，应当以风险预防原则作为立法理念，对基因编辑的不同研究目的和处理阶段依据风险大小实施分层次的法律规制。针对域外规制的成功经验，结合我国目前法律规制的现状，提出一些以风险预防原则为立法规制的新思路，为人类基因编辑技术划定合法性判断的行为边界，冷静思考和对待伦理争议和技术风险，提出审慎的法律规制方案。如果人类基因编辑技术仅仅是一种无关其他的“技术”的话，则是这个时代的幸事。然而，2018 年“基因编辑婴儿事件”的发生，让我们意识到人类基因编辑技术的社会风险，也意识到人类基因编辑技术除了基础研究、临床试验的道德伦理风险之外，也可能会外溢到临床应用的风险上，会引发各种不可预见的技术风险和价值风险。

在某种意义上，风险的界定是一种价值判断。一个风险可能源于多种社会和文化等方面的因素。技术风险往往具有潜在危害性，人类基因编辑技术所产生的风险、事件发生的可能性、影响或者危害以及风险事件与危害之间的因果关系，可能会在很长时间后才会被发现。例如，人类基因编辑技术所产生的后果是不可逆的，基因编辑的脱靶风险可能在多年后才能显现出来。同样，基因编辑的医学风险仅仅表征着损害或者损害危险发生的或然性，那么伦理标准和法律规范在介入时如何跨越这一距离？其实，在风险的概念中，除了对损害发生的或然性的涵盖，对这种可能损害的社会感受和评价也是其应有之义。实际上，风险概念就是对何种程度的安全才是“足够的安全”的价值判断的审视。鉴于人类基因编辑技术在安全性方面所存在的风险，预防应当优先于救济。事实上，《民法典》第 1009 条将与人体基因、人体胚胎等有关的医学和科研活动纳入调整范围，并且重点强调不得危害人体健康，不得违背伦理道德，不得损害公共利益，体现的正是预防优先的理念，这充分表明了人格权制度事前的积极预防功能，除此之外，《民法典》第 997 条[1]特别规定了人格权禁令制度，体现了预防为主的理念，与事后救济型的侵权责

[1] 事实上，《民法典》非常重视这一理念。最为典型的例证为《民法典》第 997 条中的人格权禁令制度，其被视为《民法典》人格权编的重要创新。参见王利明：《民法典人格权编的亮点与创新》，载《中国法学》2020 年第 4 期。

任法律规制存在明显不同。因而，以事前预防理念来设计相关的制度安排，有利于自然人生命健康和基因权利能够得到更好的保障。

第一，“有条件地接受”的立场是人类基因编辑私法规制的前提条件。对人类基因编辑技术是拒绝还是接受？这首先是伦理的问题，同时也体现了多元共治原则。按照人类基因编辑技术的应用领域，我们应当采取审慎的态度：是否愿意以及在什么样的条件下让其成为我们生活的一部分。即使是种种伦理争议都不是完全地拒绝基因编辑技术（拒绝也将无可奈何），而仅仅是对“在什么样的条件下接受它”所表达的不同立场。这些条件需要伦理准则的约束，其中一些条件还需要法律的审视，体现了风险预防与多元共治原则的有机结合。基因权利私法规制的基本立场应当秉持此种伦理立场，并用法律规范来回应这种最低限度的道德，应当根据风险与收益原则进行比例性评估，如果某种与人类基因编辑等有关的医学和科研活动尽管确实会给主体带来一定伤害，但却能治愈某种严重疾病甚至挽救其生命，那么就不应当禁止从事此类活动，反之，如果某种与人类基因编辑有关的医学和科研活动尽管能治愈严重疾病，但却可能导致更为严重的伤害，譬如先天性残疾，那么就应当禁止从事此类活动。与此同时，基于风险预防原则，在无法判断何者更严重的情况下，原则上也应禁止从事此类活动。❶

第二，“有条件地接受”立场应考虑通过多元共治来分配风险。如前所述，基因权利最初表现为一种道德权利，道德权利不需世俗权威认可的伦理力量“能够为世俗规制体系提出正义的标准”❷，某种合理预期一旦获得法律的支持从而成为法律上的基因权利时，内在的伦理力量就转化为外在法律效力的正当性基础。基因权利私法规范在维护人的尊严、保护人格利益的主旨下，能够引导着人类基因编辑技术在最低的道德限度内，实现它的目的——被负责地、公平地、人性地应用于人类的自由和福祉。因为人类基因编辑技术的应用，最终是为了促进人类的健康、减轻痛苦以及增进人的尊严。正是

---

❶ 石佳友、庞伟伟：《人体基因编辑活动的民法规制——以民法典第 1009 条的适用为例》，载《西北大学学报（哲学社会科学版）》2020 年第 6 期。

❷ ［加］L·W. 萨姆纳：《权利的道德基础》，李茂森译，中国人民大学出版社 2011 年版，第 82 页。

基于正当性的伦理基础，我们可以承认作为新型人格权的基因权利，并遵循正确的价值理念而不至于偏离正义标准。《民法典》第1009条规定了“不得违背伦理道德”，“伦理道德”的判断具有广泛性和开放性，对于与人体基因、人体胚胎等有关的医学和科研活动本身而言，不得违背伦理道德主要是指不得违背生命伦理道德和职业伦理道德。实际上，“伦理道德”涵盖了所有社会制定或认可、关于人们具有社会效用的行为应该如何评价的非权力性规范，具有开放性和高度演进性，伦理委员会和有关部门在具体判断之时需要适当兼顾多数民众所秉持的生命伦理观念，尊重社会公众对生命的认知和情感。❶ 如果违背伦理审查的原则和程序正义开展人类基因编辑活动，就会造成不可预知的风险和后果。因而，“有条件地接受”的立场，在实践中应考虑不同主体权利诉求通过多元共治来分配风险。

第三，“有条件地接受”的立场应考虑通过责任机制来确定规则。我们可以看到，在不确定的风险中，基因权利私法规范提供了一个相对确定的承诺就是责任。正是基于基因伦理在风险情境中应当被植入的基本价值目标，激发了责任感和责任机制。人类基因编辑技术带来的风险关系到个体私人利益与社会公共利益，法律规范必须成为一种激励和利益平衡机制。比如要考虑基因研究的公共利益，就有必要激励私人参与基因编辑有关的医学和科学研究。❷ 同时，根据《民法典》第1009条规定的“不得损害公共利益”，应当从风险分配视角考虑基因编辑行为不得超越“损害公共利益”的界限，否则就应当遭到禁止。贺建奎等的“基因编辑婴儿事件”之所以遭到反对，就是因为其会对社会公共利益（广义的人类共同利益和后代利益）造成不利影响。基因权利作为风险伦理映射出的法律焦点，会让风险决策置身于与风险的初始分配有关的法律责任机制中。在某种意义上，法律的安定性是其最大

❶ 石佳友、庞伟伟：《人体基因编辑活动的民法规制——以民法典第1009条的适用为例》，载《西北大学学报（哲学社会科学版）》2020年第6期。

❷ 一项由美国管理联合会于2001年进行的研究表明，将近2/3的美国主要公司要求新雇员进行医学检查。在这些检查中，14%用于评价工作场所风险的易感性，3%用于评价乳腺癌和结肠癌，1%用于评价皮肤癌，而20%则用于收集有关家族病史的信息。据美国NIH估计，约有30%基于医学研究的潜在参与者，因为惧怕基因歧视而最终退出研究。参见薛伟、陈其庆编译：《美国立法反基因歧视》，载《中国卫生产业》2008年第6期。

的道德。在不确定的风险中，基因权利私法规范提供了一个确定的承诺。这也正是它深刻的伦理根基之所在。它给每一个主体提供了一个确定的行为模式指引，可以据此预期自己行为的特定后果。

基因权利保护的终极目标是在风险社会中实现“基因正义”，而基因正义是一种内含伦理色彩的多元共治而产生的正义。人类基因编辑技术的发展和特殊境遇触动了关于自然人的定义和人格尊严等本体论问题，传统的伦理观念、原则和策略突然间都变得无所适从。实际上，基因伦理和基因权利观念面对的就是一些在具体的生活处境中未经任何抽象、最现实、最紧迫的问题，答案不可能是一种终极的证明而只是一种程序性商谈。这种答案需要科学界、伦理界、法律界以及社会各界多方共治，参与商谈和讨论并形成社会基本共识。面对新兴科技产生的新问题，必须在程序正义和实体正义相结合的理念的指导下，发挥民主参与和多元共治原则的功能，有效防范风险，进而实现基因权利的保护。

我国《民法典》对此进行了初步设计，人格权编第 1008 条的规定就说明了这一点。如前所述，在私法上对人体基因编辑行为进行法律规范，除了目的正当性外，还需要征求基因权利人的书面同意，同时，应当在程序上形成社会的基本共识。否则，一般不允许进行基因编辑行为。基于此，我国《民法典》第 1008 条第 1 款规定：“为研制新药、医疗器械或者发展新的预防和治疗方法，需要进行临床试验的，应当依法经相关主管部门批准并经伦理委员会审查同意，向受试者或者受试者的监护人告知试验目的、用途和可能产生的风险等详细情况，并经其书面同意。”[1] 由此可见，基于对基因权利的保护，即使是涉及人体基因的临床试验和科研活动，立法上也要采取谨慎的态度，要求“应当依法经相关主管部门批准并经伦理委员会审查同意”，尽可能限制其对人格尊严和人格自主权益的侵犯，采取“多元化”的保护路

[1] 需要说明的是，《民法典》颁布前，宪法和法律委员会经研究对草案作出最后修改，《民法典》人格权编第 1008 条的最后规定作出如下调整：一是将此类活动的规范范围扩大为“为研制新药、医疗器械或者发展新的预防和治疗方法”的所有活动。二是增加规定，开展此类活动，除经主管部门批准外，还应取得伦理委员会的审查同意。三是第二款增加规定，进行临床试验的，不得向受试者收取试验费用。目的是保障多元主体参与原则，并能够实现程序上的有效实施。

径，针对基因权利所体现的权能属性的条理性和有序性相结合，采取不同的程序性和实体性“知情同意”原则实施风险防范规制策略。

如前所述，人类基因编辑技术发展所处的世界是一个在利益、道德和正义等方面都充斥着多元化色彩的世界。《民法典》第1008条对人体试验应当遵循程序要求的规定就佐证了这一基本共识。人类基因编辑行为不再完全是个人的行为，还关涉到利益相关者利益和社会公共利益，因而需要在更广泛的范围内就其影响进行道德决策。例如，以基因治疗为例，我们每个人都有可能患有一些疾病的风险，这些风险随着人类基因编辑和基因检测的医学能力增加而有可能被提前预知。每个人的未来都是与很多共同利益紧密联系在一起的，这些利益表明接受了人类基因编辑活动中的道德强制性作为普遍性原则的必要性。人类基因编辑研究和技术应用所引发的道德困境，最终只能在互助和团结这一具体道德强制性的基础上来解决。正义、协商、宽容和责任，应该渗透于人类基因编辑技术的立法对话和开放决策的过程中。

社会正义发展的脉络正在从分配、矫正扩及程序上。如同道德与法律的区别，道德人格权也不同于法律人格权。但二者依然存在着对某种价值的终极追求，这就是正义。在罗尔斯看来，正义是社会制度的首要价值。但是，他的作为公平的正义是从一个假设的原始状态——抽象的无知之幕[1]出发的，并主要适用于一个自由的、民主社会的政治体系。而现实的法律面对着的是一个具体的永远处于变化中的世界，是一群活生生的具有自身利益诉求的人，现在更是面对着一个多元化的道德社会，即便是在伦理上，抽象的平等主义的正义观也存在着一定的现实障碍。但是，罗尔斯的这一思想实验的目的在于把纯粹的程序正义作为他的理论基础。程序正义也是一切道德人格权诉求的首要基本价值，变幻于伦理道德与法律场域的人类基因权利也不例外。在具体的基因权利现实诉求面前，冲突的解决不是仅靠法律对多元共治的预先分配和强制力来自动实现的，主体间的商谈可以提供一种程序正义上的力量。

---

[1] 原初状态里的所有立约参加者处在无知之幕背后，他们对彼此的个性、能力、身份、阶级、信仰等一无所知，也不知道所处的经济和政治状况。罗尔斯企图以无知之幕的设定来保证参加者不被各种利益影响，以公正客观地确定社会基本结构的原则。参见［美］约翰·罗尔斯：《正义论》，何怀宏等译，中国社会科学出版社1988年版，第5页。

这种“协商的正义”或许不能达成充满内容的结果，但它一旦被实际执行，就是一种具体的、真实的正义，至少可以从相互尊重和自主决定中发现一种“最小的正义”，换句话说，就是有关风险或代价如何分担、机会或利益如何分享的程序上的底线伦理，有利于通过程序正义达成社会基本共识。

不可否认，多元正义观念中还包括了责任的正义。基因权利离不开制度化的权利救济，因而作为刚性的规则，基因权利法律规范必须包含责任机制的一般设定。但是，法律所能实现的只是制度的正义，而不是、也从来不可能是“无讼”或绝对地在每个案件中令各方都满意的那种正义。[1] 在分析基因权利损害的社会化救济机制中，某一特定的责任形式或许会在具体个案的适用中失去平衡，比如在个人责任和公共责任方面的倾向性选择。人类基因编辑行为必须不得损害社会公共利益。公共利益，构成限制民事主体自由的足够充分且正当的理由，是人体基因编辑研究自由的法律界限。作为主观权利的基因编辑研究自由应在法律允许的范围内展开。[2] 在利益衡量中，责任正义的实现要求尊重法律政策的倾向性。但是，“法律应以平衡为生命，无平衡，法律将成为一种冷酷抽象的东西，没有真实性，没有道德性，亦不会有生命了”。[3] 这些政策选择的倾向性必须在法律的限度之内，避免个人随意改变规则，即使是为了保护“弱者”，也不能随意以法律原则之名义改变规则。

第二节 人类基因编辑私法规制的比较法经验

在建构主义立场上，人类基因权利的私法规范应当遵循尊重人类尊严与权利相对、权利保护与科技发展相协调、风险预防与多元共治等特别原则，为基因编辑私法规制内容的展开提供了依据和指导。在以上原则指导下，有

---

[1] 苏力：《〈秋菊打官司〉案、邱氏鼠药案和言论自由》，载《法学研究》1996年第3期。

[2] 朱晓峰：《人类基因编辑研究自由的法律界限与责任》，载《武汉大学学报（哲学社会科学版）》2019年第4期。

[3] ［法］路易·若斯兰：《权利相对论》，王伯琦等译，中国法制出版社2006年版，第274页。

必要对基因权利的私法规范体系进行分析。考察人类基因编辑技术的域外规范经验可以发现，各个国家尚未全面建构基因权利保护的特别立法例，大多数是直接针对人类基因权利的相关现象（如基因材料、基因信息、基因隐私、基因歧视等）的规范条款或伦理指南，其中基因隐私保护和非歧视内容是法律政策调整的核心。在比较和借鉴域外经验的基础上，以下就人类基因编辑的规范路径、规制模式和具体内容等进行分析，并提出我国人体基因权利私法规范体系的建构框架。

一、人类基因编辑私法规制的比较法考察

从域外经验看，基因权利的法律规范路径存在着不同的立法模式。如果不考虑法律的层级，而是从规制手段和侧重保护措施的角度来看，私法规范模式与公法规制模式具有显著区别。在规制模式上，区别于以技术规制为中心的公法规制模式，私法规范模式侧重于以权利保护为中心的模式的构建。以权利保护为中心的私法模式的典型代表是法国、美国等国家。

（一）大陆法系基因编辑私法规范模式考察

在大陆法系，法国是基因权利私法保护的典型代表。如前所述，《法国民法典》在第一卷“人”的部分第一编“民事权利”所作的规定，为我国提供了立法样本的有益借鉴。从法律规范的具体规定来看，其中第二章16—4条的规定为：“任何人均不得损害人之完整性。禁止一切旨在组织对人进行选择的优生学的实践活动。禁止开展以导致与另一在世或者已经去世的人基因上完全同一的儿童出生为目的的任何手术活动。不得为改变人的后代之目的对人的遗传特征进行任何改造，但不妨碍进行旨在预防和治疗遗传性疾病的研究。”以上规定除了对人类未来可能发生种的存续灾难的担忧，还主要考虑到了人的尊严和基因平等权问题。《法国民法典》禁止人种制作及禁止遗传因子的操作，并否定对人体赋予财产价值的契约效力。该规定为我国区分基因治疗和基因改良提供了域外立法依据。除此之外，《法国民法典》还采用专章的形式，专门针对自然人人体基因权利规定了保护条款。[1] 其中第

[1] 《法国民法典》，罗结珍译，北京大学出版社2010年版，第4～5页。

三章的标题为“对人的遗传特征进行检查以及通过遗传特征对人进行鉴别”，也就是该法第16－10条至第16－13条的相关规定，被学者们概括为，“人的基因检测和通过基因印痕法对人的鉴别”，严格规定基因检验及禁止以特定自然人为遗传基因技术，这也为我国基因权利私法保护体系的设计提供了参考。伴随着人类基因技术的不断发展，法国还在2000年的《关于预测医学、遗传鉴定和遗传研究的法令》中规定，除非为司法程序之需，否则对一个人的基因检测只能出于医疗或者科学研究目的并获得该人的同意，这些规定基本上都在《法国民法典》中反映出来了。

其他大陆法系国家也有一些与基因权利保护有关的私法规范。以色列1981年的《隐私保护法》和1996年的《患者权利法》能够对基因隐私提供一些保护，但出于对基因信息及其社会效果特殊性的考虑，还需要一些明确的条款来应对，因而，该国在2000年制定了《基因信息法》，并于2001年实施。该法保护有关可识别基因信息的个人隐私权，保障在基因治疗、人类基因编辑研究以及医学进步方面的公正性。[1] 该法中的基因信息被狭义地界定为来自基因检测的信息（但不包含家庭病史在内），并区别于可识别和不可识别的基因信息或DNA样本。该法对DNA样本存储、基因信息披露作出规定：基因样本只能用于医疗目的才可以采集；个人有基因隐私保密权、知情同意权（自主决定权）、删除权等权利；医师或者研究者可以为了一个人的家庭成员（包括未出生者）的利益而披露其基因信息；出于科研、教育等方面的考虑，不可识别身份的基因信息可以作为保密性的例外进行流动；如果出于法医学目的，对那些可识别身份的基因信息或样本的使用也作出了例外规定。

综上所述，从以上大陆法系国家的规定看：这些专门的基因权利保护立法或者附带性规定，通过明确认可一些“肯定性权利”，对基因权利提供积极的权利保护，尤其是《法国民法典》规定的基因权利条款，基本上对自然人在人体基因上的权利做了全面宣告，为我国基因权利的保护提供了借鉴和参考。

---

[1] 王康：《基因权的私法规范》，中国法制出版社2014年版，第177～178页。

（二）英美法系基因编辑私法规范模式考察

在英美法系，美国联邦和一些州对基因平等权、基因自主权、基因隐私权（当然该国在法案中并未直接使用这些概念）等进行了专门的特殊保护立法，典型代表是美国联邦2008年出台的《基因信息非歧视法》（GINA）。此外，还可以有限适用《美国残疾人法》（ADA）、《隐私法》、《信息自由法》（FOIA）等。[1] 值得一提的是，美国出台的《联邦健康保险可转移与说明责任法案》（HIPAA）中，设定了健康保险中的基因隐私保护的最低控制标准和基因信息泄露的基本防护措施；大部分州都已经制定了相应立法或者已经提出了立法议案。

与美国相比，其他英美法系国家立法进程相对迟缓。英国目前没有禁止基因歧视的类似成文立法，但实践中存在有关基因权利保护的应对机制。[2] 英国的《人类受精和胚胎学管理法案》规定了对基因所有者的财产权保护。加拿大也没有类似美国《基因信息非歧视法》的联邦立法，不过存在着可以提供有限保护的其他立法，如《隐私权法》和《个人信息保护和电子文件法》（PIPEDA），有关禁止基因歧视的立法议案也曾被提出。澳大利亚曾提出了《基因隐私和非歧视法》议案，但在2010年被终止程序，目前虽然保险人在保险单发放前一般不要求进行基因检测，但并没有法律禁止其获得投保人已知的基因信息。

出于自由主义、实用主义以及法律成本的考虑，美国以权利保护为中心的法律规范路径不是一揽子解决所有问题，而是就那些引起社会公众广泛关注的问题（例如基因隐私保护和基因歧视问题）提供法律解决的方案，重心在于保护人体基因上的基因自主、基因隐私、基因平等的权利，体现了公共政策对人类基因编辑技术的渐进式衡量。基因隐私保护法的重点是通过知情

---

[1] 王康：《基因权的私法规范》，中国法制出版社2014年版，第178页。

[2] 但政府与英国保险人协会（ABI）达成在一定保险限额内暂停使用基因检测结果的协议，这个保险限额为人寿保险50万英镑、重大疾病和长期照护保险30英镑。只有超过这个上限并经CAIC批准，保险人才可以使用基因检测结果。除此之外，英国人类基因学咨询委员会（HCAC）在一份研究报告中不建议全面禁止对雇员的基因检测，但强调基因检测只应为了雇员的利益，而不是为了股东的利益。

同意等原则、措施和责任规定，试图从源头上控制基因信息的非法流动。反基因歧视法的重点则在于通过对基因歧视的一般禁止，在保险、雇用等领域设定一些“否定性义务”，从而对基因权利提供有限保护（存在适用范围等方法的限制）。

二、人类基因编辑私法规制的域外经验分析

（一）《法国民法典》中的“基因权”条款[1]

《法国民法典》第三章“基因权”条款的主要内容如下：

一是基因上自主决定的人格权利，即基因自主权。第 16－10 条规定：“对一个人的遗传特征进行检查，仅限于医疗与科学研究目的。实施此种检查之前，应当在按照规定将检查的性质和目的告知当事人之后，采取书面形式征得当事人的明确同意。所表述的同意应当写明检查的目的并可随时不需任何形式撤销之。”

二是保持、维护自身基因信息私密性的人格利益，即基因隐私权。第 16－11 条规定：“只有在司法程序中需要采取的调查措施或预审措施的框架内，才能通过遗传特征对一个人进行鉴别，或者仅限于医学和科学研究目的，或者仅为鉴别在由军事力量或隶属部队所开展的行动中死亡的军人之目的。民事案件中，仅在法官受到旨在确认亲子关系或者对亲子关系提出异议的诉讼时，或者仅在法官受理有关取得或者取消抚养费的诉讼中为执行其命令采取的证据调查措施时，才能进行此种遗传特征的鉴别。在进行鉴别之前，应当征得当事人的同意，除当事人生前已明文表示同意之外，在其死后不得进行任何遗传特征的鉴别。为医疗或科学研究目的进行遗传特征鉴别时，实施此种检查之前，应当在按照规定将检查的性质和目的告知当事人之后，采取书面形式征得当事人的明确同意。所表述的同意应当写明鉴别的目的，此种同意可随时不需要任何形式撤销之。”第 16－12 条规定：“只有按照最高行政法院提出咨政意见后颁布的法令规定的条件得到认可的人，才有经授权的资格进行遗传特征的鉴别；在司法程序中，前述之人还应当是在司法鉴定人

[1] 王康：《基因权的私法规范》，中国法制出版社 2014 年版，第 180～183 页。

名册上登记的人。”[1]

三是在基因上被平等对待的人格权利，即基因平等权。第16－13条规定：“任何人都不因其基因特征而受到歧视”。此外，根据1994年第94－653号等法律的修订决定，有关“身体权”的第16条被修改为第二章（尊重人的身体），同时增加其他条文，这些有关人的尊严和身体权的规定，同样适用于对人体基因（基因即为“身体之一部分或身体所生之物”）的权利保护。具体而言，本章规定的基因权利（及其限制与救济）包括以下四个方面。

首先是维护基因上的“人的尊严”，禁止把基因作为“财产权利之标的”。第16条规定：“法律确保人的首要地位，禁止对人的尊严的任何侵犯，保证每一个人自其生命开始即受到尊重。”第16－1条规定：“每一个人均享有其身体受到尊重的权利。人的身体不得侵犯。人体、人体之组成部分及其所生之物，不得作为财产权利的标的。”第16－1－1条规定：“对人体的尊重，不随人死亡而停止。死亡的遗体，包括遗体火化后的骨灰，应当受到尊敬、尊严与体面的对待。”第16－5条规定：“以赋予人体、人体之组成部分及其所生之物以财产价值为效果的任何协议均无效。”第16－6条规定：“对同意在本人身上做试验，同意摘取其身体之组成部分或者采集其身体所生之物的人，不得给予任何报酬。”第16－7条规定：“为他人生育或者怀孕的任何协定均无效。”这就对有关人体基因商业利用的权利诉求进行了一些限制。

其次是对“非法侵害”基因的救济。第16－2条规定：“法官得规定采取适于阻止或者禁止非法侵害人体的任何措施，或者规定任何相应措施，以阻止或制止涉及人体之组成部分或者所生之物的非法行为，其中包括人死亡后。”这对基因侵权损害提供了一些救济措施。

再次是确立基因治疗试验、基因样本捐赠时的知情同意与保密原则。第16－3条规定：“只有出于本人治疗之必要性或者在特别情况下为他人治疗之利益有此必要的情况下，才能损害人体的完整性。除因当事人的健康状况有必要进行手术治疗且本人不能表示同意意思的情形之外，损害人体的完整性应当事先征得本人同意。”第16－8条规定：“可以鉴别捐赠其身体之某一部

[1] 《法国民法典》，罗结珍译，北京大学出版社2010年版，第4～5页。

分或身体所生之物的人的任何信息，以及可以鉴别接受此种捐赠的人的任何信息，均不得扩散之。捐赠人不得了解受捐赠人的身份，受捐赠人亦不得了解捐赠人的身份，在处于治疗之必要性的情况下，只有捐赠人和受捐赠人的医生才能接触可以鉴别捐赠人与受捐赠人的信息。”以上规定体现了基因自主权、基因隐私权的保护立场。

最后是禁止人的基因增强、优化与克隆（但在预防和治疗遗传性疾病的前提下允许 PGD）。第 16－4 条进行了明确规定（具体内容详见上文）。《法国民法典》有关人的尊严和身体权的条款对基因权利进行了限制。值得注意的是，《法国民法典》第 16－9 条规定：“本章之规定具有公共秩序性质。”就是说，任何人都不得以协议而改变它们。

（二）美国的基因权利保护

美国立法经验的核心在于对基因歧视的禁止和对基因上的隐私权和财产权的成文法保护，甚至这些立法大潮已经形成了一场“基因权利运动”[1]。在美国联邦立法层面，最早是 1972 年的《国家连擅细胞性贫血症控制法》，为缓解当时出现的群体性基因歧视，规定链状细胞性贫血基因检测应当由个人自愿进行，费用列入国家公共健康计划由联邦专门基金支付，否则将扣留联邦资金。1996 年的《健康保险转移与责任法》（HIPAA），在联邦法规层面第一次初步规定了基因隐私保护和基因歧视问题的最低联邦标准，以防止受雇主资助的团体健康计划滥用个人基因信息。2000 年时任总统克林顿签署法令规定：所有联邦政府文职部门和机构在雇用和提升员工时不得以基因信息作为条件，这些基因信息包括雇员及其家庭成员的基因检测结果、家庭成员可能发生疾病或者医疗状况的信息、要求或接受基因医学服务的信息等。

美国历经了 13 年的讨论后，于 2008 年通过的《禁止基因信息歧视法》（GINA）是反基因歧视领域的一个法律典范。该法禁止雇主就聘用、解雇、工作安排或晋升事项作决定时使用个人基因信息。依据该法，“基因信息”被界定为有关下列任一事项的信息：（1）个人基因检测信息；（2）其家庭成

---

[1] 王康：《基因权的私法规范》，中国法制出版社 2014 年版，第 183～189 页。

员的基因检测信息；（3）其家庭成员疾病或残障症状的信息。[1] 其中，关于保险基因歧视的第一编于 2009 年 5 月 21 日生效，在此日期之前要求卫生与人类服务部（HHS）与劳工部（DOL）、财政部（DOF）协商后颁布最终法规；关于雇用基因歧视的第二编于 2009 年 11 月 21 日生效，在此日期之前要求平等就业机会委员会（EEOC）颁布最终法规。

在禁止基因歧视方面，根据该法规定，团体健康计划和提供与其相关的团体健康保险险别的保险人（统称保险人），不得基于基因信息而调整团体的保险费，不能以个人基因信息或疾病、障碍症状信息作为增加其他团体成员甚至雇主保险费的理由。保险人也不得要求投保人进行基因检测，不得仅基于基因信息而提高保险费或者拒绝提供健康保险。对于社会保障法规定的附加医疗保险的保险人，也同样有类似要求。雇主也不得单纯以基因信息为依据，而作出雇用、解雇、职位、薪酬或其他任何与雇用行为有关的决定，例外情况包括（但不限于）：雇主无意地请求或要求雇员提供家庭病史、基于家庭与医疗休假法规定获知基因信息、工作场所基因检测、法医学目的 DNA 分析等。[2] 在基因隐私保护方面，禁止任意披露他人基因信息（例如规定包括本人书面请求、符合联邦法规的专业或者其他健康研究者请求、法院命令、调查本法遵守程序需要，获得相关信息的政府官员要求、家庭与医疗休假法规定、公共健康机构的请求等）。在损害赔偿方面，受害人可依照美国法典第 42 编第 1981a 关于雇用中故意歧视的损害赔偿规定，请求补偿性和惩罚性赔偿。这项法律试图通过设立一道阻止基因信息任意流通的“防火墙”，以保护主体的基因平等权、基因自主权和基因隐私权。

根据《禁止基因信息歧视法》通过 4 个月后的统计，就已经有超过40 个州在保险领域采取行动，禁止个人商业健康保险的保险人利用基因信息隐私、禁止基因歧视的法律，大致涵盖了保密性、禁止基因歧视实践及其例外情形、

---

[1] ［美］乔伊·沃尔特马斯等编：《美国禁止残疾与基因信息歧视法解读》，蒋月、郑净方译，商务印书馆 2012 年版，第 43 页。

[2] ［美］乔伊·沃尔特马斯等编：《美国禁止残疾与基因信息歧视法解读》，蒋月、郑净方译，商务印书馆 2012 年版，第 52 ~ 54 页。

告示张贴、记录保存、处罚或执行等方面的条款。[1] 在各州现行制定法层面，对基因隐私权有较多关注，伊利诺伊州的《基因信息隐私权》和明尼苏达州的《基因隐私权》是其中较为引人注目的立法。伊利诺伊州的《基因信息隐私权》旨在禁止根据个人或其家庭成员的基因测试结果而采取的歧视行为，并使该州关于基因隐私的现有立法与联邦立法能够协调一致。该法明确规定：从基因检测得出的信息应当保密，限制保险人和雇主对他人基因信息的使用，刑事诉讼程序中使用是一个例外。此外，该法明确规定不限制在伊利诺伊州《亲子关系法》中规定的用于身体识别基因鉴定，以及在《公共援助法典》第10条规定DNA或其他检测（如毒品或艾滋病毒检测等）的使用规定。

在美国各州的立法进程中，除了基因隐私、基因歧视等问题，人类基因上的财产诉求也得到了集中反映。2012年1月26日，南达科他州提出了一个内容简略的立法议案，提出对基因信息的获取或使用（没有涉及基因歧视）的规制原则，主要是关于自然人的人体基因上财产权和知情同意原则。该议案提出：所有DNA、基因信息或任何基因检测结果（基因信息）是基因来源者的独占财产；基因信息的获取或使用只能在征得个人或监护人的同意下进行；基因信息不能被出售或给予任何联邦或州的机构、数据库进行存储或研究，除非获得这个人书面的知情同意；对个人提出基因信息的请求都应当具有明确目的，说明存储时间和地点、接近这项信息的人员以及检测内容。在此前各州已经开始的大量努力下，2011年出现的马萨诸塞州《基因权利法》议案以及佛蒙特州《基因信息隐私权》议案，也对基因权利（特别是基因隐私权和基因财产权）的保护方案进行了具体描述。二者都把基因信息界定为专有财产，把基因材料界定为不动产。

加利福尼亚州在2011年3月提出了一项《反基因歧视法》议案。该立法议案的主要目标是：在加州有关基因信息的法律框架内“扩张被禁止的歧视事由”。实际上，这也是对民权法、教育法、福利与保险法和公平就业与住房法等法律的修订提议，试图在这些法律中将基因信息增列包含性别、种族、

[1] ［美］乔伊·沃尔特马斯等编：《美国禁止残疾与基因信息歧视法解读》，蒋月、郑净方译，商务印书馆2012年版，第201页。

肤色、宗教和其他不明确不允许歧视的事由之中。该议案公开了许多立法调查结果，包括基因检测和相关技术（包括基因组测序）的承诺，以及加利福尼亚州的非自愿绝育和种族基因歧视等“可耻的”历史。

随着人类基因编辑技术的发展与工具的不断研发普及，一些以“自我使用”为名的 CRISPR 工具包开始在市场上随意销售，但却没有受到直接的监管。针对这种情况，2019 年 7 月 30 日，加州州长加文·纽瑟姆（Gavin Newsom）签署了参议院 180 号法案（Senate Bill No. 180）。鉴于 CRISPR 工具包在市场上随意被销售的情况，该法案规定，任何人不得在加州销售基因治疗包，除联邦法律允许，或者卖方已经在其网页显著位置或在出售前向消费者展示以及在基因治疗工具包的外包装上粘贴清晰可见且易于辨认的标签，说明该工具包不能用于自我给药。[1] 180 号法案意图是在不扼杀创新的情况下，确保消费者和公众的安全。这一法案被认为是美国第一部直接监管 CRISPR 基因编辑技术的法律。[2]

当然，美国这些州的努力是否代表了新的立法动向以及是否仅仅表达了更广范围对话的最新词汇，还有待于进一步观察。就美国联邦和各州立法来看，已经成为成文法现实的“人类基因上的权利”，主要有基因平等权、基因自主权、基因隐私权等。这种对基因权利积极保护的规范模式，无疑在一定程度上推动着基因权利保护的不断发展与逐步完善。

（三）比较与借鉴

法国立法者在《法国民法典》中确立了专门的“基因权”条款，就基因医学研究和基因编辑技术应用所引发的具有重大影响的伦理、社会和法律议题进行了详细回应，从而在一定程度上明确了基因平等权、基因自主权和基因隐私权，具有一定的前瞻性和创新性。《法国民法典》坚守人类基因医学研究的公益性，然而，它也同时禁止对基因材料、基因信息提出任何可能的财产诉求，当然也禁止基因医学研究参与者在人类基因的商业

---

[1] See Senate Bill No. 180，https：//leginfo. legislature. ca. gov/faces/billTextClient. xhtml？ bill_id = 201920200SB180，2021 - 11 - 21.

[2] 冯水寒：《美国加州出台首例 CRISPR 法案，杜绝个人私自改变 DNA》，http：//zhishifenzi. com/column/newsview/6680？ category = multiple，2021 年 11 月 21 日访问。

利用中进行利益分享的可能性。这一相对保守的法律政策，难以避免在赚取高额利润的基因公司和奉行基因利他主义的研究参与者之间产生不公正。《法国民法典》关于“基因权”的条款规定，有利于基因权利的保护，但在某种程度上限制了人类基因的价值开发和利用。然而，瑕不掩瑜，《法国民法典》所采取的因应人类基因编辑技术发展的法律政策和内容规定，无论是在立法形式上还是在规范内容上，都为我国基因编辑私法规制提供了有益借鉴和重要参考。

美国联邦和各州的大量立法反映了法律对基因编辑技术发展和权利保护的多元化立场，各种基因权利纷纷提出并走向或者正在试图走向法律的世界。虽然，在立法形式上和法国不同，但是在实质内容上，基因平等权、基因自主权、基因隐私权等也同样基本上在联邦和大部分州得到了确认。更有一些州的立法议案甚至已经采取了更进一步的立场，来正面回应和肯定基因编辑医学研究的参与者在人类基因上的财产诉求问题，从而开启了对基因公开权的立法讨论。虽然美国有关基因权利保护的法律模式显得分散不统一，甚至有些规定相互冲突，联邦最低基因权利保护标准 GINA 也尚有诸多局限，但是，面对基因权利诉求的社会理性交流，法律规范回应层面展现出的积极保护态度，在法律政策立场和规范内容上，也对我国未来进行专门特别立法和《民法典》适用提供了可供借鉴之处。

三、以权利保护为中心的我国基因权利私法规范体系

作为“社会生活的百科全书”，我国《民法典》为基因编辑活动的法律规制贡献了制度基础、价值理念与行为准则。更为重要的是，我国《民法典》为民事主体的权益保护提供了权利确认和体系化的请求权救济路径。此外，私法同样具有“规制功能”；私法已不再是所谓中立的法律，而是追求特定的经济与社会政策目标，《民法典》能以显著的方式形塑社会的公共政策。[1] 我国《民法典》在为私权提供保障的同时，其本身具有立法扩张效应，会对公法和其他规范产生转接以及协同治理的互动式积极影响。

---

[1] 石佳友：《民法典与社会转型》，中国人民大学出版社 2018 年版，第 21～22 页。

（一）我国应对人类基因编辑技术的伦理和法律规范现状

与域外其他国家相比，我国目前对人类基因编辑技术的应对机制比较具有原则性，还需要更具有可操作性的落实方案。就伦理准则而言，我国原卫生部曾在1988年发布《医务人员医德规范及实施办法》（已失效），其中第3条简略地规定了几项医德规范。原卫生部2003年发布的《关于修订人类辅助生殖技术与人类精子库相关技术规范、基本标准和伦理原则的通知》（卫科教发〔2003〕176号），确立了有利于患者、知情同意、保护后代、社会公益、保密、严防商业化和伦理监督七个原则。科学技术部和原卫生部2003年联合发布的《人胚胎干细胞研究伦理指导原则》（国科发生字〔2003〕460号）和原卫生部2016年发布的《涉及人的生物医学研究伦理审查办法》（中华人民共和国国家卫生和计划生育委员会令第11号）都是与基因编辑技术相关的伦理准则。但总体而言，我国人类基因编辑医学伦理准则还相当薄弱，有公信力的基因编辑伦理准则和基因伦理机构的发展还相对欠缺。

就法律规范而言，我国以前采取以技术规范为中心伦理准则和行政规制相结合的路径。现阶段，随着《民法典》的颁布和《生物安全法》《刑法》的修正，我国目前有采取综合规制模式的趋势。但是，和德国、奥地利等相比，我国在法律层次上对基因编辑技术规制的立法还有待于进一步细化。考察既有人类基因编辑技术规制的相关规范，只有一些层次较低的与基因编辑研究和技术应用直接或者相关的行政规章，如科学技术部和原卫生部联合发布的《人类遗传资源管理暂行办法》、原卫生部发布的《人类辅助生殖技术管理办法》和《人类精子库管理办法》等。另外，我国还有一些技术规范和指导原则，如原卫生部发布的《人类辅助生殖技术规范》和《人类精子库基本标准》《人类精子库技术规范》[1]；原卫生部药政管理局发布的《人的体细胞治疗及治疗临床研究质控要点》[2]；原国家食品药品监督管理局发布

[1] 原卫生部2003年6月27日发布《关于修订人类辅助生殖技术与人类精子库相关技术规范、基本标准和伦理原则的通知》（卫科教发〔2003〕176号）。

[2] 原卫生部药政管理局1993年5月5日发布《关于下发〈人的体细胞治疗及基因治疗临床研究质控要点〉的通知》（卫药政发〔1993〕第205号）。原卫生部药政管理局要求：凡以人的体细胞治疗和基因治疗的单位，首先需按此质控要点要求向原卫生部新药审批办公室申请，经专家委员会审查，原卫生部批准后方可实施临床试验或临床验证。

的《药物临床试验质量管理规范》[1] 等相关文件。在这些管理办法、技术规范和指导原则中，几乎找不到任何能够对基因权利提供直接或者有效保护的内容。

（二）我国基因权利私法规范的体系与要点

从法律规范设定的目标上，对基因权利的法律规范必须在研究自由、基因编辑技术进步和风险防范、权利保护等方面寻求利益和价值的衡平，以维护人的尊严、实现个人和整个人类的全面自由发展。基因权利的保护是对人类基因编辑技术进行法律规范的核心内容，但也必须根据具体的研究水平和技术应用的状况，平衡和协调可能的利益或者价值冲突，因而伦理准则与法律规范相互配合应该是优先选择的一种规范路径。在我国伦理与法律的互动规范路径上，应当采取以权利保护为中心的基因权利私法规范模式。

这一私法规范的建构体系与核心要点在于以下几个方面：

第一，伦理准则和法律规范的融合规制。即通过伦理准则和法律规范相互配合，对人类基因编辑技术进行有内外约束力的适度调控。有学者[2]以基因治疗为例，主张制定一种多层次的规制机制，即从比较“软法”的、以较高医疗道德水平为目的的伦理准则到具有多种执行模式和制裁方法的法律规范。伦理准则应当为基础研究和临床应用提供尽可能详尽的指导，从目标明确、对象选择、技术支持、后果预测、术后跟踪等所有环节都要经过严格审批程序。在我国关于人类基因编辑相关的规范性文件中，《实施人类辅助生殖技术的伦理原则》和《人胚胎干细胞研究伦理指导原则》体现了明显的伦理的法律化的特点。在某种意义上讲，科学研究受伦理规范与法律规范的共同作用，这两种行为规范在内容上是同一的，伦理规范先于法律规范，但法律规范具有国家强制性，在效力上优于伦理规范。同时，这种双轨制决定了

---

[1] 原国家食品药品监督管理局2003年8月6日发布《药物临床试验质量管理规范》（局令第3号）。该管理规范强调：所有以人为对象的研究必须符合《世界医学大会赫尔辛基宣言》（宣言全文作为附录），即公正、尊重人格、力求使受试者最大程度受益和尽可能避免伤害。

[2] 参见郭自力：《基因治疗与法律调控》，载《北京大学学报（哲学社会科学版）》2001年第1期。

针对科学研究的越界行为，相应的处置规范也是双规的，伦理上的谴责可以表现为同行的批评、学术共同体的谴责、社会舆论的负面评价、学术奖励和荣誉的褫夺等。而法律规制则主要是通过立法来完成的。

第二，私法规范与公法规制相结合的协同治理。❶ 以技术进步与风险预防、权利保护等的冲突协调为基本出发点，在"基因正义"的旗帜下面向人的尊严、自由和平等之目标。这些公法规范体系可能体现为综合性的《生物安全法》、"基因技术法"或者专门性的"基因编辑技术法"❷。在公法规范中，基于刑法的谦抑性，要慎行刑事规范，将某些行为犯罪化对待必须慎重考虑，特别是在基因治疗人体试验的情形，否则可能不利于科技进步。❸ 考虑到在基因编辑技术应用上人类基因与其他生物基因的根本性质的区别，特别是在人的尊严等伦理原则、人格权利等法益价值方面的差异，我们可以学习德国的做法，即制定专门性的"基因编辑技术法"，作为规制人类基因编辑技术的特别法律。

第三，私法规范应结合《民法典》人格权编规定予以完善。以《民法典》第1008条、第1009条的规定为中心，结合其他法律规范，借鉴《法国民法典》已经呈现的立法实践，对基因权利保护的原则性规定适用规范予以确认，特别是要对基因权利的基本内涵以及诸项子权利及其限制等内容进行具体细化和阐释。人格权规制模式更有助于实现对人类基因编辑行为的合理规范和适度引导，"人格权编是权利法，侵权责任编是救济法，权利的具体内容和行使规则都只能通过权利法加以规定，而不可能由救济法予以规定，因为先得有权利的取得规则、行使规则，然后才能有权利的保

---

❶ 关于私法规范与公法机制的有效结合，本书第四章"我国人类基因编辑的公法规制"中将详细展开论证。

❷ 专门性的基因编辑技术法：也可将其阶段性地分解为有关基因检测、基因治疗、人群基因资料库、克隆技术以及胚胎干细胞研究等方面的行政规章。

❸ 刑法规制基因编辑技术是必要的，但必须体现刑法的谦抑性品格，只有对那些严重危害行为犯罪化，如克隆人、制造基因武器、制造人兽嵌合体生物、欺诈性人体试验等。对于基因隐私泄露、基因歧视、基因医疗事故等行为，虽然法国等国已有相应的刑事立法例，但我国现阶段还是应当慎重对待。对于基因犯罪问题的深入研究，参见刘长秋：《生命科技犯罪及现代刑事责任理论与制度研究》，上海世纪出版集团2011年版，第132~177页。

护规则、救济规则，这是基本的立法逻辑”。[1] 对基因权利规制的基本思路是，把人类基因权利作为一项新兴权利，在新型人格权领域一元化体系内解决人类基因上的人格利益及其财产利益的保护问题。基因权利包括基因平等权、基因自主权、基因隐私权、基因公开权等子权利，并具有开放性和包容性。当然，基因权利的开放性也不是绝对的，而应当也只能是在尊重“人格尊严和人格自由”为基本前提之下的开放性。现阶段，就我国而言，通过《民法典》人格权编一般规定落实宪法“人格尊严和人格自由”的相关内容，不失为一个适宜的选择。基因权利作为主动人格权的法律属性丰富了其作为新型人格权的内涵，但是这也同时决定了传统侵权责任的单一调整模式难以提供人格权保护的规范基础。因此，虽然可以在侵权责任中为基因权利的私法救济设定一个明确的请求权规范基础，但在《民法典》人格权编适用中，应当以妥当的方式通过人格权法保护模式为基础，确立基因权利地位和保护的核心机制，再设定特别的“基因权利保护法”将成为一个值得期待的选择。

第四，以权利保护为中心的私法规范模式的独特优势。从私法规制层面看，一方面私法规范具有较大的开放性和包容性，并不排斥规制人类基因编辑技术的专门立法，私法可以实现转接和引致功能，推进协同治理，以人类基因编辑技术为中心的公法机制也可以成为以权利保护为中心的私法规范的配套立法。因而，私法规范能够协调人类基因编辑技术发展进步、风险防范、权利保护等冲突关系。另一方面，私法规范又可以具有较强的价值宣示和确认功能。至少在人格权法保护层面上，主张人格尊严、人格自由和人格利益的保护，在宣示意义上彰显人的主体性。私法规范能够进一步明确人与技术发展的关系，强调“人是目的”，而不是技术发展的手段。

基于我国《民法典》已经颁布并实施的背景，短期内制定专门的“基因权利保护法”的可能性较小，但是我们必须以现有的法律规范为基础，应对基因编辑技术发展对法律规范和权利体系带来的挑战，那么就有必要针对人格权编及相关形式意义上的法源，作出相应的目的解释论适用上的

[1] 刘凯湘：《民法典人格权编几个重要理论问题评析》，载《中外法学》2020年第4期。

扩展，进行规则的解释、续造和特别立法，构建人类基因权利的私法规范体系。基于人类基因编辑活动涉及极为复杂的法律、伦理道德、社会文化等层面的诸多问题，《民法典》第1009条对于与人体基因、人体胚胎等相关的医学和科研活动，采取了原则性规定和开放性保护的模式，在强调从事此类活动的主体“应当遵守法律、行政法规和国家有关规定”的同时，也设定了“行为禁令”[1]，即“不得危害人体健康，不得违背伦理道德，不得损害公共利益”。显然，这是一种同时从正面要求、反面限制两个方面对人类基因编辑活动进行规定的义务性规则，与此同时，间接实现了对基因权利的保护。

第三节　我国基因权利的私法规范内容与实现路径

基因权利的规范内容和实现路径是基因权利私法规范的核心。《民法典》从民事基本法的高度对人体基因编辑行为进行了回应，人格权编首次对人体基因、人体胚胎等有关的医学和科研活动作出了原则性规定，为未来相关规则的制定和完善提供了一般性指导和上位法依据。[2] 当然，从权利功能的角度，这一规范核心可以称之为权能及其限制。依循人格权本质上所具有的开放性，基因权利可以被进一步解析出基因平等、基因自主、基因隐私和基因公开等权能。鉴于私法规范内容和保护路径的讨论，这里仅对基因平等权、基因自主权、基因隐私权作出讨论。以期在未来的基因权利私法规范的制度设计中，关注其法律属性独特性及权利行使边界。基因权利的保护应遵循类型化、渐进式、体系性的策略，以《民法典》适用为契机，结合现行法律规定进一步完善基因权利的实现路径。

---

[1] 杨立新：《从生命健康权到生命权、身体权、健康权——〈民法典〉对物质性人格权规定的规范创新》，载《扬州大学学报（人文社会科学版）》2020年第4期。

[2] 石佳友、刘忠炫：《人体基因编辑的多维治理——以〈民法典〉第1009条的解释为出发点》，载《中国应用法学》2021年第1期。

一、我国基因权利的私法规范内容

（一）基因平等权

在普遍的观念中，DNA 作为生命体的本质已经成为一种图标式的身份，像“生命的蓝图”和“未来的日记”这样的暗喻都传递着这样的印象：DNA 揭示出了关于人的生物特征中重要的一切。当然，这种“基因决定论”和“基因本质论”是天真的，生命不只是 DNA。但毫无疑问的是，一个人的基因组包含了大量的个人生理信息。“基因编辑行为核心的伦理风险就在于该技术冲击了人的主体性和人的尊严。”❶ 基于此，后续立法必须重点回应人格尊严和基因平等权的保护问题。最新的研究表明，基因平等权是基因权利保护亟须关注的问题。有一些可能导致基因歧视的基因信息内容是不可能依靠取得和公开其他种类的医疗信息而得知的，但对某个人的基因进行分析，可能会涉及基因歧视还有基因隐私所包含的问题。对医药遗传学家而言，那些基因差异实际上提供了无尽的遗传标记来追踪人类疾病的先天成因。通过研究 DNA 的差异，可能将指出致病基因之所在。这就是为什么美国有那么多州通过法律来禁止健康顾问、雇主、保险公司或者其他什么人获取、散发或使用未经许可的基因测试信息的原因。可见，能够搜集和分析 DNA 样本在医学和法律执行上都是一个突破，但也是人类追求平等、自由、自治理念的重大威胁。

对个人歧视并不是社会发展到生物技术时代才出现的，多少人对持续到今天仍然存在的性别、种族、残疾，甚至身份歧视已经司空见惯，习以为常。然而，技术的进步有可能给我们带来另一种可能出现的歧视，即基因歧视。我国 2009 年就曾发生“基因歧视第一案”❷ 已经表明，基因编辑技术产生的

---

❶ 石佳友、刘忠炫：《人体基因编辑的多维治理——以〈民法典〉第 1009 条的解释为出发点》，载《中国应用法学》2021 年第 1 期。

❷ 参见佛山市中级人民法院（2010）佛中法行终字第 381 号判决书。此案是一起因基因检测而引发的行政诉讼判决：原告是参加 2009 年广东省佛山市公务员考试的 3 名考生，在笔试和面试总分排名中分别为第 1 名或第 2 名，但在体检中，血液检查结果表明原告携带地中海贫血致病基因，被告佛山市人力资源和社会保障局以轻型地中海贫血属于血液病为由拒绝录用。原告于 2009 年 12 月 29 日提起诉讼，但这一诉讼请求未获两级法院支持。本案因涉及基因歧视问题，因而被媒体称为“基因歧视第一案”。

一个负面社会效应——基因歧视问题不容忽视。基因歧视可能发生在就业、保险、教育、医疗、婚姻等社会生活的各个领域，就目前而言，职场基因歧视和保险基因歧视问题尤为突出。所谓基因歧视，就是单独基于个人基因构造与“正常”基因组的不同，而歧视该个人或者家庭成员。概括而言，“基因歧视”指的是根据一个人的基因状况，预示他在未来可能患上某种疾病或者出现不健康身体状况这一信息而对他人进行的歧视，是根据“基因倾向性”进行的歧视。[1] 事实上就是只要个人带着与正常人不同的基因，无论是不是会患病，都有可能遭到歧视。而且，如果一个家族中发现某个人为带因者[2]，则其他家族成员也有受到歧视的可能。

基因歧视与基因编辑技术的发展密切相关。当科学家们陆续公布了基因编辑研究的成果，开发出各种探测特定基因存在与否的技术，且在不断地增进对人类基因的干预能力时，如何使用这些知识、技术就成为社会所关注的重要议题。从法律规制层面上，我国尚没有一部反歧视基本法，更没有明确禁止基因歧视的具体立法。诸多基因歧视事件所引发的法律问题究竟应当如何在现行法上予以应对？在未来立法上应当对其采取怎样的规制立场？已经有些学者对基因歧视应对的基本法律政策进行了研究，或提出根据社会正义标准合理分配基因歧视的利益与成本的政策指导原则，或者提出通过“知情同意权”和“信息隐私权”来防止不公平基因歧视的立法策略，或提出单一的“基因隐私权”立法路径[3]，或提出风险共担、预防和惩罚相结合等反基因歧视的立法原则[4]。但现有文献与我国立法和司法现状的联系不够充分，对基因歧视的私法规范研究——特别是人格权法和侵权责任法相结合视角的分析有所欠缺。在反基因歧视中，主要应从人格权法、侵权责任法之私法规范角度对基因歧视及其应对进行理论分析，以此为基因歧视的微观制度分析提供研究基础。

---

[1] 王迁：《论“基因歧视”及其法律对策》，中国人民大学出版社2005年版，第12页。

[2] “带因者”就指那些拥有一个而非一对变异基因，在外观上不表现出遗传病症状的人。带因状况有两种：第一种的变异基因存在于性染色体之外的染色体上，例如镰刀型红细胞贫血症等。第二种带因状况，其变异基因存在于X染色体上，例如，裘馨氏肌肉萎缩症等。

[3] 罗胜华：《基因隐私权的法律保护》，科学出版社2010年版，第277~279页。

[4] 邱格屏：《就业基因歧视与我国未来法制设计》，载《法学》2001年第7期。

基因歧视问题的出现，正是基因平等权得以成为法律规范的社会根源。虽然我国宪法规定了对公民的平等权受法律保护，但对平等权的侵害却很难被法律有效禁止，在目前法律体系中也没有明确、直接的条款可以对基因平等权损害有针对性地提供救济。当然，这不是一个无法克服的困境。2018 年 12 月，我国最高人民法院新增的案由就有“平等就业权”，通过司法解释的方式来实现平等权的保护，有利于反对基因歧视，在更多个案中有力维护自然人的平等权和人格尊严。来自私法特别是人格权的当然的涵摄力，使得一种可能的救济路径显现——对一般人格利益的解释学分析[1]：人格平等、人格自由和人格独立等一样都是一般人格利益的重要内容，人格权法和侵权责任法都当然能够将此种基因人格上的损害纳入自身能够救济的范围。因而，需要明确的关键点在于：不是可否对基因歧视提供人格权法和侵权责任法的救济，而仅仅是就基因歧视如何认定、基因歧视的加害行为、如何判断过错的存在以及损害在性质、范围和程度上的可救济性。这就要转向人格权法和侵权责任法的一般理论和司法实践问题予以保护。

（二）基因自主权

基因自主权是指自然人所享有的在基因上自主决定的人格权利。自主决定权的内涵在于知情同意（或告知后同意）。自主决定（同意）的前提正是情况的充分告知（知情）。基因自主权意味着主体能够对自身的特定基因在人格维度进行合理的控制和利用。人类基因权利上的知情权主要包括两种模式的知情权：一种是研究过程中的知情同意，即个体作为受试者的权利；另一种是在基因诊断、基因治疗过程中作为患者的权利。关于后者，“基因编辑婴儿事件”被有的学者概括为违反“未来主体”婴儿的基因诊断或基因预防案例，也不能完全适用于我国现有医疗体系内的告知义务和患者的知情同意选择模式。因为除了父母之外，还存在着未出生“人”的人格利益保护问题。人作为受试者，除了享有“知道”的权利，还包括“同意与否的选择权”，即知情同意的权利。

---

[1] 王康：《从生活事实到一般人格利益的法解释学基础——以“冒名上学”案中侵害客体的界定为分析对象》，载《北方法学》2011 年第 4 期。

知情同意一词，首次出现在美国 1957 年的萨尔哥诉利兰·斯坦福案[1]中，但直至 19 世纪 70 年代才得到较为详尽的讨论。近年来，它逐渐由医生的说明义务转向着重于病人的理解程度与是否同意问题，主要是在保护病人的自主选择权。知情同意发展到今天，其基本含义已经发生了变化，指的是当事人在完全了解和知悉某种内部信息的情况下的允诺。它实际上包含了知情、理解、同意或否决三个过程。知情是对信息的完全知悉，它常常涉及知情人对信息是否理解或理解程度问题。同意是在知情的基础上的同意，是理性的、自愿的同意，它涉及的一般是知情人的行为能力问题。知情同意权则是行为人在社会行为特别是民事行为中，要求对对方的信息的了解和知悉程度与对方与自己的理解和知悉程度相对称，并在此基础上选择是否同意对方行为的权利。它包括主动知悉权、被动告知权、自主选择权、拒绝权和同意权。[2] 在人体研究中，知情同意是指：一切试验都必须向受试者说明情况，包括所实施程序的依据、目的、方法及潜在的损伤、风险、对个人的影响与研究成果对社会可能的预期贡献等，受试者在没有任何压力、胁迫、利诱、哄骗的情形下主动地同意，或在可能的多种选择办法中作出自由的选择。[3] 人体基因编辑的主要风险在于对人的生命健康和人格尊严可能带来侵害。因此，也有学者认为，《民法典》是“以‘健康权’为中心确立基因编辑技术应用的人格权保护途径”[4]。前述见解具有合理性，因为“物质性人格权是人格权乃至所有民事权利中居于最重要位阶的权利”，[5] 是其他一切权利的基础。因为基因编辑如果导致生命、身体受损也会引发人体健康问题，因而受

---

[1] “萨尔哥诉利兰·斯坦福案”起因是医师对一男性患者实行胸部大动脉造影，从其背部向大动脉注射了造影剂，结果造成了该患者两下肢瘫痪。这一检查方法在当时是属于非常先进的，但是患者以及他的妻子，由于医院以及医师没有提供任何情况说明，所以对于这一检查可能带来的风险完全处于一无所知的境地。虽然上述这一并发症出现概率非常小，但即使在当时也不能说医学对此存在未知的状态。在判决中，法官一方面首先使用了知情同意这一创新词汇，另一方面确立了患者同意之前医师有充分说明的义务。参见邱格屏：《人类基因的权利研究》，法律出版社 2009 年版，第 67 页。

[2] 张宝珠、刘鑫主编：《医疗告知与维权指南——知情同意权理论与实践》，人民军医出版社 2004 年版，第 19～20 页。

[3] 姜萍、殷正坤：《人体研究中的知情同意问题研究综述》，载《哲学动态》2002 年第 12 期。

[4] 李一娴：《民法典人格权编中的基因技术规范》，载《检察日报》2020 年 7 月 6 日，第 3 版。

[5] 王利明：《民法典人格权编中动态系统论的采纳与运用》，载《法学家》2020 年第 4 期。

试者有知情同意和自主决定权。从前文的分析可知，自主决定权内涵所包含的知情同意，并不是在人类基因研究大规模开展以后才提出来的新权利，它是在基于不伤害、有利于受试者以及尊重受试者而提出的国际公认的人体研究的一项基本准则。只是由于人类基因更关系到人之所以为人的本质，从个体到群体，从社会公众到立法机关都给予它更多的关注而已。然而，由于各国的历史背景、文化传统、社会经济水平、科技发展状况不一致，对人类给予自主决定权的保护规范也存在差异，其保护结果也各不相同。

尽管知情权在西方发达国家早已成为公民最基本的权利之一，[1] 但对绝大多数中国人而言，这还是一个较新的词汇，特别是人体研究中受试者的知情权问题。由于我国生命伦理学的研究与实践起步较晚，因而在人体试验中对受试者知情权的保护方面存在许多不尽如人意之处。现实中，医疗界还存在将临床研究当作临床常规治疗，忽视知情同意权的现象。一方面，我们的研究人员尽管在专业方面具备了相应的能力，但在医疗伦理方面却不尽如人意，存在忽视对自然人生命的保护和对受试者最起码的尊重。如前几年一些医院开展的干细胞治疗研究等，虽然属高精尖技术，但研究人员却将治疗与研究之间最基本的界限混淆，严重违背了伦理规范，不仅影响了研究的结果，更危害了受试者的权益。另一方面，我们长期没有出台保护受试者的专门法规，甚至连指导性措施也没有，更不用说人大立法这一层面的基本法律保护了。值得一提的是，近些年我们一直在努力进行研究和规范。2007 年原卫生部发布了《关于印发〈涉及人的生物医学研究伦理审查办法（试行）〉的通知》（卫科教发〔2007〕17 号），这是我国最早对人类基因研究中的知情权进行规范的法规性文件。2016 年，原国家卫生和计划生育委员会发布《涉及人的生物医学研究伦理审查办法》（中华人民共和国国家卫生和计划生育委员会令第 11 号）。该办法要求伦理审查应当遵守国家法律法规规定，在研究中尊重受试者的自主意愿，同时遵守有益、不伤害以及公正的原则。更关键的是，该办法严格规定，涉及人的生物医学研究应当符合知情同意原则，尊

[1] 世界上最早出现涉及知情权的法律是美国 1966 年通过的《信息自由法》。参见张宝珠、刘鑫主编：《医疗告知与维权指南——知情同意权理论与实践》，人民军医出版社 2004 年版，第 21 页。

重和保障受试者是否参加研究的自主决定权，严格履行知情同意程序，严格规定了知情同意书应当包括的内容。❶ 2003 年，科学技术部和原卫生部再次联手，共同发布了《人胚胎干细胞研究伦理指导原则》，其第 8 条第 1 款规定："进行人胚胎干细胞研究，必须认真贯彻知情同意与知情选择原则，签署知情同意书，保护受试者的隐私。"这里所指的知情同意和知情选择是指研究人员应当在实验前，用准确、清晰、通俗的语言向受试者如实告知有关实验的预期目的和可能产生的后果和风险，获得他们的同意并签署知情同意书，这是我国科研主管部门颁布的一个专项伦理指导原则。

在人类基因编辑活动中，除了基因编辑人本人之外，基因编辑人的父母也很容易遭受损害。稍加分析就会发现，基因编辑人的父母最易受损的权利是知情同意权和生育决定权。根据《涉及人的生物医学研究伦理审查办法》第 33 条❷的规定，项目研究者开展研究，应当获得受试者自愿签署的知情同意书。与此同时，依照该办法第 35 条❸的规定，知情同意书应当含有必要、完整的信息，并且必须以受试者能够理解的语言文字表达。实际上，该办法从保护受试者权益和尊严的高度，强调伦理审查应当遵守国家法律、法规和规章规定以及公认的生命伦理原则，伦理审查过程应当独立、客观、公正和透明。值得一提的是，我国《民法典》第 1008 条规定，为研制新药、医疗器械或者发展新的预防和治疗方法，需要进行临床试验的，应当向受试者或者受试者的监护人告知试验目的、用途和可能产生的风险等详细情况，并经其书面同意。这是从民事基本层面作出的规定，具有较高的法律位阶，该条

❶ 《涉及人的生物医学研究伦理审查办法》第 36 条规定："知情同意书应当包括以下内容：（一）研究目的、基本研究内容、流程、方法及研究时限；（二）研究者基本信息及研究机构资质；（三）研究结果可能给受试者、相关人员和社会带来的益处，以及给受试者可能带来的不适和风险；（四）对受试者的保护措施；（五）研究数据和受试者个人资料的保密范围和措施；（六）受试者的权利，包括自愿参加和随时退出、知情、同意或不同意、保密、补偿、受损害时获得免费治疗和赔偿、新信息的获取、新版本知情同意书的再次签署、获得知情同意书等；（七）受试者在参与研究前、研究后和研究过程中的注意事项。"

❷ 《涉及人的生物医学研究伦理审查办法》第 33 条规定："项目研究者开展研究，应当获得受试者自愿签署的知情同意书；受试者不能以书面方式表示同意时，项目研究者应当获得其口头知情同意，并提交过程记录和证明材料。"

❸ 《涉及人的生物医学研究伦理审查办法》第 35 条规定："知情同意书应当含有必要、完整的信息，并以受试者能够理解的语言文字表达。"

规定的知情同意权行使要求告知“详细情况”，并经其“书面同意”，体现了对知情同意权行使的保障。另外，《民法典》第1219条也专门规定了医务人员在诊疗活动中的说明义务。结合这些规定可知，如果基因编辑行为人进行虚假宣传，或者过分夸大基因编辑可能带来的益处，或刻意隐瞒其潜在的风险，就侵犯了基因编辑婴儿父母的知情同意权，如造成损害应当承担相应的损害赔偿责任。❶

需要说明的是，自主决定权和知情同意权的侵害通常并不以受试者造成直接损害为构成要件，应当从程序要求和实体内容双重路径判断和保护自主决定权的实现。当然，自主决定权不可能不受到任何限制地行使，自主决定权不可能被绝对自由地作出，有其必要的权利边界。在与人类基因编辑有关的自主决定权行使领域，基因自主权的第一道边界就是人的尊严，第二道边界就是他人的自由，康德认为，权利的普遍法则是意志的自由行使能够与其他人的自由并存。❷ 最后，自主决定权的第三道边界是“不伤害原则”。基因自主权意味着在人体基因上的人格自由发展，人能够对自身的基因物质或基因信息控制和合理利用作出自主决定，对自身的生命潜能在人的尊严和代价正义的前提下自主控制。就基因自主权的本质而言，自由是它所承载着的一项基本法律价值，而知情同意则是其当然的法律内涵。虽然，我们在法律规定、伦理指导以及实践操作中对基因自主权保护还存在着许多问题。但值得庆幸的是，我们对基因自主决定的保护已经起步，对受试者的保护已经写入《民法典》第1008条的规定，接下来就是如何落实人类基因自主决定和知情同意权的具体保护。如前所述，《民法典》第1008条是有关人体试验的自主决定和知情同意权的规定。“人体临床试验，又称为人体试验，是指在病人或健康志愿者等受试者的人体上进行系统性研究，以了解新药、医疗器械或者发展新的预防和治疗方法的疗效与安全性。”❸ 从基础研究到临床试验的发展，是理论到实践的跨越，特别是基于人体的临床试验，意味着未知风险的

---

❶ 石佳友、庞伟伟：《人体基因编辑活动的协同规制——以〈民法典〉第1009条为切入点》，载《法学论坛》2021年第4期。

❷ ［德］康德：《法的形而上学原理》，沈叔平译，商务印书馆1991年版，第41页。

❸ 黄薇主编：《中华人民共和国民法典人格权编解读》，中国法制出版社2020年版，第85页。

现实化和具体化，对受试人自主决定和知情同意权[1]的保护尤为必要，极具私法规制的必要性。

（三）基因隐私权

基因隐私权是指自然人所享有的保持、维护自己基因信息私密性的人格权利。从规范的目的角度分析，基因隐私权的客体正是基因隐私，王利明教授把“基因隐私”列入个人生活秘密权（隐私权的子权利之一）所保护的“私密信息”[2] 之中。按照现行立法规定，作为个人隐私的基因信息是人格的一部分，并且是人格价值中至关重要的一部分，基因信息也是个人生物识别信息的重要组成部分，可以适用我国《民法典》人格权编第六章“隐私权和个人信息保护”部分规定，采取“隐私权 + 个人信息”[3] 的双重保护模式。其中，第 1034 条规定了“生物识别信息”属于个人信息保护范围。除此之外，可以适用《个人信息保护法》关于敏感个人信息的保护规则，其中，第 28 条将生物识别信息放在敏感个人信息的首要位置予以规定，有利于基因信息的特别保护。

基因隐私主要是指信息隐私，包括那些在基因检测、基因治疗、筛选、采集、研究过程中发现的事实，这些基因数据之所以被认为是个人隐私，是因为其可能揭示一个人的健康状况和家庭背景。基因信息隐私主要包括保密、秘密、自主以及公平的信息利用。不过，除信息隐私外，从广义来看，基因信息是一个宽泛的概念，还可以从身体隐私、决策隐私等维度进行理解。身体隐私关注的是基因检测、基因治疗等基因编辑技术应用过程中，因为欠缺

---

[1] 原则上，人格权不得放弃、转让或者继承（参见《民法典》第 992 条），这是基于人格权的固有和专属性的要求，人体医学试验本质上是人格权主体在合理范围内对其人格利益的有限支配和处分。为保障受试者的自主决定权，要求试验机构详细披露与试验有关的信息并取得受试者自愿真实的有效同意，该同意构成法律意义上的违法性阻却事由。

[2] 王利明：《人格权法的发展与完善——以人格尊严的保护为视角》，载《法律科学（西北政法大学学报）》2012 年第 4 期。

[3] 《民法典》第 1034 条规定：“自然人的个人信息受法律保护。个人信息是以电子或者其他方式记录的能够单独或者与其他信息结合识别特定自然人的各种信息，包括自然人的姓名、出生日期、身份证件号码、生物识别信息、住址、电话号码、电子邮箱、健康信息、行踪信息等。个人信息中的私密信息，适用有关隐私权的规定；没有规定的，适用有关个人信息保护的规定。”如前所述，基因信息属个人“私密信息”，根据《民法典》第 1032 条关于隐私权界定包含“私密信息”以及第 1034 条的规定，基因隐私权可以采取双重保护模式。

知情同意而使这些活动构成不受欢迎的身体接触，并可能导致身体完整、隐私或安全方面的人格利益的物质性伤害；决策隐私关系到个人、配偶或家庭在基因咨询、基因检测、生育选择等方面的自主决定和知情同意权问题。从我国《民法典》人格权编的相关法律规范来看，对基因隐私是在狭义上进行界定的，即主要是指基因信息隐私。

在法律制度层面上，对于基因隐私权保护的具体思考，主要是如何通过人类基因编辑技术立法规制合理的设定基因信息流通和基因隐私保护的平衡机制，在社会中公正地分配人类基因编辑技术进步的利益和风险，增进社会成员在人类基因编辑技术进步条件下的社会合作。基因源自个人，以人体基因为关注点，实际上就是以人体基因和自然人个人关系的角度来观察基因隐私权保护的意义，这是一种以私法规范为中心的观察视角。

基因隐私权法律保护的意义在于，保护个人免遭基因编辑技术的降解。[1]随着人类科技的进步，隐私在现代社会中日益成熟为一种独立的利益。可以说，是现代社会所表征的现代化对个人的解构，使得隐私权益越来越为人们所珍视。而在现代社会，科学技术进步在带给我们更多福祉的同时，也因其内在的技术理性、工具理性不自觉地扩张，造成了对个人隐私的解构。随着现代信息技术、基因编辑技术的发展，进一步加深了现代化对人类自身的解构。原本达尔文的生物进化论，就粉碎了“人”和“物”的绝对划分，人类基因组计划为先导的基因编辑技术，则进一步用分子生物学的利剑把人类神圣的外表剖开。人已经不仅仅被原子化，人开始被理解为“基因的组合”，开始被基因化。一个极端的表现，就是近年来的基因化约主义、基因决定主义的迷思。并且这种决定主义、基因化约主义、基因本质主义的迷思已经滋生基因降解、基因歧视，直接导致了个人被污名化、被基因歧视、被误解等恶劣的社会后果。[2]

---

[1] 所谓的“基因降解”，是指没有从个人的生活场景去正确认识个人的基因信息，将个人降解为他的生物特征的整合，它是对人性尊严的一种凌辱。参见罗胜华：《基因隐私权的法律保护》，科技出版社 2010 年版，第 268 页。

[2] 俄勒冈州的《基因隐私权》规定“基因信息的不当使用”，会导致个人在雇佣、教育、医疗卫生和保险上的污名化或基因歧视。参见罗胜华：《基因隐私权的法律保护》，科技出版社 2010 年版，第 268 页。

基因隐私权意味着主体在有关“生命秘密”的私生活领域，有权对自己的基因信息作出“知”或“不知”以及隐瞒的决定，有权对自己基因信息的内容真实性加以维护和控制，有权排除他人的非法侵扰和接近。基因隐私权能够让权利主体有权对自己基因信息的内容真实性加以维护和控制，基因信息保有者❶必须履行自己作为被请求人的义务。基因隐私权，特别是其中的“不知的权利”，保障个人对知悉自身基因信息的决定自由，避免个人被强制揭露基因隐私。基因隐私权能够让具体主体有权对自己的基因信息隐私加以隐瞒，特别是可以对相关记录予以删除。基因隐私的保有不仅仅是消极意义的，更加突出的是积极功能。如同其他方面的隐私权一样，基因隐私权也是建构在基于人的尊严和康德意义上的自我决定的哲学基础之上。在人的尊严的旗帜下，基因隐私权使得主体能够积极排除自己的基因隐私受到或可能受到的非法干预。当然，基因隐私权也有其权利行使的必要边界。基因隐私权的行使也必然受到来自家庭成员的基因隐私权、公共利益以及信息自由的限制。家庭成员等利益相关者的基因隐私同样应该受到尊重，公共利益可能制约着个人的基因隐私权。但需要说明的是，对隐私权的限制必须有相关法律上的依据，对个人隐私权的限制要将侵害或不利影响限定在最低的必要限度内。

在我国，法律上长期以来没有关于隐私权的具体规定，司法解释曾把侵害隐私权的行为认定为名誉侵权而提供可能的法律救济。2020 年《民法典》颁布前，2009 年颁布的《侵权责任法》（已失效）第 2 条第一次把隐私权明确作为民事权益而提供了侵权救济的法律规范基础。不过，隐私权的具体内涵和外延范围并没有清晰的正式界定。虽然我国人类基因编辑技术飞速发展，但“基因法学”并没有因此获得应有的学术关注，基因隐私权也没有得到法律的正视和司法实践的回应。在 1993 年颁布的《基因工程安全管理办法》和 1998 年制定的《人类遗传资源管理暂行办法》等行政规章中，根本找不到任何隐私保护的规定。❷ 令人非常遗憾的是，从司法实践层面上，我国

❶ 基因样本和基因信息的保有者往往是基因权利主体之外的研究机构、基因银行、基因信托等政府或商业机构。美国 NIH 所属国家生物技术研究中心（NCBI）建立过基因银行。

❷ 王康：《基因权的私法规范》，中国法制出版社 2014 年版，第 239～240 页。

2009年发生的“基因歧视第一案”的判决在没有真正关注基因歧视的同时，也没有关注基因隐私权。在2010年2月2日下午的庭审中，原告的代理律师认为平均红细胞体积（MCV）检测和“地中海贫血基因分析”超出了《公务员录用体检通用标准（试行）》中规定的血常规检测项目，被告对组织检测血液病的必要性也从未作任何说明，这种做法侵害了原告的“身体隐私”❶。目前，我国《民法典》人格权编第1009条以及第六章关于“隐私权和个人信息保护”部分第1034条进行了有益的探索，如果能对其加以细化，就能够明确基因隐私权的保护问题。当然，最终恰当的解决方案还是应当结合《民法典》人格权编建构统一的基因权利私法保护规范，实现对基因隐私权的保护功能。

保护个人免遭基因编辑技术“现代化”的解构，还只是在基因隐私权保护在私法规制层面的意义。实际上，基因隐私权的保护在公共秩序层面讨论也具有重要意义。就我国目前的立法现状而言，除要遵循《民法典》人格权编“隐私权和个人信息保护”的基础性规定外，是否需要针对基因隐私保护专门立法问题展开分析和讨论，在当前也具有相当重要的现实意义。一方面，为了更好地保护个人隐私权益，我国在《个人信息保护法》第28条的敏感个人信息界定的首要位置写明，生物识别信息❷属于敏感个人信息❸。基因信息是生物识别信息的重要组成部分，其涉及个人隐私信息等人格利益的保护问题，可以运用敏感个人信息的处理规则实现对基因信息的特别保护。另一方面，人类基因编辑技术在我国的飞速发展，也催生了对个人基因隐私保护的现实需要。有学者建议，在《民法典》规定基础上，《个人信息保护法》中对包括基因信息在内的敏感个人信息应当从行政法层面、社会公众监督、

---

❶ 新华社电：《佛山“地贫基因歧视案”开审》，载《京华日报》2010年2月3日，第A20版。

❷ 如前所述，2021年8月20日正式审议通过的《个人信息保护法》第28条规定也是采取生物识别信息的表述，从以上条文对比可以看出，《个人信息保护法》第28条与《民法典》第1034条在用词上保持了一致性。

❸ 《个人信息保护法》第二章第二节“敏感个人信息的特别处理规则”从第28条至第32条共5条，分别涉及敏感个人信息界定和处理规则，处理敏感个人信息单独同意规则、“告知同意”原则对于敏感个人信息的适用与例外、处理不满十四周岁未成年人个人信息的处理规则、法律法规对处理敏感个人信息的基本要求等。

业界自律、政府监管等方面作出专门规定[1]。因此，如果能针对基因隐私保护专门立法，对基因权利保护具有现实意义。

需要说明的是，从人类基因编辑技术的发展看，还涉及基因编辑人的隐私与个人信息保护问题。基于人权保护的考虑，即便人体基因编辑活动本身不合法，在基因编辑人出现之后，也无法否定其民事主体地位，涉及对基因组经过编辑的孩子给予特殊保护的法律问题。因此，必须承认其享有自然人所享有的合法权益，隐私权和个人信息保护当然也不例外。鉴于基因编辑人在社会上有可能成为基因歧视的对象，故而，无论是实施基因编辑活动的机构或者个人，抑或是掌握相关信息的国家机关及其工作人员，都应对基因编辑人的身份信息严格保密。如上述机构或人员非法泄露基因编辑人的相关信息，应当承担相应的民事责任。[2] 面对人类基因编辑活动的综合性和复杂性，考虑到基因编辑人的身体健康的需要，除了要对基因编辑人在征得自主决定和知情同意基础上的健康监测和医学随访外，还需要对其隐私权和个人信息进行特别保护，私法规制的重点还需要考虑实践中因人类基因编辑技术有可能滥用而提出的基因隐私权保护等问题，进而平等保护基因编辑人的各项合法权益。

二、我国基因权利的私法实现路径

如前所述，“基因编辑婴儿”等类似事件的发生，暴露出在伦理规范约束乏力的情况下，对基因编辑进行私法规制具有必要性，实现对基因权利的间接保护。针对《民法典》人格权编对人体基因科研活动等问题作出的规范，正如王利明教授所言，一些机构和人员贸然从事的有关人体基因的科研活动，有必要通过立法予以规制。[3] 在新兴权利理论的引导下，“应该建构一

---

[1] 张新宝：《〈民法总则〉个人信息保护条文研究》，载《中外法学》2019 年第 1 期。

[2] 2019 年 12 月 30 日深圳市南山区人民法院对“基因编辑婴儿事件”的一审公开判决（注意案件审理过程是不公开审理，目的是保护当事人的基因隐私权）就说明了这一点。与其相关的法律规范请参见《民法典》第 1039 条规定：“国家机关、承担行政职能的法定机构及其工作人员对于履行职责过程中知悉的自然人的隐私和个人信息，应当予以保密，不得泄露或者向他人非法提供。”

[3] 李昕：《用法律规范人类基因组编辑技术的发展》，载《光明日报》2019 年 5 月 9 日，第 16 版。

种能够与对基因科技之伦理判断深层互嵌的法律规制体系”❶。因而，应以《民法典》适用为契机，探究基因权利私法保护的实现路径，进而实现自然人个体权利的保护。

（一）基因权利的“类型化”保护

基因编辑技术可以实现特定基因的插入、敲除、修复，从而进行疾病治疗、预防，甚至可能被用来“人类增强”。因而，如果使用人类基因编辑技术来改良人的性状，是要慎重对待的。基因权利应当采取类型化的保护方式，区分基因治疗与基因改良。现代基因编辑技术的发展并没有让法律放下对人类基因编辑技术弊端的防范。正如王立铭教授所写：“一旦‘治疗’和‘预防’之间的栅栏被打开，‘预防’到‘改良’的窗户纸更是一捅就破。”❷ 从“治疗”到“改良”，法律上应采取不同的规制方式。基因编辑的本质就是通过技术矫正和实现基因平等。而对于基因治疗和基因改良来说，基因编辑的目的有所不同：基因治疗的目的在于修改或矫正有问题的基因，换句话说，通过基因编辑来治疗疾病，能够使人们恢复健康，使他们在竞争性的环境中实现和其他人的平等；而基因改良是为了提高正常基因的竞争能力，实现基因优生学的目的。基因改良之所以需要谨慎的原因在于，除了技术上的脱靶效应可能会带来未来的不确定性和高风险性，还可能会产生新的不平等。因而，我们通常所说的基因平等，一般应当把基因改良（增强）排除在外。❸

综上所述，在民法上对基因编辑行为进行法律规范，除了目的正当性外，还需要征求基因权利人的书面同意，否则，一般不允许进行基因编辑行为。基于此，我国《民法典》人格权编已经进行了初步设计，第1008条规定，“为研制新药、医疗器械或者发展新的预防和治疗方法，需要进行临床试验的”，应当“向受试者或者受试者的监护人告知试验目的、用途和可能产生的风险等详细情况，并经其书面同意”，这一规定也包含了基因编

❶ 郑玉双：《生命科技与人类命运：基因编辑的法理反思》，载《法制与社会发展》2019年第4期。
❷ 王立铭：《上帝的手术刀：基因编辑简史》，浙江人民出版社2017年版，第209页。
❸ 姚大志：《基因干预：从道德哲学的观点看》，载《法制与社会发展》2019年第4期。

辑临床试验在内。由此可见，基于对基因权利的保护需要，即使是涉及基因的临床试验和基础研究等科研活动，立法上也要采取谨慎的态度，尽可能限制其对人格尊严和人格自主权益的侵犯，应当采取“类型化”的保护路径，针对基因人格权所体现的权能属性的条理性和有序性结合，根据举轻以明重原则，临床应用至少应该遵循此项要求，并可以设置更为严格的标准。有针对性地区分基因治疗与基因改良，采取不同的风险防范规制策略。

（二）基因权利的“渐进式”保护

针对我国《民法典》人格权编第二章“生命权、身体权和健康权”部分创设的人体基因规制的法律规范，中国法学会民法学研究会副会长王轶教授曾提到，“这是关于‘自然人的人身自由、人格尊严受法律保护’价值判断的延展和重申。在未来法律实施过程中，对于从事相关科研医学活动危害人体健康、违背伦理道德的，应根据情节轻重，让其依法承担民事责任，或追究行政责任、刑事责任”。这体现了民法典编纂的体系性和融贯性。《民法典》总则编和侵权责任编的相关条款已经为人体基因权利提供了可能的“过渡性”保护。“民法典总则编对整个民法体系发挥统辖的作用”❶，作为《民法典》的开篇之作，总则编第109条对一般人格权法律保护作出了规定，但该规范作为一般条款，其原则性特点决定了并未为个案裁断提供方法论上的指导，从某种意义上说，其功能是为后续新兴权利的立法补充预留了空间；《民法典》第110条的规定❷也体现了人格权保护体系的开放性。这条规定在具体权利列举后添加了“等”字，为未来具体人格权的确认和保护也预留了空间。虽然《民法典》第1009条创设了有关人体基因保护的原则性规定，但具体人格权包括“生命权、身体权、健康权”等内容的保护规则还需细化。可见，现有民事立法规定体现了对新兴权利保护的渐进性和开放性。

---

❶ 孙宪忠：《论民法典贯彻体系性科学逻辑的几个要点》，载《东方法学》2020年第4期。

❷ 《民法典》第110条规定：“自然人享有生命权、身体权、健康权、姓名权、肖像权、名誉权、荣誉权、隐私权、婚姻自主权等权利。”

考察《民法典》第990条的规定[1]会发现，该条也为基因权利的保护预留了空间。欲解决基因权利保护这个问题，还应在人格权法领域确定具体的保护规则。一般认为，人类基因编辑的风险是不可控的，接受基因编辑的实验对象会产生何种生物学上的变异尚不可知。即便实验体本身并未出现可视的基因突变现象，但在其混入人类整体基因池后，会对人类社群产生何种遗传学上的冲击也是无法预计的。因此，在当前的人类基因编辑科技发展背景下，基因编辑行为足以可能产生伤害人类生命法益的危害结果。将与人体基因有关的科研和医疗活动纳入人格权法和侵权责任法双重保护框架已成为重要课题。《民法典》第990条使用“等”和“权益”，已为我国未来新兴权利的保护预留了制度完善的空间。民事立法的原则性规定可为人体基因提供“渐进式保护”，待立法时机和立法技术成熟之时，我国应将有关基因权利的立法进一步细化和予以专门保护。

（三）基因权利的“体系化”保护

人体基因上的人格权诉求决定了民事立法予以回应的必要性。2018年“基因编辑婴儿事件”的发生，更将人体基因权利的法律保护问题推到了风口浪尖。刚柔并济才能有效防范基因科技发展带来的可能风险。以往对基因科技的规范重伦理道德的柔性约束，体现了从伦理道德层面对其设定的底线要求，但缺乏一定的强制约束力，柔性有余但刚性不足。随着现代基因编辑技术发展带来的未知风险和挑战，法律的介入已成为一种必然趋势。民事立法作为市民社会的基本法，对于保护私主体从事民事活动具有不可或缺的私法价值，同时，公序良俗原则和禁止权利滥用原则的存在，也为保护基因权利和限制人类基因编辑技术滥用提供了依据。基于此，对于基因权利的保护，法律的介入和制度性决断将成为一种需要。[2]

基于《民法典》“体系化”构建的角度分析，可以考虑对“潜在主体”的延伸性保护。与《民法典》总则编规定相衔接，对胎儿尚处于胚胎阶段进

---

[1] 《民法典》第990条规定：“人格权是民事主体享有的生命权、身体权、健康权、姓名权、名称权、肖像权、名誉权、荣誉权、隐私权等权利。除前款规定的人格权外，自然人享有基于人身自由、人格尊严产生的其他人格权益。”

[2] 王康：《基因权的私法规范》，中国法制出版社2014年版，第82页。

行的基因编辑进行延伸性保护。如果侵权行为发生在胎儿尚未出生的阶段，是否意味着胎儿不能成为提起侵权之诉的适格主体呢？将胎儿明确列为保护对象的法条，我国《民法典》第16条[1]已经作出了规定，对涉及遗产继承、接受赠与等胎儿的利益予以保护。实际上，有学者认为，对生命始期的理解已从“有生命意识”的个体前推到“有生命现象”的个体。而“有生命现象”的时间起点远远早于之前我们对胎儿的理解，一般可以提前追溯至精卵融合或以无性生殖技术形成胚胎之时。这一论断是学者从生命体本质出发，根据德国相关宪法判例分析而得出的结论。笔者认为，胎儿尚未出生，人格要素尚不完整，在成为自然人之前，虽然不能享有生命权、身体权、健康权等法定的人身权利，但是，除了“遗产继承、接受赠与”外，法条虽未明示“胎儿利益保护”的具体范围，无论是在实践中还是在理论上，都承认了胎儿也可以享有某些特定利益。因此，基于人文主义关怀的立法目的，司法实践中，可以允许胎儿于成年后作为适格的原告提起损害赔偿。

综上所述，虽然现在所建立的法律秩序无法预测未来世界发展的可能风险，但我们可以构建起体系化的权利保障制度，以此来回应基因编辑技术对人格尊严乃至人格权保护所带来的挑战。从权利属性上看，基因权利是一种新兴权利，除了公法对基因权利的保障外，将其由宪法所保障的基本权利落实到私法权利保障层面，以《民法典》人格权编原则性规定为保护的基本准则，目的就是为了应对基因编辑技术在不受限制的情况下的不当扩张，这既能为基因编辑技术的规范提供正当性基础，也能为基因权利的侵害提供救济的请求权基础。

本章小结

基因权利是伴随现代基因技术发展而衍生的新兴权利，作为新兴权利的“基因人格权”的产生以及在一定时间内保持其“新”的属性而现实地存

[1] 《民法典》第16条规定：“涉及遗产继承、接受赠与等胎儿利益保护的，胎儿视为具有民事权利能力。但是，胎儿娩出时为死体的，其民事权利能力自始不存在。”

在。[1] 因此，应以《民法典》实施为契机，结合《民法典》人格权编的规定构建基因权利私法保护体系。基因权利法律制度设计应将人体基因所表征的人格尊严进行私法转化，通过对新兴权利的不断确认回应社会转型中权利主体的诉求，实现由自治型法向回应型法的转变；[2] 基因权利私法法律制度的设计应兼顾个体个人利益与人类共同利益相结合，在伦理秩序维护的同时注重对自然人主体性的尊重。在立法技术尚未成熟的条件下，基因权利法律规范设计应本着“宜粗不宜细”的原则，通过渐进式立法和司法实践不断回应基因权利发展的实际需求。同时，必须说明的是，基因权利研究不仅仅是新兴权利领域关注的理论问题，更是《民法典》适用中关注的热点问题，需要从法学理论和部门法学相结合的视角探究基因权利产生与发展的客观规律，方能彰显《民法典》的价值取向与新时代新兴权利保护的丰富意蕴。

关于人类基因权利私法规范的其他内容，还有基因公开权、基因专利权等很多内容，限于篇幅，以及本文讨论的重点在于人类基因编辑技术的立法规制，这里不再一一介绍。针对人类基因编辑活动，我国《民法典》已经构建起以总则编为宏观原则统筹、人格权编为中观准则指引、侵权责任编为微观损害救济的综合性规制体系。从整体上看，《民法典》第 1009 条确立的一般行为准则，第 1008 条设立的临床试验要求，与其他特别法规定共同形成了规范人体基因编辑的具体规则架构。[3] 从《民法典》第 1009 条规定来看，对于与人体基因有关的医学和科研活动，立法者选择的是一种协同规制的路径。从人体基因编辑活动的损害对象、潜在风险、法律影响以及人体基因编辑技术的发展趋势等方面来看，协同规制都是必然选择。面对人体基因编辑活动，民法应重点关注自然人人格尊严的维护、基因编辑人本人及其父母的损害救济、基因编辑人的隐私与个人信息（私密信息）保护等问题。由于人类基因编辑活动所造成的损害不仅无法预测而且并不可逆，故而“预防”应当作为

---

[1] 姚建宗：《新兴权利论纲》，载《法制与社会发展》2010 年第 2 期。

[2] ［美］P. 诺内特、P. 塞尔兹尼克：《转变中的法律与社会：迈向回应型法》，季卫东、张志铭译，中国政法大学出版社 2004 年版，第 108 页。

[3] 石佳友、刘忠炫：《人体基因编辑的多维度治理——以〈民法典〉第 1009 条的解释为出发点》，载《中国应用法学》2021 年第 1 期。

人类基因编辑活动规制的重要内容。具体到私法规制而言，可以通过追究民事责任的方式发挥预防作用，但由于民事责任是以补偿性为原则，所能发挥的震慑预防作用非常有限。因而，民法可以通过引入惩罚性赔偿机制的方式强化威慑效果，但切不可以惩罚或者威慑为中心任务，偏离私法的本质。[1]从以上分析可以看出，基因权利不是一个单独的权利，具有丰富的内涵，应当作为一个新兴权利来保护，主要包括基因平等权、基因隐私权、基因自主权、基因公开权和利益分享权等。除此之外，还应当对人体基因权利的具体要求、实现方式和救济途径作出更为细致的规定。

可以想象，在人类基因编辑活动中，基因编辑人及其父母无疑是最容易遭受侵害的主体。如果“基因编辑婴儿”在出生后被发现有先天性疾病，其原因是基因编辑活动中的失误所致，则法律应允许“基因编辑婴儿”通过民事诉讼来追究实施者的责任。尽管专门规范的缺失会给相关救济带来一定的障碍，但该障碍完全可以通过法律解释的方法解决。事实上，不少学者都已注意到该问题。如有学者认为，可以通过不当出生（wrongful birth）之诉寻求救济。[2] 关于赔偿范围，应当同时包括精神损害赔偿。王利明教授指出，“确权—救济”构成了我国《民法典》的整体框架思路，《民法典》将侵权责任编置于各编的最后，形成了以权利的救济与保护结尾的完善体系。[3] 这就意味着，侵权责任编发挥着整个《民法典》的一般性权利救济功能。值得一提的是，《民法典》第五章“医疗损害责任”[4] 部分可以为基因编辑行为产生的侵权行为提供更为具体性的救济依据（具体内容将在本书第五章中详细讨论）。

---

[1] 石佳友、庞伟伟：《人体基因编辑活动的协同规制——以〈民法典〉第1009条为切入点》，载《法学论坛》2021年第4期。

[2] 王康：《基因编辑婴儿事件受害人的请求权》，载《法律科学（西北政法大学学报）》2020年第3期。

[3] 王利明：《体系创新：中国民法典的特色与贡献》，载《比较法研究》2020年第4期。

[4] 《民法典》第1218条规定：“患者在诊疗活动中受到损害，医疗机构或者其医务人员有过错的，由医疗机构承担赔偿责任。”虽然基因编辑行为是否属于“诊疗活动”，《民法典》对此未作说明。但根据2017年原国家卫生和计划生育委员会修订的《医疗机构管理条例实施细则》的规定，基因编辑行为特别是临床应用解释为侵权法上的诊疗活动具有合理性。参见石佳友、刘忠炫：《人体基因编辑的多维度治理——以〈民法典〉第1009条的解释为出发点》，载《中国应用法学》2021年第1期。

第四章

我国人类基因编辑的公法规制

人类基因编辑技术发展迅速，给人类社会带来了无限的福祉，同时也带来了一系列的法律问题。任何单一的法律规制方式都无法有效应对基因编辑技术发展带来的风险和挑战。就我国而言，从法律层面来看，尽管目前没有直接针对人体基因编辑活动的专门性立法，但除了《民法典》之外，我国现行《生物安全法》《刑法》等多部法律中都存在与之相关的规定。[1] 因而，对人类基因权利的公法保护需要提上立法日程。本章论述人类基因编辑公法规制的必要性，并对人类基因编辑公法规制的原则和规范构建提出建议，以期形成私法与公法规范相结合的人类基因权利保护法律体系。

第一节　人类基因编辑公法规制的必要性

从域外经验看，基因编辑法律规制路径存在着不同立法模式。由于与人类基因编辑等有关的医学和科研活动不仅有可能危及人体健康，而且有可能违背伦理道德甚至损害公共利益，故而必须确保此类活动有序开展。以传统观念视之，这主要是宪法、刑法和行政法等公法的责任，但在现代治理模式下，公法与私法的界限变得模糊。[2] 如果不考虑法律规范的层级，从规制手

---

[1] 石佳友、庞伟伟：《人体基因编辑活动的协同规制——以〈民法典〉第1009条为切入点》，载《法学论坛》2021年第4期。

[2] 石佳友：《治理体系的完善与民法典的时代精神》，载《法学研究》2016年第1期。

段和规制措施的角度来看，以技术规制为中心的公法模式，可以实现与以权利保护为中心的私法模式的综合协同治理，形成对人类基因编辑技术的多元化和综合性的全面规制。

一、以技术规制为中心的公法规制模式的域外借鉴

面对以往人类基因权利保护所处的种种现实冲突和救济困境，在各国对基因编辑技术的社会控制中，刚性的公法规范路径正逐步走向现实化。欧洲各国、美国、日本等国均制定了相应的立法，瑞士甚至在联邦宪法中对人类基因编辑技术的问题进行了规定。而我国在这方面则有所欠缺，只存在层级较低的行政色彩浓厚的法律文件，就这些既有的立法而言，从规制手段和规制措施角度可以概括为以技术规制为中心的公法规范路径。从域外经验看，刚性规范的立法模式可以直接反映出立法者的价值取向，欧洲地区有关基因编辑技术的立法规制政策相当严格。

以技术规制为中心的公法模式的典型代表是德国、奥地利等国家。德国采取单独立法模式，于1990年公布了《胚胎保护法》，规定禁止人为方式变更人类生殖细胞的遗传信息。德国《胚胎保护法》中规定对生殖系基因进行编辑处以自由刑或罚金，[1] 同时也规定了对未遂犯的处理，如果没有导致生殖就不判处刑罚。[2] 后来，德国于2009年5月通过了《基因检测法》，还于2011年通过了《胚胎植入前诊断法》。奥地利、瑞典等国也以《基因技术法》作为应对基因编辑技术发展的专门基本法[3]，人类基因编辑技术作为其规制对象的一部分受到严格的法律控制，还应当制定区别于非人类基因编辑

---

[1] 德国《胚胎保护法》第5条第1项和第2项规定："改变人类生殖系细胞遗传信息的，处以5年以下的自由刑或者罚金。将人为改变了的遗传信息的人体生殖细胞用于受精的，处相同刑罚。"

[2] 德国《胚胎保护法》第5条第4项规定："在体外人为改变生殖细胞的遗传信息但未用于受精的情况下，或者从死去的胎儿、死者身上取出生殖细胞遗传信息进行人为改变，将其导入胚胎、胎儿或者人体内且不会生成生殖细胞的情况下，又或者在预防接种、放射线治疗、化学治疗或者其他治疗中不试图改变生殖细胞的遗传信息的情况下，不适用本条第1项。"

[3] 具体而言，奥地利于1994年制定《基因技术法》。瑞典于1994年制定《基因技术法》和《基因技术活动条例》。俄罗斯于1996年制定《联邦遗传工程活动国家调整法》。澳大利亚《基因技术法》于2000年通过（2001年生效），设置基因技术办公室，负责对各项基因技术产生的风险的鉴定及管理，保护公众的健康、安全、环境等。但澳大利亚《基因技术法》规制的对象不包括有关人类基因的技术活动。瑞士有关基因技术的立法也仅针对动植物基因技术。

技术的专门立法。此外，还有挪威1994年的《医学生物技术应用法》、荷兰1998年的《医疗检测法》[1]、爱沙尼亚2001年的《人类基因研究法》[2]、瑞士2004年的《联邦人类基因检测法》等立法例。其实，欧洲有关个人数据保护的一系列指令，以及各国落实欧洲指令所指定的国内法，也可以作为基因信息保护的一般规范，但主要采取了行政管制的手段。在这种法律规制路径下，对人类基因编辑技术的行政监管控制是其主要模式，对基因权利的保护是间接性的。

除德国之外，法国、澳大利亚等国用刑法的形式禁止生殖系基因编辑。在域外，不少国家的刑法中都有专门罪名。《法国刑法典》规定了保护人体、保护胚胎的原则，制定"生物医学伦理的犯罪"，禁止人类克隆和优生学，并且禁止非经许可研究改变血液、细胞、器官的基因信息。[3] 依照《法国刑法典》第214－2条的规定，利用人体胚胎基因编辑技术实施优生、生殖性克隆等行为可能被按照反人类罪惩处，最高可判处30年监禁及75万欧元罚金。从相关资料来看，不少国家和地区甚至还出台了单行法。[4] 澳大利亚2006年的《禁止人类克隆生殖与人类胚胎研究管理修订法案》规定：故意培育在妇女体外发育超过14天的人类胚胎，处15年监禁。加拿大2004年制定的《辅助性人类生殖法》规定，违法编辑人类基因组，处10年监禁，单处或者并处50万加元罚金。

日本没有对基因编辑婴儿行为进行刑事法规制，而是通过行政法规制的方式禁止以生殖为目的的基因编辑婴儿行为。日本的法律禁止以基因治疗之

---

[1] 该法基本原则是尊重人的尊严、人权和个人完整性，禁止基因歧视，在内容上涉及辅助生殖技术、胚胎研究、植入前诊断、产前诊断、出生后的基因检测、基因治疗等。该法第6条明确规定只能为医学诊断和医疗目的进行基因检测，保险公司被禁止使用基因检测结果。参见王康：《基因权的私法规范》，中国法制出版社2014年版，第176页。

[2] 该法规定如果保险金额不超过30万荷兰盾，则保险不得要求投保人进行基因检测或使用基因信息，甚至也不得询问投保人及其近血亲是否患有不可治愈的遗传病，除非他们已有癌症出现。参见王康：《基因权的私法规范》，中国法制出版社2014年版，第176页。

[3] 余秋莉：《论人体生殖系基因编辑行为的刑法应对——兼评贺建奎"基因编辑婴儿"案》，载《法律适用》2020年第4期。

[4] 于慧玲：《人类辅助生殖基因医疗技术滥用的风险与刑法规制——以"基因编辑婴儿事件"为例》，载《东岳论丛》2019年第12期。

外的遗传基因的植入，禁止改变生殖细胞的基因信息，并且对基因信息的改变设置了专门的审查部门。2019 年，日本颁布了《关于人类受精胚胎中使用遗传信息改变技术等研究的伦理指针》，该指针支持以科研为目的的基因编辑活动，但是规定受精卵的存活期不得超过 14 天。❶ 以上域外法律对人类基因权利保护的规定，对我国人类基因编辑立法规制的启示是：对基因权利的保护应当兼具私法规范和公法规范两个领域的保护，借鉴德国、奥地利等国的公法模式对人类基因进行保护。公法规范通过规定人体基因的提取方式、范围，基因信息提供者所获得的利益等制度，赋予国家强制力的保护。在我国，2018 年“基因编辑婴儿事件”使人类基因编辑技术走向社会大众，人们开始广泛关注该技术的发展进程。以人类基因编辑技术为代表的高新科技属于公法所保障的科研自由的范畴，但是，在科技快速发展的今天，科技有可能会发生异化，异化的科技会对公法所保障的人的基本权利产生不同程度的冲击，如人类基因编辑技术可能对人格尊严、健康权、平等权和知情权等基本权利造成冲击。这时，作为公法所保障的科研自由和公法所保障的人的基本权利就会发生冲突，当处于同一法律位阶的不同法益发生冲突时，应当从人权至上、法益衡量等角度考虑公法应当更偏重于保障哪一种权利？必须承认，人类基因编辑技术是一把双刃剑，规范其健康有序发展则可以使其有益于人类，而该技术一旦不受控制，则很有可能会危害人类自身，因此需要对其进行相应的公法规制。另外，处理基因编辑技术和公法价值的冲突，应当正确认识人类基因编辑技术，对该技术从各个维度（例如从使用目的、编辑客体、技术风险和是否应用于临床等角度）进行正确的区分对待，使该技术的发展既不违反公法所保障的科研自由，同时，也能够保障人的基本权利，这样才能规范其健康发展。保障人的基本权利是公法的首要价值，这就要求公法必须从主观权利和客观法两种角度对基因编辑技术进行必要而适当的制约。

---

❶ 杨建军、李姝卉：《CISPR/Cas9 人体基因编辑技术人体运用的法律规制——以基因编辑婴儿事件为例》，载《河北法学》2019 年第 9 期。

二、我国既有公法规范存在的主要问题梳理

2018年“基因编辑婴儿事件”发生前，我国既有人类基因编辑的法律渊源主要是部门规章以及规范性文件。在人类基因编辑技术领域，我国既有的法律规范存在着一定的问题，主要表现为：法律位阶偏低、内容不完全、法律责任弱化、立法相对滞后、行业标准等“软法”太原则不够细化等。为了实现基因权利保护与人类基因编辑技术的协调发展，应当完善其公法规制，提高规范的法律位阶。2018年“基因编辑婴儿事件”发生之后，现阶段，即使我国在《民法典》、《生物安全法》（2024年修正）、《刑法》（2023年修正）和《个人信息保护法》等法律中增加了与基因编辑相关的法律规定，但是，目前与人类基因编辑活动直接相关的规范不仅数量较少而且原则性较强，完全依靠现有规范对人类基因编辑活动进行调整，效果难言理想，完善相关立法已成为当务之急。事实上，单一的法律规制系统无法覆盖社会变革和转型过程中的全部问题结构，也无法应对多元主体的全部利益和价值结构，因此，在回应社会变革和应对转型风险方面效果有限。[1] 本质上，为应对新兴科技发展带来的不确定风险问题，需要实现法律规制路径的有效革新，核心是变革既有的规制理念与规制模式，具体而言就是要实现从“传统行政监管模式”到“现代多元治理模式”的转变。

1. 法律位阶普遍较低

2018年贺建奎等的“基因编辑婴儿”案件发生前，我国对人类基因编辑技术的限制主要体现在部门规章和规范性文件中。如2003年的《人胚胎干细胞研究伦理指导原则》第6条第1项表明，利用体外受精、体细胞核移植、单性复制技术或遗传修饰获得的囊胚，其体外培养期限自受精或者核移植开始不得超过14天。2016年的《涉及人的生物医学研究伦理审查办法》也对生物医学伦理等问题作出了规定。可见，我国人类基因编辑技术领域内的既有立法普遍存在法律位阶较低的问题，难以对人类基因编辑技术发展进行有效的规范和引导。贺建奎等的“基因编辑婴儿事件”暴露出了法律规制的不

---

[1] 杜辉：《面向共治格局的法治形态及其展开》，载《法学研究》2019年第4期。

足，没有任何一部法律（狭义）对其有直接规定，在与人类基因编辑技术相关的规定中，法律位阶最高的也只是部门规章，该领域主要依靠规范性文件进行相关约束，如《人类辅助生殖技术规范》第3条“实施技术人员的行为准则”，明确“禁止以生殖为目的对人类配子、合子和胚胎进行基因操作”。贺建奎等的实验不仅对胚胎采用基因编辑操作，还让其发育成人并出生，完全越过了《人类辅助生殖技术规范》中禁止“以生殖为目的”的红线，是不容置疑的违规行为。不过，这个辅助生殖技术规范只是一个其他行政规范性文件，按照《行政处罚法》的规定，其不能设定任何处罚措施，所以基本上形同虚设。可见，一方面该领域既有的规范性法律文件位阶普遍较低，不利于以人类基因编辑技术为代表的高新技术的迅速发展，无法起到良好的引导作用；另一方面，没有法律（狭义）层面的有效规制，也无法打击利用人类基因编辑技术非法谋取私利或者破坏人体健康的相关行为。

除此之外，我国1993年颁布的《人的体细胞治疗及基因治疗研究质控要点》以及2007年颁布的《药品注册管理办法》都涉及基因治疗问题。上述规范性文件针对基因治疗产品和首次采用DNA重组技术生产的制品，被明确规定作为治疗性生物制品进行管理。从“十三五”规划开始，国家对基因治疗采取积极的政策。[1] 我国对干细胞研究以及相关领域基础研究、关键技术和资源平台给予大力的支持。但是客观地讲，这两部规范性法律文件不仅法律效力较低，而且内容有些过时、陈旧，已经明显不能有效适应人类基因编辑技术快速发展的需要。

2. 法律责任弱化

人类基因编辑技术领域内的既有立法不仅普遍存在法律位阶较低的问题，而且仅有的部门规章及规范性文件存在法律责任弱化的问题，不足以形成有效的震慑力。在现存的规制人类基因编辑技术的规范性文件中，普遍存在着法律责任弱化，违法成本较低的问题。例如《涉及人的生物医学研究伦理审查办法》（以下简称《审查办法》）就是与人类基因编辑技术相关的规

[1] 《国务院关于印发“十三五”国家战略性新兴产业发展规划的通知》，载中国政府网，http：//www.gov.cn/zhengce/content/2016－12/19/content 5150090.htm，2021年3月25日访问。

范，对于“研究项目或者研究方案未获得伦理委员会审查批准擅自开展项目研究工作的”的处罚是，“由县级以上地方卫生计生行政部门责令限期整改，并可根据情节轻重给予通报批评、警告；对主要负责人和其他责任人员，依法给予处分”，但是对于“依法处分”并没有规定具体的处分标准和责任形式。另外，该《审查办法》第六章规定了法律责任，其中最重的处罚是对医疗卫生机构处 3 万元以下的罚款，其余基本都是责令限期整改、给予处分、追究民事责任等几种形式，《人胚胎干细胞研究伦理指导原则》[1]则根本就没有规定法律责任，其他规范性文件也存在类似的问题。

3. 监管措施不到位

人类基因编辑技术相关领域内的既有立法存在着监管不到位的问题。据调查结果显示，2018 年贺建奎“基因编辑婴儿事件”的发生，很大一部分原因是贺建奎等以非法手段恶意逃避监管造成的。[2] 当然，其中也不能排除存在主管机关和监管机构相互推诿、监管责任落实不到位的问题。由此不难看出，当时对基因编辑行为的有效管控仍游离在法律之外。从立法角度来看，我国《民法典》人格权编中对基因权利保护进行了原则性的规定，但必须承认的是，民法规范属于私法规范，强调的是权利确认和侵权行为发生后的救济手段，应当充分发挥该条文对公法的转接和引致功能，根据“应当遵守法律、行政法规和国家有关规定”，引致到公法规范的协同治理，因为监管措施属于事前和事中对违法手段的制止，更有利于将违法行为消灭于萌芽状态。然而，在该领域内相配套的公法监管措施并没有得到足够的重视，仅仅是依靠部门规章规定的监管手段进行监管。因此，公法领域对人类基因编辑技术的监管措施应当上升到法律层面，而不仅仅是依靠位阶较低的部门规章和其他规范性文件。

4. “软法”规定过于笼统

相对于域外国家的规制而言，我国人类基因编辑技术领域的行业标准、

[1] 该原则禁止进行生殖性克隆人的任何研究，禁止将人的生殖细胞与其他物种细胞结合，禁止买卖人类配子、受精卵、胚胎或胎儿组织，贯彻知情同意和自主选择原则，保护受试者的隐私。

[2] 王攀、肖思思、周颖：《“基因编辑婴儿”案一审宣判》，载《人民法院报》2019 年 12 月 31 日，第 1 版。

管理办法等"软法"规定过于笼统，不够具体。有学者认为，法律可以大致分为两种表现形式：一种是指那些体现国家意志、由国家制定或认可，依靠国家强制力保障实施的"硬法"，亦即传统意义上法的概念；另一种就是"软法"，"软法指那些效力结构未必完整、无须依靠国家强制力保障实施、但能够产生社会实效的法律规范"。[1] 在人类基因编辑的立法领域中，除了《生物医学新技术临床应用管理条例（征求意见稿）》[2] 属于部门规章外，其余的规范性文件，如《人胚胎干细胞研究伦理指导原则》等称不上法律法规，它们属于行业标准、行业规范、管理办法，符合软法的定义，可以称之为相关领域的"软法"，这些软法同样发挥着指导、约束和管理的重要作用。但是这些"软法"相较于国外的行业标准、指导原则等，存在着原则性强、可操作性弱、规定过于笼统等问题。

三、我国采取公法与私法协同规制的必然性

人类基因编辑技术运用存在的主要问题是，该技术对公法保障的基本权利具有较大的冲击，因此要对基因编辑技术进行必要的公法限制。通常而言，基本权利具有主观权利和客观法的双重属性，即主观上可以主张自己的意志和客观上作为指导国家立法的基本法两种性质。[3] 因为作为主观权利的基本权利，国家救济的一个基本前提是受害人必须提出救济的主张，即当基本权利受到侵害时，个人得提出保障的请求，而这时国家负有保障义务。人类基因编辑技术如果对诸如人的尊严、健康权等基本权利造成侵犯，公民可以要求国家根据相关规定对该技术进行必要的限制，从而对基本权利进行保障。从基本权利的客观法的属性考虑，人类基因编辑技术对基本权利的冲击使得国家在制定相关法律时必须考虑，如何对其规制方可有效避免基因编辑技术

[1] 罗豪才、宋功德：《认真对待软法——公域软法的一般理论及其中国实践》，载《中国法学》2006 年第 2 期。

[2] 国家卫生健康委员会起草《生物医学新技术临床应用管理条例（征求意见稿）》，并于 2019 年 2 月 26 日起公开征求意见。该文件是在"基因编辑婴儿事件"发生后，国家相关部门高度重视，加快相关领域的立法进度的背景下产生的。该条例目前仍在征求意见的过程中，不过仍具有参考价值，原因在于其最大的特点是对"基因编辑婴儿事件"中涉及的法律盲点进行规定。

[3] 张翔：《基本权利的双重性质》，载《法学研究》2005 年第 3 期。

对基本权利的侵害。基本权利的双重性质表明，对待可能存在冲击基本权利的人类基因编辑技术，公法对基本权利的保护不仅体现在基本权利作为主观权利的国家保障义务，同时也体现在任何滥用人类基因编辑技术的手段都应当受到约束和制止。对于违反基本权利，滥用基因编辑技术进行基因增强、基因改良等行为，国家有义务制止，公法与私法协同规制的原因主要表现在如下方面。

1. 从人类基因编辑技术存在的风险来看，公法与私法协同规制是必然选择

人类基因编辑活动不仅存在损害人格尊严以及身体健康的风险，而且存在损害伦理道德和公共利益的风险，甚至可能会影响国家安全。[1] 人类基因编辑行为事关重大，故而作为国家根本大法的宪法不可缺位；由于其涉及身体健康，故而旨在保护民事权利的私法也无法置身事外；由于其存在损害伦理道德、公共利益乃至国家安全的风险，故而专注于公共利益保护的行政法和刑法也不可缺位。[2] 从人类基因编辑活动的潜在风险看，人体基因编辑活动可能引发的风险是多维的：从技术的维度看，其后果不仅不确定而且不可逆；从伦理的维度看，其可能损害人的尊严；从社会的维度看，其可能引发新的社会不平等甚至导致人本身被异化；从法律的维度看，相关的法律政策尚不清晰。[3] 因而，从人类基因编辑活动的潜在风险来看，协同规制是必然选择。

2. 从人类基因编辑活动的法律影响来看，公法与私法协同规制是必然的模式选择

人类基因编辑活动的法律影响具有综合性和复杂性的特征。其中，对于人类基因编辑活动所牵涉的法律基本原则（人格尊严）与公民的基本权利（平等权、生命权、健康权）等层面的问题，宜由宪法来确定；对于基因编辑人本人及其父母的具体人格权的损害救济等问题，由于涉及私权保护，故

[1] 朱晓峰：《人类基因编辑研究自由的法律界限与责任》，载《武汉大学学报（哲学社会科学版）》2019 年第 4 期。

[2] 石佳友、庞伟伟：《人体基因编辑活动的协同规制——以〈民法典〉第 1009 条为切入点》，载《法学论坛》2021 年第 4 期。

[3] 王康：《人类基因编辑多维风险的法律规制》，载《求索》2017 年第 11 期。

而应由民法具体规定；对于如何追究非法从事人类基因编辑活动的机构或者个人的刑事责任等问题，应由刑法规定；对于诸如行政许可、行政监管和行政处罚等问题，应由行政法规定。可见，人类基因编辑活动的法律规制原本就不是某一部门法能够完全胜任的事，公法规范与私法规范的协同规制是必然选择。换言之，由于人类基因编辑活动同时涉及公法和私法上的利益，导致其必然会同时涉及私法和公法两个方面的问题，而这又必然导致协同规制成为必然选择。同时，需要说明的是，由于法律天然具有保守性与滞后性，故而其面对新生事物的反应难免会显得延迟。如前所述，目前我国与人类基因编辑活动直接相关的规范较少，人类对基因编辑活动的潜在影响的认知还有待提升，故而，即便经过完善相关立法，法律规范实施的实际效果也有待于进一步考察。[1] 显而易见，公法与私法协同规制所依靠的是多部立法和多元共治而非某一部立法，实现有效规制的可能性会更大。因而，公法规制是人类基因编辑活动不可或缺的重要组成部分。

第二节　人类基因编辑公法规制的原则

宪法对基本权利的保障是具有法律效力的保障，也是根本的保障，因此对可能有碍于基本权利正常行使的人类基因编辑技术应当进行相应的约束。但是仅仅依靠宪法的约束不足以有效保障基本权利和规范相关行为，还可以通过其他形式如转化为部门法规范进行规制。其原因主要是：第一，基本权利的行使需要受到宪法的限制和法律的限制。科研自由作为宪法规定的权利之一也应当受到必要的宪法限制，这里的限制主要是指我国《宪法》第 51 条规定的“中华人民共和国公民在行使自由和权利的时候，不得损害国家的、社会的、集体的利益和其他公民的合法的自由和权利”。《宪法》第 47 条规定，对于从事科学技术的公民应当进行“有益于人民的”创造性工作。

[1] 石佳友、庞伟伟：《人体基因编辑活动的协同规制——以〈民法典〉第 1009 条为切入点》，载《法学论坛》2021 年第 4 期。

除此之外，出于公共利益的考虑，还应当依据法律保留原则进行立法方面的必要限制。第二，部门法规范是宪法的具体化。对某项技术进行法律规制并且对某项权利进行保障，实践中多由部门法规范对宪法规定进行具体化规定，如宪法对健康权、受教育权等基本权利的保障，是通过民法、行政法等相关法律进行保障的。在人类基因编辑技术相关领域的立法过程中，贯穿于始终的基本原理和准则，即应当遵循的基本原则主要包括基本人权原则、依法规制原则和区别对待原则等。

一、基本人权原则

基本人权原则是宪法的基本原则之一，即宪法是保障基本人权的根本大法。宪法对基本人权的保障就要求对所有违反人权的行为进行法律规制，其中就包括对人类基因编辑技术的法律规制。对于基本权利的保障还有赖于其他部门法转化形式进行具体化落实。因而，对于违反人权的行为也必须依赖多种途径进行规制。尽管人体基因编辑活动可能会给人类带来福祉，但伴随着该福祉的却可能是无法避免且无法挽回的风险。为尽可能降低此类风险，宪法可明确从事相关活动的基本原则。虽然具体原则目前尚需研究，[1] 但尊重和保护基本人权和人格尊严等原则显然不可或缺，这是因为《宪法》第38条明确规定了人格尊严原则，正因为如此，不少学者才专门强调了这一原则[2]。

宪法的基本人权原则可以通过多种途径予以转化和落实。第一，立法形式。如宪法通过民法对人格尊严、人体健康和相关人格权等进行具体保护，不难想象，由于基因编辑活动有可能给整个人类的基因池安全带来不可逆转的重大损害，故而其影响范围并不会只限于某一代人。有鉴于此，现有世代不得片面强调其生育权，不得为满足自己的利益而损害未来世代的利益，必须兼顾代际正义原则。[3] 另外，通过刑法规范对相关生命权、财产权和自由

---

[1] 杨建军、李姝卉：《CRISPR/Cas9人体基因编辑技术运用的法律规制——以基因编辑婴儿事件为例》，载《河北法学》2019年第9期。

[2] 韩大元等：《基因编辑的法律与伦理问题》，载《法律与伦理》2019年第1期。

[3] 石佳友：《人格权立法完善的最后契机——评民法典人格权编（四审稿）草案》，载王利明主编：《人格权立法的中国思考》，中国人民大学出版社2020年版，第465～466页。

权进行保障，通过行政法等法律对受到侵害时的各种权利请求国家保护。第二，执法形式。通过对行政机关的授权，要求行政机关依照其法定职权行使行政管理职能，这些行政管理职能都是对基本权利实行公法保护的具体化。如原国家卫计委开展药品检查等，都是为了保障人的健康权、生命权等。第三，司法形式。宪法通过司法机关审判犯罪，保障社会的公平正义，保障人的基本权利。以上种种内容和规定，无不体现了宪法对基本人权保护的具体转化和落实。

二、依法规制原则

法治区分于人治是一种社会治理方式，是指一切社会的治理主要依靠的是法律，一切治理行为必须有法律的授权方可进行。法治是依据法律的治理，没有法律也就没有法治。“法律至上”是法治的最基本特征，也是法治区别于人治的显著标志。事实上，由于人类基因编辑活动一方面牵涉人格尊严，另一方面涉及健康利益与科研自由，故而其合法性边界就应当由宪法而非民法确定。[1] 法律至上主要表现为：有法可依、有法必依、执法必严、违法必究。法治原则引导和约束人类基因编辑技术时也应当做到以上四个方面的要求。鉴于人类基因编辑技术的新兴性和复杂性，具体到人类基因编辑公法规制的层面，依法规制原则应当成为其遵循的基本原则。

具体来说，有法可依，是指基因编辑技术必须受到国家法律的约束与规制，且法律应当是规制人类基因编辑技术有序发展的最有力的武器。基因编辑技术事关全人类的共同基因，必须得到妥善处置，其中重要手段之一就是通过立法进行规制。有法必依，是指国家制定了相关的法律法规后，人类基因编辑技术相关科研工作者和医疗人员必须加强相关法律学习和行业自律，自觉遵守相关法律，不能使制定的法律束之高阁，贺建奎等的“基因编辑婴儿事件”的发生，其中重要原因之一就是没有遵守伦理准则和相关行政监管的部门规章。在这个层次上，有法必依的主体是从事基因编辑技术的相关人

[1] 石佳友、庞伟伟：《人体基因编辑活动的协同规制——以〈民法典〉第1009条为切入点》，载《法学论坛》2021年第4期。

员，要严格按照法律法规的规定办事，不能逃避监管。由于各国在人类基因编辑的科学研究和临床应用过程中会面临相同或类似的问题及风险，因此人类基因编辑的监管原则具有一定的普遍适用性。可以借鉴的是，美国人类基因编辑科学、医学和伦理委员会依据国际规范以及各国相关规范确定的人类基因编辑的监管原则，值得我国进一步研究和参考。其具体原则主要包括：促进福祉原则、透明度原则、谨慎注意原则、科学诚信原则、尊重人格原则、公平原则以及跨国合作原则。❶ 这些原则为我国依法规制原则的落实提供了有益启示。

如前所述，我国《民法典》第1009条规定，从事与人体基因、人体胚胎等有关的医学和科研活动，应当遵守法律、行政法规和国家有关规定。这条规定除了将私法规制引致指向公法协同规制维度之外，还可以从依法规制原则维度解读。从基本原则的维度看，“应当遵守法律、行政法规和国家有关规定”表达的是严格依法规制原则。人类基因编辑活动对合法性的要求明显更高，因为从事此类活动不仅需要遵守法律、行政法规，而且需要遵守“国家有关规定”，这一要求可称之为“严格依法规制原则”，之所以强调从事与人体基因、人体胚胎等有关的医学和科研活动要遵循严格依法规制原则，主要是因为其不仅有可能损害人体健康、伦理道德和公共利益，而且损害后果有可能无法逆转。该条文使用“国家有关规定”的表述，表明立法者有意发挥其对人体基因、人体胚胎等有关的医学和科研活动的细化规制和与时俱进的调整作用。

对于与人体基因、人体胚胎等有关的医学和科研活动，在既有的规范体系中，“国家有关规定”占比最大，是主要的法律渊源形式，在今后相当长的时期内，一旦离开“国家有关规定”就很难对与人体基因、人体胚胎等有关的医学和科研活动进行规制。“国家有关规定”具有直接的针对性和及时性，可以弥补法律、行政法规无法事先及时更新等问题，但“国家有关规定”制定不得违反上位法规定，同时也要避免危害人体健康、违背伦理道德

❶ ［美］美国国家科学院、美国国家医学院主编：《人类基因组编辑：科学、伦理和监管》，马慧等主译，科学出版社2019年版，第7~8页。

和损害公共利益等三大底线，才能实现有效的依法规制。执法必严，主要是对执法机关和执法人员讲的。首先要求国家的一切行政机关和司法机关的行为，必须有法律上的根据，不得超出法律规定的范围。执法必严在人类基因编辑规制领域的表现是，相关行政机关应当严格按照法律规定进行行政监管和审批，司法机关要严格按照法律规定适用相关条文追究相关主体的责任。违法必究，是指凡是违法行为都要受到法律的追究和制裁，不允许任何个人或组织享有凌驾于法律之上的特权，坚持公民在法律面前一律平等的原则。因而，人类基因编辑技术规制应当遵循依法规制原则。

三、区分对待原则

对人类基因编辑技术应当采取区分对待的原则。科学区分人类基因编辑技术应用的不同类型是有效进行法律规制的前提。从目的论视角分析，“人类基因组编辑技术发展的首要问题是如何保障应用目的正当”❶，应当对基因编辑行为的类型和技术风险防控按照应用目的做总体上的区分对待，避免调整该行为的法律规范缺乏一定的针对性和可操作性。从基因权利所保护的法益出发，应当遵循“科技向善”的宗旨，对人类基因编辑行为的目的进行类型化区分。需要说明的是，人类基因编辑技术一直以来的特点之一就在于其离人们的日常生活较远，因而不为人们所普遍熟知。当“基因编辑婴儿事件”发生时，人们就会对其充满恐慌，可能会作出过激的反应——完全遏制人类基因编辑技术的发展，但是人类基因编辑技术不仅是洪水猛兽，必须看到其有利于人们的一面。21 世纪是生物技术时代，而基因科技是其中的“绿色黄金”❷。这种区分对待有利于人们更加客观地看待人类基因编辑技术，不至于过于偏激。另外，科学的区分对待人类基因编辑技术能够为该领域的立法规制提供基础技术支撑。基因编辑技术领域的立法必须立足于该技术本身，而不能脱离该技术立法，这也是科学立法原则的要求。科学地区分对待人类基因编辑技术对于相关领域的立法具有重要的引导作用，区分对待人类基因

---

❶ 李昕：《用法律规范人类基因组编辑技术的发展》，载《光明日报》2019 年 5 月 9 日，第 16 版。

❷ ［美］杰里米·里夫金：《生物技术世纪——用基因重塑世界》，付立杰等译，上海科技教育出版社 2000 年版，第 39 页。

编辑技术才能科学地认识该技术，只有科学地认识该技术才能制定出符合该领域发展的“良法”。科学地区分对待人类基因编辑技术包括既要认识到其有利于人类福祉的一面，又要认识到其不利的未知风险的一面，并在立法中加以区别。这样，既不会因为畏惧该技术而使得其不能发展，也不会因为其有利的方面而泛滥发展得不到制止和约束。

人类基因编辑技术的重要性要求必须科学客观地对待区分原则。简单的区分方法不足以应对人类基因编辑技术的各种风险和挑战，因而必须采取一种更加细致的方式对人类基因编辑技术加以区分。这时，考虑到基因编辑技术的专业性，可以从基因编辑技术的客体、技术的目的、技术的风险和应用的阶段等角度区分。第一，从人类基因编辑技术的客体进行分类，可以分为对人类体细胞的基因编辑技术和对人类生殖细胞的基因编辑技术。第二，从人类基因编辑技术的目的分类，可以分为以基因治疗为目的的人类基因编辑和以基因增强为目的的人类基因编辑。基因治疗目的的基因编辑技术主要运用到一些基因型疾病的救治上，有些疾病是基因控制的，通过对其进行编辑可以进行疾病治疗，而基因增强则是指为了改良和增强基因而进行的基因编辑，例如通过引入鱼的某种基因使人游得更远等。第三，从人类基因编辑技术的应用阶段分类，可以分为基础研究性质的人类基因编辑、临床试验性质的人类基因编辑和临床应用性质的人类基因编辑。

1. 从人类基因编辑技术的客体进行区分对待

人类基因编辑技术的编辑客体，也就是基因编辑技术操作的对象，是对人类基因进行的编辑，人体基因是存在于细胞中的，因而可以从细胞的分类来区分基因编辑的对象。生物学一般将细胞分为体细胞和生殖细胞。“依据基因治疗的靶细胞不同，可以将基因治疗分为体细胞与生殖细胞基因治疗。”[1] 体细胞基因治疗是将基因植于人体以纠正其遗传缺陷，而生殖细胞基因治疗则是将外源正常基因转入精子、卵子或受精卵，矫正有缺陷的基因而达到治疗遗传病的目的。法律既要保障当代人的自由与权利，同时也要兼顾保障子孙后代的权利与自由，因而人类基因编辑技术不能侵犯后代的自由与

[1] 张春美：《谁主基因：基因伦理》，上海科技教育出版社2011年版，第67页。

权利。对于体细胞的基因治疗，不会遗传给下一代，也就不会对下一代造成影响。因而，对于体细胞的基因编辑技术应当采取严格监管的模式，可以允许以治疗为目的的基因操作。只要其不存在脱靶等风险，就应当在严格监管的状态下允许其进行。对于生殖细胞的基因编辑，由于其含有的遗传物质会遗传到子孙后代，因而对于生殖细胞的基因编辑应该禁止。由于生殖性基因编辑直接作用于人类的生殖过程，且被植入的基因将会在繁衍过程中进入人类基因库，影响此后若干代人，所以，更易引发生命伦理和社会伦理方面的争议。用科学改造生命，可能会逾越人性尊严原则。[1] 贺建奎等的“基因编辑婴儿事件”之所以会受到各方的抨击和批评，主要原因是其利用受精卵亦即生殖细胞进行基因编辑并使其发育成人。通常情况下，“基因编辑不得用于生育目的，已达成广泛的社会共识”。[2] 因而，对于体细胞的基因治疗可以获得认可，但是对于生殖细胞的基因治疗则应该更加保守。[3]

2. 从人类基因编辑技术的目的进行区分对待

从基因编辑目的区分，人类基因编辑技术可以区分为用于基因治疗和基因改良等目的。治疗型基因编辑可以增进人类福祉，因此在原则上可以被允许。[4] 而基于基因改良目的的增强型基因编辑是为了增加基因优势，则会带来更多的伦理问题及社会问题。[5] 在不考虑其他情况的前提下，对用于疾病治疗目的的基因编辑行为应当持鼓励和包容的态度，因为法律所保护的人体健康权和自然人身体的完整性天然地包含着疾病的基因治疗，对于各种形式的疾病治疗，只要不损害他人的利益（体细胞的基因编辑不会遗传到下一代，因而也不会损害下一代的利益）就应当在被监管的条件下允许进行，至少其态度应当是包容的，而不是禁止的。

人类基因的基因改良是指通过对基因编辑改造从而使得基因进行人为突

[1] 朱振：《基因编辑必然违背人性尊严吗?》，载《法制与社会发展》2019 年第 4 期。

[2] 王康：《人类基因编辑实验的法律规制：兼论胚胎植入前基因诊断的法律议题》，载《东方法学》2019 年第 1 期。

[3] 孙海波：《基因编辑的法哲学辩思》，载《比较法研究》2019 年第 6 期。

[4] 姚大志：《基因干预：从道德哲学的观点看》，载《法制与社会发展》2019 年第 4 期。

[5] 朱振：《反对完美？——关于人类基因编辑的道德与法律哲学思考》，载《华东政法大学学报》2018 年第 1 期。

变从而造成人的若干性状变得更强，如肌肉更结实，人更聪明，等等。基因改良是将发现的已存优良性状的基因提取出来，不加区分地运用于人类身体。对于基因改良目的的基因编辑，由于其违背自然选择的大自然法则，因而应当是不能被允许的，是被绝对禁止进行的。除此之外，需要说明的是，以疾病预防为目的的基因编辑也应当采取谨慎的态度。2018 年的“基因编辑婴儿事件”就是打着预防“艾滋病”的旗号进行的。预防疾病有一定的合理性，当我们有一种技术可以预防某种目前治疗水平还无法治愈的疾病时，法律应该秉持审慎克制的态度允许其发展。但是这种允许必须满足以下前提条件：第一，该技术在保障个人权利即治愈疾病的同时，也不能妨碍他人和集体的利益；第二，该技术成熟且风险较小，如果这种手段风险很高，也是不被允许的；第三，该技术应用是不可替代和必需的。只有在满足以上条件的前提下，以疾病治疗为目的的基因编辑技术才能被审慎允许或包容，必须经过严格的伦理和行政审查程序，并且在达成社会基本共识的前提下进行，避免以疾病预防的名义造成基因编辑技术的滥用。

3. 从人类基因编辑技术的应用阶段区分对待

根据基因编辑所处应用阶段不同，基因编辑可以分为基础研究、临床试验以及临床应用❶，进行分阶段监管和相应的法律规制。除了基础研究外，人类基因编辑技术可以被运用于临床试验和临床应用两个阶段，并且以 CRISPR/Cas9 技术为代表的基因编辑技术从被发现开始也只是被应用于基因筛选、基因检测和精准标记等科学实验阶段，是在后来的发展过程中逐步被应用在临床试验中。鉴于相关基础研究的重要科学价值，科学界对此普遍持许可态度。❷ 由于科学研究需遵循严格的科学伦理和操作规范要求，且尚未进入临床实践阶段，所以，相关行为一般不具有法益侵害性。然而，以临床应用为场景的基因编辑活动往往带有商业化色彩，❸ 为迎合市场需求，行为

❶ ［美］美国国家科学院、美国国家医学院主编：《人类基因组编辑：科学、伦理和监管》，马慧等主译，科学出版社 2019 年版，第 3 页。

❷ 杨丹：《生命科技时代的刑法规制——以基因编辑婴儿事件为中心》，载《法学杂志》2020 年第 12 期。

❸ 颜厥安：《鼠肝与虫臂的管制——法理学与生命伦理探究》，北京大学出版社 2006 年版，第 13 页。

人具有更强烈的动机逾越科学伦理底线，因而该活动具有更紧迫的法益侵害危险。

基于此，在不考虑其他情况的前提下，应用于科学研究的基因编辑实验是可以被允许的，而且在现实生活中法律也一直是采取允许的态度。通常为了科技进步、创新发展和公共利益需要，对基础研究都采取较为宽松允许的态度，只是在形式上和程序上提出相关的要求。首先，科学实验是科学进步的重要基础，没有科学实验也就无法产生科学进步。其次，鼓励科学实验也是宪法保障的科研自由的必然要求，在不妨碍国家、集体和他人利益前提下的科学实验是不应该被随意停止的。而跳出实验室，科学研究进入临床应用阶段则另当别论了。人类基因编辑技术由于其脱靶风险仍然较大，以及基因被编辑后在后代中是否会有其他效应很难预测的原因，因而在临床试验或者临床应用中的基因编辑技术应当是严格监管甚至是被绝对禁止的。贺建奎等“基因编辑婴儿事件”就是将基因编辑技术运用到临床实践中，脱离了临床试验目的，最后转变成了临床应用的实质，从而遭到众多科学家和社会公众的一致反对。

第三节　人类基因编辑公法规制的体系构建

人类基因编辑技术是现代科技发展的结晶。与人类克隆技术类似，基因编辑技术对伦理秩序、社会秩序和法律秩序带来了巨大的挑战，可能带来蔑视人性尊严的后果。然而，相较于仅是对人类基因信息进行“读取”后进行“复制”的克隆技术，[1] 人类基因编辑技术旨在从源头上改变人类的遗传基因序列，因而，其后果具有更大的不可控性、弥散性和不可逆性，除了私法规范预防和规制其风险外，需要从公法层面上构建起多元化的法律规制体系，以限制其风险，推进其良性发展。面对人类基因编辑活动，宪法重点回答的是应当遵循的基本原则、行为边界和国家补偿等问题；为强化对人体基因编

[1] ［美］悉达多·穆克吉：《基因传：众生之源》，马向涛译，中信出版集团2018年版，第237页。

辑活动的行政法规制效果，应当设定行政许可、完善行政监管、强化行政处罚、重视行政指导并落实后续跟踪等；尽管《刑法》（2020 年修正）解决了专门罪名缺失的问题，但后续立法仍需适当加重法定刑并考虑给基因编辑人增加的特别义务，❶ 在此基础上，进行公法规范的综合性法律规制。

一、宪法层面的构建

由于人类基因编辑活动不仅牵涉人格尊严而且牵扯国民的健康福祉及科研自由，❷ 故而宪法作为根本大法在基因编辑的法律规制中也应扮演重要角色。就我国而言，尽管宪法并不能直接作为审判的依据，但这绝不意味着宪法就无法对人体基因编辑活动产生任何影响。❸ 1982 年《宪法》成为中国历史上第一部写着“公民的人格尊严不受侵犯”的根本大法，2004 年修改的《宪法》又把“尊重和保障人权”列为重要的人权保障原则，为公民基本权利保障提供了依据。对我国《宪法》的人格尊严条款，有学者认为存在以下几个方面的缺陷。第一，该条前一句只规定了“中华人民共和国公民的人格尊严不受侵犯”，而没有体现我国政府已经签署的《公民权利和政治权利国际公约》的相关规定。比如“未经本人自愿同意，不得对任何人做医学或科学试验”等最基本的尊严权的内容。第二，我国《宪法》人格尊严条款的主体仅是基于一国国民属性的“公民”身份而享有，并非基于个体身份所享有。第三，此“人格尊严”仅对抗的是民众之间的“民事”和“刑事”关系，而不是具有对抗国家的性质。❹ 学者对宪法人格尊严条款的理解也有所

❶ 石佳友、庞伟伟：《人体基因编辑活动的协同规制——以〈民法典〉第 1009 条为切入点》，载《法学论坛》2021 年第 4 期。

❷ 我国《宪法》（2018 修正）的规定，与人类基因编辑活动相关的条文主要包括：第 38 条规定：“中华人民共和国公民的人格尊严不受侵犯。禁止用任何方法对公民进行侮辱、诽谤和诬告陷害。”第 21 条第 1 款规定：“国家发展医疗卫生事业，发展现代医药和我国传统医药，鼓励和支持农村集体经济组织、国家企业事业组织和街道组织举办各种医疗卫生设施，开展群众性的卫生活动，保护人民健康。”第 47 条规定：“中华人民共和国公民有进行科学研究、文学艺术创作和其他文化活动的自由。国家对于从事教育、科学、技术、文学、艺术和其他文化事业的公民的有益于人民的创造性工作，给以鼓励和帮助。”

❸ 徐娟：《通过宪法保护人类基因编辑中的生命尊严》，载《南海法学》2019 年第 3 期。

❹ 秦前红、韩永红：《宪法“基本权利核心概念”研究——基于中日比较的视角》，载《广东社会科学》2008 年第 1 期。

不同，比如有学者认为，“我国人格尊严归属于民法中的人格权部分，它与人身自由共同构筑了一般人格权的内容”[1]。即便宪法无法作为裁判依据，仍然可以通过伦理道德和公共利益等通道影响法官裁决。总之，大多数学者倾向于认为：我国宪法人格尊严条款仅为一项具体的公民基本权利，对人性尊严的尊重和保护还未上升到一种国家或公民的法律义务或宪法义务。

1. 明确将人性尊严宣示为宪法基本权利的核心价值

宪法中除将人性尊严作为基本人权进行概括性宣告之外，还应当明确宣示其为宪法基本权利的核心价值。[2] 即在宪法中具体规定各项基本权利之外，把人性尊严作为基本权利的核心价值以一般概括性条款的形式确立下来，作为保障人权的一种承接规范。当宪法基本权利规范有缺漏导致救济难以实现时，可以发挥宪法人性尊严价值功能，最终实现对基本权利的维护。当然，只规定人性尊严的保护条款是不够的，还要对宪法的基本权利进行细化、转化保护规范。

目前，宪法人格尊严条款只是原则性规定，不利于人类基因编辑技术迅速发展下人性尊严和各项基本权利的保护，宪法应强调人作为人的尊严得到国家、社会和他人的起码尊重，并且享有不能被侵犯的权利，主要目的是防止国家公权力机关和其他社会主体对公民权利进行的侵害。因此，有必要在宪法中明确保护人性尊严的原则，并结合《民法典》人格权编中名誉权、荣誉权和隐私权等具体人格权的规定，扩大人格尊严的内容，将其上升到保障人性尊严的价值高度。[3] 由于与人类基因编辑有关的医学和科研活动一方面涉及人格尊严和人体健康，另一方面涉及科研自由，而这两者又都与宪法上的基本权利密切相关，故而，更适合由宪法对其进行指引。但由于宪法作为根本大法必须保持其权威性与稳定性，其制定与修改程序极其严格，在这样的情况下，借助其他立法及时地发挥指引和转化功能就是最优选择。不难想

---

[1] 李煌：《人格尊严的特征及其与社会进步的关系》，载《贵州大学学报（社会科学版）》2002年第1期。

[2] 杜承铭：《人性尊严：作为民生之本的宪法权利》，载《江汉大学学报（社会科学版）》2008年第3期。

[3] 梁家平、蒋超、陈焜如：《“自证无罪”与人的尊严——兼论我国宪法人格尊严权利救济》，载《长沙铁道学院学报（社会科学版）》2008年第4期。

象，由于《民法典》在一国法律体系中的地位仅次于宪法，甚至被认为在一定程度上发挥着宪法功能❶，被誉为“民事宪法”“社会学意义上的宪法”，故而由其对后续立法进行指引最为适当。另外，目前人类基因编辑技术发展中，人性尊严需要国家进行积极保护和促进，所以笔者建议宪法因应时代发展需求，明确在基因科技领域中的人性尊严保障原则。具体而言，宪法增加的人性尊严保障条款可以规定，“国家有义务尊重、保护和促进基因科技的发展，人性尊严不得侵犯”。

2. 增加宪法中与基因编辑有关的基本权利保护的扩大解释

目前，我国《宪法》中列举的一系列基本权利面临着人类基因编辑技术迅速发展带来的冲击。很多权利在《宪法》中找不到明确的规范依据。我们需要重构基因时代宪法解释视角下的权利内涵。通过在生命科技及其临床应用的语境下重新解释宪法权利来应对基因编辑技术的风险，比如人格尊严、平等权、生命权、健康权、身体不受伤害权、隐私权等。所以，人类基因编辑技术的研究和临床应用有时处于被动局面，在很多问题上无所适从。现代社会风险往往是不确定的、具体的损害难以评估，这成为现代社会治理最根本的难题，降低风险成为现代政府的一项主要目的。风险预防不能被视为是对个人权利的直接损害，风险是在不确定的时间、不确定的人产生不确定的损害的可能性，因此对风险的防控是一种基础性的公共利益，这为政府行使公共权力提供了一种正当性基础。基因编辑技术使人类已经破解了生命的密码，使生命变得可以编辑，这意味着人类基因可以被移植、被编辑、被重组，基于自然生命而形成的人类伦理和法律规范也将随着人类基因编辑技术的运用而遭遇挑战，如何用法律规范对这种技术运用进行引导和有效规制是摆在我们面前的紧迫任务。

宪法解释应当采取目的论解释的方法，根据法条规定的目的进行与时俱进的解释。如果在宪法层面上，不能保护那些随着人类基因编辑技术发展而产生的新兴权利，将不利于社会秩序稳定，更不利于对公民基本权利的保障。

---

❶ 谢鸿飞：《中国民法典的宪法功能——超越宪法施行法与民法帝国主义》，载《国家检察官学院学报》2016 年第 6 期。

比如，在胚胎干细胞研究中，究竟胚胎何时可以用于试验，何时享有人格权，何时享有人性尊严，何时成为法律的权利主体，是否可以作为客体进行研究等问题就难以解决。基因权利发端于基因编辑技术的创新，导源于对人性尊严的保障，植根于基因利益的诉求，是具有综合性和复杂性属性的新兴权利，“法学的使命就是如何通过法治降低科技发展可能带来的风险与非理性”。[1] 因此，需要完善宪法对基本权利体系的解释论，应当明确列出人类基因编辑技术发展所需保护的新兴权利，如基因平等权、基因自主权、基因隐私权、身体完整权等，并给予一定扩大解释的空间，包括权利主体、保护范围、目的功能、权利限制等，并以此为研究重点，扩大法学在人类基因编辑技术发展下的研究视野，及时调整相关法律来回应人类基因编辑科技发展的需求。为确保人性尊严和基本权利的实现，同时，应当完善违宪审查制度和相关程序，使人性尊严和基本权利在被侵犯时能得到有效的司法救济。

二、综合法律层面的构建

现代行政国家中，行政机关在社会治理中往往引起高效的治理效率而拥有较立法部门更具优势的地位。直接赋予行政部门拥有制定行政命令的权限，已经成为现代社会治理的一项基本前提。但是，与其他社会事务不同的是，作为典型的高科技活动，人类基因编辑活动具有高度专业性、牵涉利益复杂性以及对社会公众影响深远等特征。这些特征决定了人类基因编辑活动的规范与管理绝非常规的社会事务，既不能允许人类基因编辑活动在“科研自由”的名义下无序发展，也不能放任行政部门通过行政权力直接简单地指挥人类基因编辑活动。正如法学的发展绝非只有黑与白两个极端且粗糙的二分法一样，实际上，在完全放任人类基因编辑活动自由发展以及完全交由行政机关任意管制之间，尚有多种可能性。因此，在宪法层级下，通过综合法律的设置对人类基因编辑活动进行统一规制具有理论与实践的必要性。

在综合法律层面，虽然我国既有《科学技术进步法》（2021 修订）以及

---

[1] 韩大元：《当代科技发展的宪法界限》，载《法治现代化研究》2018 年第 5 期。

其他一些基因编辑技术方面的法律，已经在基因编辑技术研究和运用中起到了一定的规范作用，但是其主要目的或规范领域在于转基因动物、植物以及食品安全等方面，没有专门针对人类基因编辑技术研究进行系统调控，并且其基本价值取向是促进基因编辑技术的发展，对保障公民基本权利方面的规定并不多。而人类基因编辑技术的发展已经对人性尊严、生命权、健康权、身体权以及其他基因隐私、基因信息权与专利权等基本权利带来了巨大冲击和挑战，并且这些权利都是宪法所追求和保护的法益。当公民基本权利的法律保障出现漏洞时，无论是从平衡促进基因编辑技术良性发展与保障基本权利的角度，还是从科技法律本身维护人类根本利益的价值目标，制定一个总纲性的“基因编辑技术基本法”都是非常必要而迫切的，其性质可以定位为科学技术基本法的下位法。在制定“基因编辑技术基本法”的基础上，由于不同的部门法各有其自身特点，故而试图构建出包括多个部门法在内的人体基因编辑活动的法律规制机制绝非易事。为提高不同部门法之间的协同性，可以考虑在对相关部门法进行有针对性修改的同时也尽快启动专门立法❶的制定工作，可以陆续制定专门针对各具体领域的单项人类基因科技法，例如考虑制定“人类辅助生殖技术法”“基因检测法”“基因治疗法”“胚胎干细胞法”“治疗性克隆法”等，❷ 以期为人类基因编辑活动的协同规制机制提供完善的规制框架。

由于人类基因编辑技术研究和运用涉及的范围非常广泛，引发的伦理问题和法律问题也比较多，所以要制定一部全面的基本法律实属不易。一方面要避免面面俱到，另一方面也要能对各项人类基因编辑技术的研究和运用起到规范作用，所以也不能太具体，应秉持“宜粗不宜细”原则，针对人类基因编辑技术的共性问题进行规范。其中，每个具体的领域将来都应当制定相应的专项单行法，在人类基因编辑技术规制的法律体系中也应有所体现。基于人类基因编辑技术基本法促进基因编辑技术发展、保障人权以及趋利避害的目的和功能，应当在制定这部基本法律的基础上结合其他生物科技法综合

---

❶ 万思敏：《基因编辑的法律规制》，载《中国卫生法制》2019 年第 4 期。

❷ 沈秀芹：《人体基因科技立法规制研究》，山东大学 2010 年博士学位论文。

加以立法规制。

曾有学者提出我国科技法律体系的整体结构图表，其中，生物科技法是科技法律体系中的重要组成部分。❶ 我国于2020年10月17日通过的《生物安全法》（该法已于2024年4月26日修正），成为人类基因编辑技术规制的重要立法。该法的第2条明确规定，人类遗传资源与生物资源安全管理适用本法。并且，根据《生物安全法》的第四章"生物技术研究、开发与应用安全"以及第六章"人类遗传资源与生物资源安全"❷ 的规定，组织、细胞、血液、DNA等材料都属于人类遗传资源。人类遗传资源的核心是基因信息。《生物安全法》规定我国人类共有的基因信息的主体为国家，国家对我国人群的基因信息享有主权。《生物安全法》规定国务院的科学技术部门组织基因信息的调查工作，确定基因信息的登记办法。该法还规定，采集基因信息应当符合伦理。采集重要家系、特定地区基因信息、保藏基因信息、利用基因信息开展国际合作、基因信息出境的情况应当予以登记。并且，规定了相应的法律责任。该法可以视为是我国当下包括基因信息在内的生物安全保护基本法，为人类基因编辑技术的应用提供了底线规则。

随着人类基因编辑技术的广泛发展和应用，基因编辑技术运用所蕴含的基因权利应当受到法律保护。在此基础上，应当确立风险预防及利益平衡原则以保障基因信息安全。在生物安全法律领域，我国现有的私法和公法保护模式都难以实现体系化的保护。我国应以《生物安全法》《个人信息保护法》《数据安全法》等综合性立法为契机，通过相关行政法与刑法的衔接相协调，构建基因安全的法律法规体系。

三、行政法层面的构建

由于行政法不仅能通过行政处罚等方式进行事后制裁，而且能通过行政许可的方式进行事前审核，还能通过行政监管的方式进行事中监管，故而，

❶ 梁如霞：《国家科技法律体系建设问题探析》，载《山东工商学院学报》2003年第4期。

❷ 《生物安全法》（2024修正）第六章名称即为"人类遗传资源与生物资源安全"。其中，第55条规定："采集、保藏、利用、对外提供我国人类遗传资源，应当符合伦理原则，不得危害公众健康、国家安全和社会公共利益。"

其在规制效果方面颇具优势。值得注意的是，考虑到人体基因编辑活动可能造成的危害后果不仅巨大而且不可逆，故而必须高度重视事前审查和事中监管的重要价值。然而，贺建奎等的“基因编辑婴儿事件”触发了基因研究与基因编辑技术的直接风险，暴露出行政部门对相关研究与技术风险监管的巨大漏洞，也折射出我国法律对相关行动惩治条款和相应规定的缺失。在 2019 年 12 月 30 日贺建奎等被追究刑事责任以后，反思该事件引发的重要论题是，对贺建奎及其相类似行动应当如何实现行政监管和有效规制的问题。[1]

事实上，从现有研究来看，不少学者都强调了完善人体基因编辑活动监管体系的重要性。[2] 在行政法层面，广义政府规制的目标可以概括为两项基本任务，规定规则和维持秩序。具体而言，就是设立行政保护条款，惩罚基因编辑的违法行为，追究行政责任。对人体基因进行动态的保护就是建立行政规制和司法救济。[3] 原有科技风险治理框架下，传统行政规制模式的制度效能有限，应当构建多元化的行政法规制的协同规范体系，加强科技伦理治理，完善伦理审查机制，提升行政法规制的效果。目前，人类基因编辑的立法相对滞后和基因行业发展速度较快且存在高风险的矛盾，就需要采用相对灵活的行政规制和行业自律。

1. 设立行政许可制度

法律规范对新兴科学技术作出回应前，必须要对该项技术的风险进行全面评估。一方面，基因编辑技术可用于预防疾病和治疗疾病，实现精准医疗；但另一方面，基因编辑技术的临床应用也面临着来自各方面的风险。从我国《民法典》第 1008 条规定的具体内容来看，涉及与人体基因编辑有关的临床试验采取审批主义，应当依法经相关主管部门批准并经伦理委员会审查同意。其中，相关主管部门批准带有浓厚的行政监管色彩，表明我国对人体试验采取“行政审查”而非“行业自律”，“事前干预”而非“事后监管”的模式，有助于实现风险的事前预防和有效控制。伦理委员会旨在对人体临床试验进

---

[1] 任剑涛：《现代科技的行政监管：以基因编辑婴儿为例》，载《理论与改革》2020 年第 3 期。

[2] 谭波、赵智：《对基因编辑婴儿行为的责任定性及其相关制度完善》，载《山东科技大学学报（社会科学版）》2019 年第 3 期。

[3] 熊文钊：《人类遗传资源的公法保护》，载《法学评论》2020 年第 6 期。

行伦理审查，核心在于审查相关试验是否符合基本的“伦理原则”，如人性尊严、知情同意、自主决定和隐私保护等原则。[1] 科技伦理审查的实质是对基因编辑活动所涉的生物医学研究伦理标准进行检验和评价，进而作为相关活动开展的前提和基础。伦理审查制度应当强调权责一致，贯彻事前、事中、事后一体化的监督理念，明确责任主体，落实责任后果，并建立配套的问责机制。

目前，可以考虑在基因编辑临床试验与临床应用上如何落实行政许可制度，以提高其监管程度，从严监管。从域外国家的规制经验看，英国设立了基因编辑行政许可制度。依据行政许可相关法律规范，遵循“一事一议原则”来设立行政许可。[2] 另外，任何一项新技术在进入临床试验前，都必须证明其安全有效性。例如，我国《医疗技术临床应用管理办法》第 4 条第 2 款规定：安全性、有效性不确切的医疗技术，医疗机构不得开展临床应用。行政机关通过行政指导，使人类基因编辑技术不会偏离国家和社会发展的需要。另外，人类基因编辑技术的应用不能违反技术应用的流程规定，任何临床试验必须经历完整的批准登记流程。按照《人类辅助生殖技术管理办法》，申请开展相关技术应用，必须由符合条件的医疗机构向所在地省级人民政府卫生行政部门提交规定文件（部分技术还需国家卫生健康委员会审核），再由医疗机构持批准证书到相关卫生行政部门办理变更登记手续。如果擅自进行基因编辑技术临床试验，是对医疗技术临床试验管理秩序的破坏。这就需要行政法层面的内容予以规制，从《行政许可法》（2019 年修正）第 2 条[3]来看，行政许可既包括对公民的许可，也包括对法人或其他组织的许可。考虑到人体基因编辑活动可能造成的负面影响是无法挽回的，应当同时对从事人体基因编辑活动的机构和个人设定行政许可，并且，倘若获得许可的机构或者个人违反有关规定，至少在特定的期限内不得再从事相关活动，并设置

---

[1] 石佳友、刘忠炫：《人体基因编辑的多维度治理——以〈民法典〉第 1009 条的解释为出发点》，载《中国应用法学》2021 年第 1 期。

[2] 纪洪亮：《基因编辑法律规范之完善——以贺建奎基因编辑婴儿案为例》，上海师范大学 2021 年硕士学位论文。

[3] 《行政许可法》（2019 年修正）第 2 条规定：“本法所称行政许可，是指行政机关根据公民、法人或者其他组织的申请，经依法审查，准予其从事特定活动的行为。”

相应的竞业禁止年限和条件，设置较高的准入条件和门槛。结合上述规范，应当针对人类基因编辑活动设置特别的行政许可制度。

2. 重视行政指导的引导功能

行政指导具有非强制性、行为引导性等特殊优势。由于人类基因编辑技术出现的时间较短，故而其潜在后果还有待于进一步观察。在这样的情况下，即便是合法条件下从事的活动也可能造成不良后果。为尽可能减少这种情况的出现概率，应当重视行政指导的特殊作用。[1] 有关部门一方面要及时出台行政指导，另一方面在实施行政处罚时，还应当将机构或个人对行政指导的遵守情况作为重要裁量因素。目前，可行的路径是结合已有的伦理规范和相关行政法规、部门规章及实施细则完善行政指导的内容。

在行政指导立法方面，以宪法和相关基因编辑科技立法为基础，制定配套的、具体的国务院行政法规、部门规章及实施细则。《人类遗传资源管理条例》等行政法规以及《人类辅助生殖技术规范》《人胚胎干细胞研究伦理指导原则》《干细胞临床研究管理办法（试行）》《涉及人的生物医学研究伦理审查办法》等规章也作了相关规定。不难发现，对于从事与人体基因、人体胚胎等相关的医学和科研活动，立法者选择的是一种协同规制的路径，即同时依靠法律、行政法规和国家有关规定进行调整。[2] 人类基因编辑技术发展具有未来不可知性、不确定性和发展迅速性的特征，如何根据人类基因编辑技术发展的事实，不断进行相应的、事前预防性立法是我国基因编辑技术立法规制的一项重要课题。而行政立法的灵活性、自由裁量性恰好能弥补立法滞后性的缺陷。所以，在制定法律之后或没有立法之前都要充分利用行政弹性立法的空间，更好地为人类基因编辑技术提供法律保障。

3. 建立有效的行政监管措施

完善行政监管，是避免人类基因编辑风险的重要手段。“政府作为各类服务的承担者、公共权力的让渡者以及监管权力的行使者，对于涉及全人类

[1] 盛苏敏：《法伦理学视阈下基因编辑技术的挑战与应对》，载《大连干部学刊》2019 年第 3 期。

[2] 石佳友、庞伟伟：《人体基因编辑活动的协同规制——以〈民法典〉第 1009 条为切入点》，载《法学论坛》2021 年第 4 期。

的基因编辑技术显然有着不可推卸的监管责任。”[1] 从域外可供借鉴的经验来看，有些国家对于人体基因编辑相关的基础研究的态度相对宽松，但对于人体基因编辑的临床应用非常谨慎，对于人体生殖细胞的基因编辑活动更是进行严格监管甚至是禁止。[2] 就我国目前来看，现有的行政监管效果并不理想。各监管部门之间虽然有所分工，但在某些领域仍存在职责交叉的现象，[3] 例如对于干细胞研究领域的监管，甚至三个部门均有涉及，且相关规章及规范性文件对于各部门之间的分工配合缺乏明确规定，可能会造成各部门之间发生监管冲突或者推诿，这样就会使监管效果大打折扣。为确保能对人类基因编辑活动实施切实有效的监管，应优化监管程序并强化监管责任。

人类基因编辑的综合治理机制要坚持以严格监管为保障。结合我国的现实情况，可以通过设立备案审查制度、同行专家盲审评估制度等规则，有效防控人类基因编辑的风险性。需要强调的是，尽管行政监管是至关重要的，但仅仅依靠行政监管却是远远不够的。考虑到人类基因编辑活动专业性极强，故而行业自律在未来的监管体系中应占有重要地位[4]。换言之，在重视行政监管作用的同时，也要充分发挥行业自律的特殊作用。按照这一思路，如行为人违反伦理审查程序（例如贺建奎等的“基因编辑婴儿事件”所实施的造假行为），行为人所属的行业协会或专业性团体应当依照协会章程等自律性文件的规定采取相应的纪律处分措施。如通报批评、中止会员资格、除名乃至终身禁入等。当然，在强调重视行业自律的同时也要意识到其所具有的局限性。一方面，由于人类基因编辑技术是一项近年来才出现的新兴技术，目前对这一新技术风险的认知还不够全面，因此，对这一新问题的行业自律机制尚有待完善。另一方面，由于人类基因编辑活动会给从事此项活动的主体带来不菲的收益，在巨额产业利益的驱动下，相关的行业组织有可能更多地考虑行业利益而非公共利益，对基因编辑的相关行为进行偏袒或纵容。例如，

---

[1] 闫妍：《人类基因编辑技术扩散风险的政府监管举措》，载《重庆行政》2020 年第 1 期。

[2] 郑玉双、刘默：《人类基因编辑的行政监管》，载《预防青少年犯罪研究》2020 年第 1 期。

[3] 吴高臣：《我国人类基因编辑监管模式研究》，载《山东科技大学学报（社会科学版）》2019 年第 3 期。

[4] 盛苏敏：《法伦理学视阈下基因编辑技术的挑战与应对》，载《大连干部学刊》2019 年第 3 期。

可能存在如下现象：基因编辑企业为追逐经济利益会不惜违背科学伦理、逃避国家监管，而科技伦理审查委员会的委员也可能与相关企业存在各种联系。[1]

如果对不同目的、研究阶段以及类型的人类基因编辑实施统一的监管标准，那么则有可能会抑制人类基因编辑技术的创新研究及发展，或是对安全及伦理风险较高的人类基因编辑临床试验或者应用没有进行有效的规制。因此，监管部门应当依据安全性及伦理风险程度对人类基因编辑进行不同层次的监督管理，实现人类基因编辑活动的分类管理，监管标准具体化，有效落实行政监管的多层次性及梯度性。我国目前的行政法律规定中，仅有《基因工程安全管理办法》体现了监管的层次性及梯度性，该《办法》将基因工程工作依据对人类健康和生态环境的危险程度分为四个安全等级，从事基因工程工作的单位须依据基因工程的类型及安全等级进行申报审批，但对于违反该《办法》的基因工程工作整体处罚较轻，且未体现处罚力度的梯度性。[2]但遗憾的是，该《办法》仅针对基因工程的安全性问题，未涉及伦理风险的监管。而我国《涉及人的生物医学研究伦理审查办法》虽然对伦理审查进行了规定，但并未确立分类型和分层次行政监管。

4. 强化后续实施效果和行政处罚措施

除了有效的行政监管外，还应做好后续跟踪和实施效果监管工作。考虑到人类基因编辑技术是一项新兴技术，并且给人类所造成的影响是无法预知具体后果的，故而有关部门也要同时做好后续跟踪工作。从相关机构所发布的专门报告来看，“具有全面的、尊重个人自主性的长期多代的随访计划”也是其所强调的规范标准之一。[3] 就我国既有规范来看，原国家卫计委于2016年10月公布的《涉及人的生物医学研究伦理审查办法》第27条也规定

[1] 闫妍：《人类基因编辑技术扩散风险的政府监管举措》，载《重庆行政》2020年第1期。

[2] 郑玉双、刘默：《人类基因编辑的行政监管》，载《预防青少年犯罪研究》2020年第1期。

[3] 2017年2月，人类基因编辑研究委员会正式就人类基因编辑的科学技术、伦理与监管向全世界发布研究报告。就可遗传生殖系统基因编辑，人类基因编辑研究委员会提出了10条规范标准；其中，第7条为：“具有全面的、尊重个人自主性的长期多代的随访计划。”参见石佳友、庞伟伟：《人体基因编辑活动的协同规制——以〈民法典〉第1009条为切入点》，载《法学论坛》2021年第4期。

了跟踪审查。[1] 尽管这一规定具有前瞻性，但却过于原则，缺乏具体的可操作性，有待于在后续立法中进行补充、细化和予以明确相关实施的内容。实际上，在贺建奎等的“基因编辑婴儿事件”发生前，该办法就明确规定：“从事涉及人的生物医学研究的医疗卫生机构是涉及人的生物医学研究伦理审查工作的管理责任主体，应当设立伦理委员会并采取有效措施保障伦理委员会独立开展伦理审查工作，医疗卫生机构未设立伦理委员会的不得开展涉及人的生物医学研究工作，医疗卫生机构应当在伦理委员会设立之日起3个月内向本机构的执业登记机关备案并在医学研究登记备案信息系统登记。”但据相关报道显示，给予贺建奎试验以伦理审查过关的和美妇儿科医院并没有向深圳市医学伦理专家委员会备案。可见，相关行政法规没有发挥应有作用的原因就是行政法规与具体的行政监管程序之间是脱钩的，一个良好的监管机制这个环节绝对不能有任何欠缺。与此同时，相关的惩戒措施也应当落实到位。

对于贺建奎等的“基因编辑婴儿事件”，由于涉及对人体胚胎进行基因编辑并使胎儿出生的行为，还应受到《人类辅助生殖技术管理办法》的规制，该办法第21条为转致性规范，对非医疗或者医疗机构未经批准擅自开展人类辅助生殖技术的行为准用《医疗机构管理条例》第44条、第47条以及《医疗机构管理条例实施细则》第80条的规定进行处罚，[2] 对医疗机构在开展人类辅助生殖技术过程中的违规操作行为给予警告或者罚款（3万元以下），并且对有关责任人给予行政处分。整体来看，我国对违法进行人类基因编辑行为的行政处罚力度较弱，难以对相关责任主体起到震慑作用。从以上分析可知，现有相关规范不仅严重欠缺针对性，而且处罚

---

[1] 此外，国家卫健委2021年3月公布的《关于涉及人的生命科学和医学研究伦理审查办法（征求意见稿）》第26条第2款规定：“机构伦理审查委员会应当按照研究者提交的相关报告进行跟踪审查。跟踪审查包括以下内容：（一）是否按照已批准的研究方案进行研究并及时报告。（二）研究过程中是否擅自变更项目研究内容。（三）是否增加受试者风险或显著影响研究实施的变化或新信息。（四）是否需要暂停或者提前终止研究项目。（五）其他需要审查的内容。跟踪审查的委员不得少于2人，在跟踪审查时应当及时将审查情况报告伦理委员会。”

[2] 王康：《“基因编辑婴儿”人体试验中的法律责任——基于中国现行法律框架的解释学分析》，载《重庆大学学报（社会科学版）》2019年第5期。

力度明显不足。[1]

为了充分发挥行政处罚的优势，在未来的立法中应当适当加大处罚力度，扩大罚款、暂扣或者吊销许可证、暂扣或者吊销执照和行政拘留等责任方式的适用空间。不可否认，与刑罚相比，行政处罚相对较轻。尽管如此，强化行政处罚对于建构人体基因编辑活动协同机制而言仍然是不可或缺的。因为行政处罚在很多方面都具有其自身优势，最为明显的便是程序迅捷的效率优势。详言之，尽管所有非法从事的人类基因编辑活动都有可能引发负面效果，但由于不同的人类基因编辑活动引发负面效果的可能性和严重性存在一定差别，应根据人类基因编辑活动的负面效果不同，制定有针对性的行政处罚措施。对于违反行政法律规范进行人类基因编辑的各种行为，应当依据违规行为的严重程度实施不同梯度的行政处罚。“基因编辑婴儿事件”发生后不仅有法院的判决，也有政府的行政处罚行为，广东省委、省政府则成立调查组开展行政调查，对涉事单位和人员进行行政责任上的追究。我国科学技术部、国家卫生健康委员会分别责成涉事单位完善科研和医疗管理制度，加强对相关从业人员的监督管理等。

此外，与人类基因编辑技术行政法规制密切相关的是，依据《人类遗传资源管理条例》（2024 修订）的规定，对我国人类遗传资源的收集、保藏和研究利用进行监督管理，体现了较新的行政管理理念和监管措施。在此之前，我国的遗传生物学家多年来一直呼吁保护遗传资源，推动了《人类遗传资源管理暂行办法》的颁布与实施。自 1998 年颁行至今，因“基因编辑婴儿事件”和华大基因一系列基因信息违规出境等现象引发了社会和行业的广泛关注。2019 年《人类遗传资源管理条例》得以颁布[2]，其性质属于行政法规。

---

[1] 王康：《“基因编辑婴儿”人体试验中的法律责任——基于中国现行法律框架的解释学分析》，载《重庆大学学报（社会科学版）》2019 年第 5 期。

[2] 2019 年 5 月 28 日，时任国务院总理李克强签署了国务院令，公布于 2019 年 7 月 1 日起施行《人类遗传资源管理条例》。这标志着我国对人类基因编辑的法律规制上升到了行政法规的立法层面。与以往不同的是，虽然我国人类基因编辑的行政监管部门职责与此前基本保持一致，但就以往交叉监管的部分进行了明确分工，在《人类遗传资源管理条例》颁布实施前，由科学技术部与国家卫生健康委员会共同依据《人类遗传资源管理暂行办法》对我国的人类遗传资源进行监督管理，目前则主要由科学技术部负责我国人类遗传资源的收集、保藏和研究利用的管理工作。这是未来实现有效监管的重要举措之一。

2024 年《人类遗传资源管理条例》进行了修订。在该条例中解释了什么是人类遗传资源，明确了人类遗传资源的定义。❶《人类遗传资源管理条例》对基因信息的采集、保藏规定，由国务院、省（自治区、直辖市）、市的科学技术行政管理部门负责人类遗传资源的具体管理。《人类遗传资源管理条例》还对基因信息的采集、保藏、利用和对外处理、服务和监督作了细致的规定：第一，在采集和保藏方面，规定了采集、保藏基因信息的主体及其机构设置、采集与保藏的目的、采集与保藏的伦理审查、采集与保藏的场所和物质条件等；规定了基因信息提供者的全方位的知情制度、事先书面同意制度，同时设立了保藏机构向行政部门提交年报的制度。第二，在利用和对外提供方面，从《人类遗传资源管理条例》可以看出我国采取鼓励开发、重视保护且开发和保护并重的方式。我国的行政措施表现出明显的政策利好风向。国外组织对我国的遗传资源进行利用，必须有我国的研究机构参与并且对全过程知情。第三，在服务和监督方面，实行电子政务便民服务、审批和备案制度。第四，在《人类遗传资源管理条例》第 36 条至第 43 条规定了完善的行政责任制度❷。《人类遗传资源管理条例》在人类基因信息的采集、保藏、利用、对外提供、服务和监督方面作出了细致的规划。但是，基因伦理委员会等制度的实施还存在人员普遍素质差，实际工作不到位的现状。虽然规定了基因提供者的知情同意制度，但知情同意权只能通过《人类遗传资源管理条例》进行救济，法律位阶较低。可见，平等主体之间的基因知情权、基因同意权受到侵害，难以使用行政法规进行救济，还有待于提高立法位阶，实现有效的权利保护和救济。

---

❶ 《人类遗传资源管理条例》（2024 修订）第 2 条规定：“本条例所称人类遗传资源包括人类遗传资源材料和人类遗传资源信息。人类遗传资源材料是指含有人体基因组、基因等遗传物质的器官、组织、细胞等遗传材料。人类遗传资源信息是指利用人类遗传资源材料产生的数据等信息资料。”

❷ 《人类遗传资源管理条例》（2024 修订）相对于此前的《人类遗传资源管理暂行办法》明确了具体的行政处罚措施，对违反规定从事人类遗传资源采集、保藏及研究利用的行为最高可处 1000 万元的罚款，如果违法所得在 100 万元以上，最高可处违法所得 10 倍的罚款。如前所述，加大行政处罚力度可以通过提高责任主体的违规成本对其起到震慑作用，特别是对于可能造成不可逆的风险或者损害后果的人类基因编辑行为，防患于未然才是行政监管的最佳效果。该条例所规定的行政处罚措施和力度，有待于在实践中进一步细化和落实，符合现代风险预防和加大处罚对人类基因编辑技术行政法规制的理念和措施。

在对人类基因编辑技术进行法律规制时，行政法与刑法共同保护的法益为公共卫生秩序。“在行政法规范无法对超出范围的法益进行保护时，便需要由刑法介入进行规制。此时，质的差异说便成为认定行为是行政违法还是刑事犯罪的关键。”❶ 鉴于我国目前人类基因编辑领域的部门规章及规范性文件之间缺乏统一的立法指导思想，内容的衔接性及配合性不足，行政监管部门具体监管职责的边界存在模糊问题，我国未来应整合现有的规范内容并上升到法律位阶进行专门立法，对人类基因编辑进行全面、系统的行政法规制。❷

四、刑法层面的构建

人类基因编辑技术的临床应用存在安全风险、社会管理失序风险和伦理风险等。人类生殖系基因编辑不仅可能危害人体的生命安全，还可能危害全人类的基因安全。由于人类基因编辑技术一旦被滥用，会导致很多违法犯罪情形，有些后果甚至不堪设想。其中，有些犯罪类型是刑法之前没有直接规定的，比如，制造基因武器、利用基因技术制造非法药物等。所以，在刑法中也要及时地、预防性地对人类基因科技相关犯罪进行立法，可以通过修改刑法的方式增加相应的基因编辑犯罪处罚条款。但应当注意的是，刑法作为维护社会秩序的最后一道防线，并不规制生殖系基因编辑技术在临床应用中的所有风险。只有当风险构成刑法上的危险、行为人的行为构成犯罪时，才需从刑法规范层面对其进行回应。当人类生殖系基因编辑技术的临床应用行为侵害的法益溢出行政法保护的范围时，刑法应当介入的界限，必须是造成或者可能造成对人类健康及福祉的重大后果才采取刑事制裁的方式，其他一般伤害则应当采取民事制裁或行政制裁方式。

为了回应基因编辑技术带来的挑战，我国《刑法》已经开始关注人类基因编辑技术的发展并增加了相应的规定。2020 年，我国《刑法》进行第十一次修正，并于 2021 年 3 月 1 日起施行。此次《刑法》修正将生殖系基因编辑

❶ 孙国祥:《行政犯违法性判断的从属性和独立性研究》，载《法学家》2017 年第 1 期。

❷ 郑玉双、刘默:《人类基因编辑的行政监管》，载《预防青少年犯罪研究》2020 年第 1 期。

技术的部分谬用行为纳入刑法进行规制。❶ 2018 年 11 月的“基因编辑婴儿事件”的发生表明，生殖系基因编辑技术谬用行为进行刑法规制的必要性。贺建奎等对人类胚胎进行基因编辑并植入母体，在世界范围内造成了恶劣的影响。那么，立法者如何重新为生命立法，以防范基因编辑技术的滥用冲击人类社会既有的规范体系?❷ 实践表明，人们对此类技术的滥用已经导致刑事法律必须对滥用行为进行研判与回应。2019 年 12 月，备受社会关注的贺建奎等的“基因编辑婴儿”一案在深圳市南山区人民法院一审公开宣判。法院认为，贺建奎、张仁礼、覃金洲等 3 名被告人的行为已经构成非法行医罪。其中，贺建奎被判处有期徒刑 3 年，并处罚金人民币 300 万元；张仁礼被判处有期徒刑 2 年，并处罚金人民币 100 万元；覃金洲被判处有期徒刑 1 年 6 个月，缓刑 2 年，并处罚金人民币 50 万元。❸ 虽然，贺建奎等的行为最终被法院认定构成非法行医罪，但非法行医罪实际上无法准确揭示这一行为的本质特征。因此，刑法需要对生殖系基因编辑技术的应用作出针对性的回应。贺建奎事件等的“基因编辑婴儿”表明，存在个别科研人员以生殖系基因编辑技术为工具，追名逐利、逾越底线，给社会带来恶劣影响。以生殖为目的的人类基因编辑活动不仅可能危及当事人的健康，还可能对生物安全与刑法

---

❶ 2023 年《刑法》第十二次修正，并于 2024 年 3 月 1 日施行。需要说明的是，现行《刑法》已对该立法现状有所改变。其中，第 334 条之一系《刑法修正案（十一）》第 38 条新增条文。对本条规定的罪名确定，有意见建议将罪名确定为“危害国家人类遗传资源安全罪”“危害人类遗传资源安全罪”。经研究，《罪名补充规定（七）》将本条罪名确定为“非法采集人类遗传资源、走私人类遗传资源材料罪”。《刑法》第 336 条之一系《刑法修正案（十一）》第 39 条新增条文，罪状为“将基因编辑、克隆的人类胚胎植入人体或者动物体内，或者将基因编辑、克隆的动物胚胎植入人体内，情节严重的”。根据罪状表述，《罪名补充规定（七）》将本条罪名确定为“非法植入基因编辑、克隆胚胎罪”。因而，从配套的司法解释即 2021 年 2 月《最高人民法院、最高人民检察院关于执行〈中华人民共和国刑法〉确定罪名的补充规定（七）》的相关规定可知，与之对应的罪名为“非法植入基因编辑、克隆胚胎罪”。不过，仍然值得注意的是，尽管《刑法》（2023 年修正）第 336 条之一确实能为相关案件的处理提供更为有力的法律支撑，但很难说完全解决了问题。因此，在后续立法中应进行有针对性的完善，以强化刑法对人体基因编辑活动的规制作用。

❷ 郑戈：《迈向生命宪制——法律如何回应基因编辑技术应用中的风险》，载《法商研究》2019 年第 2 期。

❸ 在“基因编辑婴儿事件”中，贺建奎等以人类胚胎为实验对象，招募其中男方为艾滋病感染者的多对夫妇作为志愿者实施基因编辑，并以冒名和隐瞒的方式，将基因编辑过的胚胎通过辅助生殖技术移植入志愿者体内，致使 2 人怀孕，共诞生下 3 名婴儿。参见王攀、肖思思、周颖：《“基因编辑婴儿”案一审宣判》，载《人民法院报》2019 年 12 月 31 日，第 1 版。

规范秩序构成挑战。事实上，即便单从人体基因编辑活动的自身特殊性来看，设立专门罪名就非常必要。[1]

为了避免人类基因编辑技术滥用和谬用行为现象再次发生，《刑法修正案（十一）》中，增加严重危害国家人类遗传资源安全的犯罪；[2] 非法从事人体基因编辑、克隆胚胎的犯罪。[3] 一方面，此次刑法修改的核心亮点之一就是新增非法从事人类基因编辑、克隆胚胎犯罪，非法基因编辑正式纳入刑法范畴，成为独立的刑事罪名，表明了我国刑法应对生物科技风险和人类遗传安全的积极姿态。[4] 这是有关人类基因编辑技术公法规制的重大创新，也是在刑法层面有关人类基因权利保护的最新立法成就，表明了人类基因权利在我国开始纳入到犯罪与刑罚的保护范畴。另一方面，此次刑法修改也为人类基因编辑技术的行为边界设定了规则和底线。刑法作为社会保障的最后一道防线，在规制人类临床应用生殖系基因编辑技术时，更要进行充分论证。既要打击犯罪，又要鼓励创新；既要完善立法，又要注重谦抑性。人类基因编辑技术的发展催生了关于基因科技犯罪的刑法规制问题。刑法规范同时具有举止规范面向和制裁规范面向，鉴于刑法的特殊属性，刑法中举止规范的生成应当以法益侵害为前提。[5] 基因技术滥用风险乃是不可恢复的后现代风险，基于新兴科技领域的风险预防需求，对法益保护予以前置化处理，[6] 现代刑

---

[1] 邱明岸、谢雄伟：《论人体胚胎基因编辑行为的刑法规制——以基因编辑婴儿事件为视角》，载《中国卫生法制》2020 年第 4 期。

[2] 我国《刑法》(2020 修正) 第 334 条之一规定："违反国家有关规定，非法采集我国人类遗传资源或者非法运送、邮寄、携带我国人类遗传资源材料出境，危害公众健康或者社会公共利益，情节严重的，处三年以下有期徒刑、拘役或者管制，并处或者单处罚金；情节特别严重的，处三年以上七年以下有期徒刑，并处罚金。"

[3] 我国《刑法》(2020 修正) 336 条之一规定："将基因编辑、克隆的人类胚胎植入人体或者动物体内，或者将基因编辑、克隆的动物胚胎植入人体内，情节严重的，处三年以下有期徒刑或者拘役，并处罚金；情节特别严重的，处三年以上七年以下有期徒刑，并处罚金。"

[4] 贺建奎等的"基因编辑婴儿事件"发生后，有刑法学者呼吁："为加强我国对人体生殖系基因编辑行为的规范引导，有必要增设以'人类遗传安全'为法益保护内容的刑事规定。"参见余秋莉：《论人体生殖系基因编辑行为的刑法应对——兼评贺建奎"基因编辑婴儿"案》，载《法律适用》2020 年第 4 期。

[5] 陈璇：《刑法归责原理的规范化展开》，法律出版社 2019 年版，导言第 5 页。

[6] 王永茜：《论现代刑法扩张的新手段——法益保护的提前化和刑事处罚的前置化》，载《法学杂志》2013 年第 6 期。

法准确把握这一新兴犯罪的行为样态是破解其法益内涵的前提。因此，学界应根据基因编辑活动的场景、对象、目标以及分工的不同对该行为开展类型化诠释。基因编辑科技犯罪的典型类型体现为抽象危险犯。❶ 结合刑法对人类基因编辑技术的风险所秉持的立场，应当进行如下方面的完善：在人类临床应用安全性、有效性不确切的生殖系基因编辑技术，具有下列情形的，应当认定为本条规定的“情节严重”：在人类临床应用生殖系基因编辑技术，并使用胚胎移植等方式使受试者怀孕的。具有下列情形之一的，应当认定为本条规定的“情节特别严重”：（一）被基因编辑的婴儿出生；（二）严重损害受试者身体健康。❷ 可见，从保护法益的视角解读，刑法规制并非缺乏其所要保护的法益，其保护的首要法益并非个人法益（如被基因编辑的婴儿的健康法益与生命法益），而是涉及人类基因库安全以及种族未来状态变化的超个人法益。人类的生殖遗传利益、遗传资源安全和物种安全才是基因编辑科技犯罪所侵害的真实法益。❸

不仅如此，在新兴技术大变革的时代背景下，对基因编辑技术犯罪的研讨还必然涉及当前刑法教义学研究范式转型的问题，即是否有必要针对基因科技犯罪的特殊语境，打破传统的刑法教义学体系逻辑，建立一套新的处理规则?❹ 若不必要，显然，在我国尚欠缺有关生命刑法的概念及理论建构的现实面前，如何对基因编辑科技犯罪作出妥当的评价，是时代变迁对刑法教义学在生命科技演进背景下适应能力的拷问。考虑到立法者的理性终究是有限的，而立法语言本身又具有弹性，正如有研究指出的那样，即便只允许以医疗为目的的人体基因编辑，一部分以增强为目的的人体基因编辑也会被包括在其中。❺ 故而，后续立法在设定边界时，应高度重视类型化的方法。刑

❶ 马永强：《基因科技犯罪的法益侵害与归责进路》，载《法制与社会发展》2021 年第 4 期。

❷ 詹红星、叶梦燕：《生殖系基因编辑技术的刑法规制》，载《湖南工业大学学报（社会科学版）》2021 年第 3 期。

❸ 姜涛：《基因编辑之刑法规制及其限度》，载《东方法学》2021 年第 2 期。

❹ 刘长秋：《“基因编辑婴儿事件”与生命法学之证成》，载《东方法学》2019 年第 1 期。

❺ 马路瑶：《风险社会视阈下人类胚胎基因编辑的刑事立法立场》，载《湖北社会科学》2019 年第 11 期。

法似应考虑对于人体胚胎的基因编辑行为本身施加一定程度的制裁。[1] 基于以上问题，刑法教义学研究者应当有能力对相关技术问题做出适当的回答，检讨和探寻基因科技犯罪所侵害的法益及归责根据，明确基因编辑以及非法采集人类遗传资源等行为的刑法定性。进而，通过剖析现象背后的争议，为立法完善及相关教义学规则的发展提供理论基础。[2]

本章小结

从公法规制层面来看，应当从整体上构建起由宪法、科技法、基因编辑技术基本法、其他专项法律、行政法规以及刑法等在内的一个系统的法律体系，共同规范人类基因编辑技术研究和运用的公法体系，在促进人类基因编辑技术良性发展的同时又充分保障公民的基本权利。当然，单靠公法规制并不能解决所有的问题。公法规范只是众多社会规范的一种，过度强调公法的规范功能反而会使其他规范例如私法规范、行业自治、伦理约束或个人责任的功能受到忽略。一般来说，现行法律中没有明文规定的事项，事实上是由行业自治、伦理道德等法律之外的规范来平衡供给与需求。在风险社会视域下，单一维度的规制模式在应对人类基因编辑技术所引发的新兴科技风险方面显得捉襟见肘，公法规范与私法规范的协作，硬法与软法的协同，以及国际之间的合作已经成为解决人类基因编辑等问题的最优选择。

因此，人类基因编辑技术的法律规制应是一种整体的社会和法律控制机制，公法规制只是其中一个重要的组成部分，其应当和私法规制等形成一套完整的系统性调整规范和运行机制，同时与伦理控制、国家政策、行业技术

[1] 值得注意的是，《刑法》（2020 年修正）336 条之一规定并未禁止人与动物胚胎之间的嵌合。根据媒体 2021 年 4 月的相关报道，国内外个别科学家通过合作研究，已成功将人类干细胞注射到灵长类动物食蟹猴的胚胎中，嵌合胚胎存活了近 20 天。此类人兽“杂交”胚胎（chimera）在伦理上亦带来相当的争议，因而在很多国家被明文禁止，例如，德国 1990 年《人类胚胎保护法》（2011 年修订）第 7 条禁止制造人与动物之间的嵌合胚胎。参见石佳友、庞伟伟：《人体基因编辑活动的协同规制——以〈民法典〉第 1009 条为切入点》，载《法学论坛》2021 年第 4 期。

[2] 马永强：《基因科技犯罪的法益侵害与归责进路》，载《法制与社会发展》2021 年第 4 期。

准则以及科研人员的自律规范相互协调和相互支持，甚至需要国际间的交流与合作共同进行规范，形成对人类基因编辑活动的社会基本共识，以达到趋利避害，在保障人权的基础上，促进人类基因编辑技术的良性发展，进而达到为整个人类谋利益和增加社会福祉的目的。人类基因编辑的立法规制，除了设置相应的公法与私法规范调整外，配置适度的人类基因编辑的法律责任体系也至关重要。

第五章

我国人类基因编辑法律责任体系的构建

法律责任体系的构建是推动我国人类基因编辑活动良性发展的重要保障。在明确法律责任体系立法定位和规制思路的基础上，我国应当完善人类基因编辑法律责任的配置。概括而言，重点增加民事责任规制，在《民法典》适用中构建基因权利保护体系，完善侵害胎儿权利和后代人权利应当承担的法律责任和追责路径；完善行政立法，强化伦理审核。细化研究人员、伦理委员会、医疗机构等各个主体的法律责任；刑法对滥用行为介入应有两种方式：一是以刑法现有罪名规制相关行为；二是对尚未能完全覆盖的行为类型，应当增设新罪名进行规制。进而，从私法责任与公法责任相结合的角度实现对人类基因编辑法律责任体系的构建。

第一节　人类基因编辑法律责任体系的立法定位

人类基因编辑法律责任体系的立法定位是法律规制理念的体现，在相关法律规范不完善的情况下，明确人类基因编辑技术法律责任体系的立法定位可以起到相应的指引作用，为规制人类基因编辑技术提供相应的理论指导，解决法律本身僵硬性和滞后性问题，进而实现人类基因编辑技术健康、有序发展的目的。另外，法律责任体系的构建，能为司法裁判中疑难案件的纠纷解决提供更好的指引。从目的论视角出发，人类基因编辑技术等生物科学技术、基因工程疗法的最终目的都是为了促进人类福祉。以此为出发点，对人类基因编辑技术法律责任体系构建应当设置框架性、纲领性的指导原则，以明确法律责任承担的基本目的，而不仅仅用保障公共利益等字眼“一言以蔽之”，细化人类基因编辑法律责任体系的基本定位和框架至关重要。

一、人类基因编辑法律责任体系构建的目的

人类基因编辑法律责任体系的构建是法律规制的重要组成部分，无救济则无权利。通过明确人类基因编辑法律规制责任体系构建的目的，可以确定法律责任配置的核心价值追求，从而厘清对人类基因编辑技术的规制立场，这是我国完善人类基因编辑技术法律体系最为重要的步骤。由于人类基因编辑技术涉及生物、医学、科技、伦理、法律等多个领域，所以人类基因编辑技术法律规范责任体系的构建目的也应当兼顾多方主体利益，确定一个较为综合的目的，在坚持审慎发展和适度归责的法律规制态度下，实现人类基因编辑技术理性发展和人权保护相协调的目标。

（一）维护人类现世利益及后代人利益

维护人类现世利益及后世子孙的利益，是科技发展必须遵循的基本目标。人类基因编辑技术发展应尊重“人”的主体性，注重维护自然人人格尊严和个体的生命健康。人是目的而不是手段，人类基因编辑技术的发展应当在尊重人的主体性和“人之为人”的人格尊严不受侵犯的基础上发展，不能以牺牲人格尊严为发展代价。如前所述，《世界人类基因组与人权宣言》中明确阐述了基因技术应在尊重人的尊严、自由、权利的基础下进行研究，禁止因为基因技术应用而可能产生的一切基因歧视问题，从而有效实现人类基因编辑技术所能带来的增进人类健康和社会福祉的目的。例如，在生殖系基因编辑中，由于此种受编辑人类基因的遗传性特质，可能对人类基因库或基因池产生不可逆转的污染风险，进而对后代群体的利益造成损害，侵害到代际权益。[1] 因而，针对这种类型的基因编辑可能会损害到人类现世利益及后世人利益的风险，应当配置较高法律责任，并且在刑事责任上作出相应的规定。

[1] 钱继磊：《论作为新兴权利的代际权利——从人类基因编辑事件切入》，载《政治与法律》2019 年第 5 期。

人类基因编辑技术的法律责任配置要同时考虑到法律规制之后的结果。人类基因编辑技术是一柄“双刃剑”，应当科学决策、民主决策，权衡既得利益、可得利益和预期风险三者之间的关系。法律责任的设计和配置不仅要维护自然人的生命健康权，还要实现代际公平。对于与人体基因和人体胚胎有关的基因编辑的医学科学研究，如果不加限制，将可能显著威胁代际正义的实现。[1] 因而，人类基因编辑法律责任体系构建的目的，首先应当保障“人之为人”的主体性，维护人类现世利益以及后代人利益。

法律责任的配置应当减少人类基因编辑对代际正义的影响。“代际正义”的概念最先提出是作为生态伦理观的基本内容之一，它是指既要满足当代人的发展需要，又要满足子孙后代的需要，即当代人和子孙后代公平地享有地球资源与生态环境。人类基因编辑的结果可能会对代际正义产生影响。如前所述，传统的“正义”是一种空间维度的正义，而“代际正义”则是一种时间维度的正义，代际正义体现的是利益共享、后果共担的公平与平等原则。概括而言，人类基因编辑的各个方面都有可能会涉及代际正义的问题。我们需要思考的问题是：人类基因编辑会导致哪些代际正义失衡的问题？应当如何承受代际正义所带来的严重后果？人类基因编辑所带来的代际正义应当以何种正义为价值导向？为了减少人类基因编辑所带来的代际正义问题，应当围绕相关的核心要素进行制度设计，通过这些制度设计来规范和应对诸如遗传风险、脱靶风险等问题。

对于“非医学目的”的人类基因编辑技术的应用，我们应当首先禁止此类基因编辑，若有违反禁止性的规定，应当明确法律责任的主体，然后再根据主体责任的大小以民事责任或者刑事责任予以追究。基因编辑是一个有关人类子孙后代的问题，所以应当将其提升到法律责任规制的议程上来，伦理界、法律界和社会各界应当予以高度重视。它和医疗、卫生等问题一样是与我们的生活息息相关的，甚至有过之而无不及。代际正义的理念体现的是公平和平等，强调的是利益共享和风险承担，为法律应对人类基因编辑问题确立了基本的行动准则和制度规范。

---

[1] 王利明：《彰显时代性：中国民法典的鲜明特色》，载《东方法学》2020 年第 4 期。

（二）确保人类基因编辑技术的安全性

人类基因编辑技术应用的前提是保障技术本身的安全性，避免脱靶等不确定性风险。这一基本要求无论是我国的伦理规范还是法律规范都有相应的规定。例如，我国《基因工程安全管理办法》（中华人民共和国国家科学技术委员会令〔第17号〕）以及《生物技术研究开发安全管理办法》（国科发社〔2017〕198号）都强调了生物技术的安全性问题。从公法视角来看，保障人体基因编辑技术的安全性是行政主体的首要任务。只有在确保人类基因编辑技术安全性的基础上，才能完善人类基因编辑技术自身的发展，实现人类基因编辑技术造福人类的目的。从法律责任视角来看，违反人类基因编辑技术的安全性的行为，应当受到法律的否定性评价，追究相关主体相应的责任。

（三）实现人类社会的进步和发展

人类基因编辑技术的应用应尽量减少非理性因素可能引发的负面影响，充分发挥推动人类社会进步的作用，就像奥地利《基因技术法》中关于立法目的规定，基因编辑技术应以保护人类及其子孙后代的身体健康，促进基因技术的发展以及增进人类福祉为目的，从而实现科学技术与人类社会的共同进步。如前所述，在价值定位上，应当“有条件地允许”人类基因编辑活动的开展，不能因为基因编辑技术的风险而“因噎废食”，目的就是要在保障公民基本权利的前提下，保障人类基因编辑技术良性的发展。

如前所述，人类基因编辑技术分为“医学目的”和“非医学目的”，对于“医学目的”的基因编辑技术主要是指在基因治疗一些遗传疾病方面的应用，从这一层面讲，基因编辑技术的应用对于攻克某些疾病，以及人类社会的进步是有着举足轻重的重要作用，而“非医学目的”的基因编辑技术，又称之为“增强性基因编辑”，例如贺建奎等“基因编辑婴儿事件”中出生的“露露”和“娜娜”，就超越了基因治疗意义的“医学目的”。因为在这里基因编辑的对象是人类自身，这违背了“人是目的而非手段”的古老法谚，因而从其诞生之日起就面临着口诛笔伐，在种种的舆论风波下我们会反思“基因编辑婴儿事件”是“潘多拉的魔盒”，还是“阿拉丁的神灯”，会思考

"露露"和"娜娜"的未来人生会是如何？她们本身成年后是否能自愿接受基因编辑行为所产生的后果呢？而对于一些严重的基因编辑遗传病患者或者缺陷基因携带者而言，这一基因编辑技术的应用是否意味着对于自身价值的一个否定？但回顾历史，冲破人类基因编辑的界限的确可以促进科学的发展和人类社会的进步。

因而，基因编辑技术发展是一柄"双刃剑"，我们不能一概而论，而应区分具体情况区别对待。在古代很长一段时间之内，解剖人被认为是违反伦理道德的。但随着科学技术和人类发展的需要，基于基础研究目的的科学研究可能会发现基因发展的规律，进而有利于人类健康和社会福祉。不可否认的是在某种程度之上，堕胎对于遗传疾病的防治以及优生优育具有十分重要的意义。因此可以说科研伦理在某种程度之上限制了科学技术的发展。但是，在特定情况下，科学技术的发展需要在科研伦理框架约束下有序发展。基于此，关于人类基因编辑技术的态度，对于"医学目的"的基因编辑技术，国家的法律不应当过度地干预，而对于"非医学目的"的基因编辑或者说"增强性的基因编辑"，由于违反了"物竞天择"的朴素的人类价值观，并且该技术目前尚不成熟，存在着一系列的"脱靶反应"的风险，因而，国家对此应该持一种审慎监管的态度，尽可能从立法上予以规制，应当设置较高的法律责任。

二、我国人类基因编辑法律责任体系构建的基本框架

人类基因编辑技术在推动我国现代科技进步的同时，也引发了涉及生物、科技、伦理、医学和法律等多个领域的多重问题。面对人类基因编辑技术发展引发的多重技术风险和后果，从合理平衡风险与利益的价值冲突、保护人类整体利益的角度出发，应当对人类基因编辑技术理性发展作出必要的法律回应。因此，面对我国缺乏专门性法律规范、现行法律规范相互之间协调性不强，且监管措施缺乏可操作性的困境，要积极为人类基因编辑技术的理性发展和法律责任体系构建提供相应的立法设计和框架参考，以实现人类基因编辑技术科学、有序的发展目的。

人类基因编辑技术发展具有综合性和复杂性，不同类型的基因编辑技术

会有不同的风险。为了避免“一刀切”的法律规制责任方式的僵化性，导致对不同风险程度的人体基因编辑技术产生不利影响，可以采取人类基因编辑技术类型化的法律责任规制策略。我们可以借鉴的是，国际人类基因组编辑峰会按照不同类型对基因编辑技术进行分类研究，同时英国纳菲尔德生命伦理学理事会的《基因编辑和人类生殖》报告中，提及了对基因编辑技术要根据风险的大小和可控程度实施不同程度的政府监督。现在人类基因编辑技术分类规制基本已经成为国际共识，我国应当积极借鉴域外先进发展经验，结合我国现阶段的实际国情，确立人类基因编辑技术分类法律规制责任体系的方案。

第二节　人类基因编辑法律责任体系的底线与边界

人类基因权利是以人体基因作为基础而产生的一种综合性权利，权利保护内容具有复杂性，权利主体的诉求具有多元性。基于此，我国《民法典》第 1009 条有关“三个不得”的规定，实际上明确了人类基因编辑技术法律规制的基本立场，对基因权利保护采取开放性保护的基本策略，为未来规制人类基因编辑行为提供了底线性准则，具体的适用规则有待于随着实践的发展予以补充和完善。

一、以底线思维指引人类基因编辑责任体系的设计

伦理规范和法律规范是人类建立和维系社会生活秩序最基本、最重要的两大规范。伦理规范则是基于道德的价值取向和原则规范，是一种应当（should）规范。伦理规范是法律规范的基本来源和重要补充，特定的伦理规范经具体化后可以为法律所吸收。法律规范是国家制定或认可并由国家强制力保证实施的行为规范，是必须（must）规范。当某一行为对特定的社会秩序和社会关系可能造成侵犯，仅靠伦理规范已不足以制止时，则需要将该伦理规范确认为法律规范，通过法律实现对行为的约束。[1] 人类基因编辑技术

[1] 刘华：《法律与伦理的关系新论》，载《政治与法律》2002 年第 1 期。

运用的正当性与合法性论证则是基于伦理规范与法律规范的关系而展开。从上述分析可知，对于具备正当性的一定范围内的基因治疗，我国现行法允许其基础研究和有条件的临床试验，临床应用采取相对谨慎的态度。对于缺乏正当性的基因增强，则是严格禁止其临床应用，而未对基础研究和临床前研究表达明确立场。

结合人类基因编辑的合法性标准与类型化分析，可以对我国现行法上所持的对待人类基因编辑技术的基本立场加以反思。其一，法律规范缺乏对该技术在基础研究和临床试验阶段合法性的明确态度。现行法通过“14 天”原则排除了生殖系基因编辑的临床应用，但是对于科学研究阶段合法与否的判断则依赖于伦理原则。其二，法律规范中的基因编辑未进行类型化区分。我国现行法的基因编辑是包含体细胞和生殖细胞基因编辑在内的大概念，并未区分基因编辑的对象，也没有对基因治疗和基因增强的目的加以细化区别。这一混同表现在法律文件对立法目的或医疗技术的表述上把“治疗疾病、恢复健康”与“改善功能、延长生命”并列，后者在基因编辑的语境下则有了增强和改进的意味。[1] 进而，笔者建议进一步明确和细化对生殖系基因编辑的态度。出于对基因编辑技术风险预防和控制的要求，禁止临床应用；允许基因治疗的基础研究和临床试验；禁止基因增强的基础研究和临床试验。法律规范的缺位会导致人类基因编辑技术应用的混乱，而过于保守的法律规范也会阻碍科技发展带来的社会福祉。所以，笔者建议对人类基因编辑的界限实施动态性的法律规制，这一动态调整的理念在国际会议和科研机构报告中也都有所体现。华盛顿峰会声明中对该技术应用于临床提出了技术安全有效和形成广泛的社会共识两个前提条件，强调随着科技进步和社会观念的演进，应当定期重新评估这一技术的临床应用。另外，第二届人类基因编辑峰会也认为在满足特定标准的前提下，才能进行人类基因编辑活动。这些标准包括：独立严格的监督、无合理的替代性方案、医疗需求迫切、长期的随访计划和关注社会影响等，该技术有被社会接受的可能性，因此应对此技术持审慎而

[1] 郑戈：《迈向生命宪制——法律如何回应基因编辑技术应用中的风险》，载《法商研究》2019 年第 2 期。

且积极的态度。

从我国《民法典》第1009条的规定看，“三个不得”规定在“一个应当”之后，实际上是在强调从事此类人体基因编辑行为的主体应当“遵守法律、行政法规和国家有关规定”的同时，对行为设定了禁止性限制，即“不得危害人体健康、不得违背伦理道德、不得损害公共利益”。实际上，“法律、行政法规和国家有关规定”本身就可以成为判断主体行为自由的标准，但考虑到法律本身的滞后性和实践发展的变动性，“三个不得”中人体健康、伦理道德和公共利益等内容的规定是兜底性条款，能够涵盖实践发展变动中“法律、行政法规和国家有关规定”所未涉及的问题。因而，以下对“三个不得”的阐释从《民法典》规定内容的体系性解释出发，探讨其与现有“法律、行政法规和国家有关规定”如何协调和衔接问题，尤其是结合《民法典》总则编、人格权编和侵权责任编等的相关规定，探寻“三个不得”的法律规制边界应当如何限定非常重要。

二、人类基因编辑技术法律规制的责任边界

法律规范介入人类基因编辑技术的规制具有合理性和正当性，如何在保护人权和科学研究自由之间，如何在保护个体权利和社会福祉之间保持平衡？如何保护基因组编辑的基本权利和自由，特别是人类尊严的权利？这些问题成为法律规范介入必须回应的问题。在该技术应用方面，如何在人类基因编辑具体应用场景下确定个人权利和责任？如果个人开发基因编辑工具是为了基因治疗或基因增强，这些活动是否应该受到限制和禁止？如何以有效的方式对其进行监管？这里涉及人类基因编辑法律规制的责任边界确定问题。我国《民法典》第1009条为人类基因编辑技术法律规制划定了行为边界，该条规定的调整范围为与人体基因、人体胚胎等有关的医学和科研活动。

（一）关于人类基因编辑活动法律调整范围的理解

从我国《民法典》第1009条的法律规定来看，人类基因编辑行为这一调整对象具有以下特点：第一，调整范围应当扩大解释。《民法典》第1009条规定调整范围相对狭窄。实际上，本条的调整范围应当不仅限于医学和科

研活动（例如，贺建奎事件中其本人并非医生，而是科研人员），而且是只限于与人体基因、人体胚胎等有关的医学和科研活动。显然，该范围非常狭窄。需要指出的是，尽管本条中有一个“等”字，但受“医学和科研活动”的制约，即便其为“等外等”也无法改变本条调整范围相对狭窄的局面。因此，在具体法律适用中可能需要对“医学和科研活动”进行扩大解释，根据举轻以明重的原理，将调整范围扩大到“一切从事与人体基因、人体胚胎有关的活动”。第二，专业性强。从事与人体基因、人体胚胎等有关的医学和科研活动，不仅需要具备复杂专业知识的人才，而且需要借助专业的设备，其专业性不言而喻。因而，对其风险的评估和判断应当组建科技共同体进行综合研究和判断。第三，牵涉范围广泛。一方面，由于与人体基因、人体胚胎等相关的医学和科研活动既涉及公法问题，又涉及私法问题，故而需要公法规范和私法规范共同调整。另一方面，由于人体基因是决定自然人生物特征的内在因素，而人体胚胎具有发育成自然人的潜能，被称为“未来的人”和“发育中的人”，这导致与两者有关的医学和科研活动又同时涉及科研伦理问题。我国《民法典》将此类活动纳入调整范围不仅有必要，而且能产生一系列法典化的体系效应，可以为人类基因编辑行为提供私法规范调整的责任边界。

（二）关于人类基因编辑活动的法律责任边界

民事活动不得违反法律规定，不得违反公序良俗，这是我国《民法典》总则编明确规定的。但是，鉴于2018年的“基因编辑婴儿事件”，在民法典编纂时增加了人格权编第1009条规定，专门对从事与人体基因、人体胚胎等有关的医学和科研活动“一个应当”的规定，还特别规定了不得危害人体健康、不得违背伦理道德和不得损害公共利益。“三个不得”的规定为人类基因编辑技术法律规制划定了行为底线和法律责任边界。

1.“不得危害人体健康”的法律责任边界

从自然人个体利益出发，“不得危害人体健康”表明，对自然人个体生命权、身体权和健康权的保护是基因编辑活动的前提。人类基因编辑给社会公众带来的技术风险是不确定的，如果发生脱靶效应等风险，“基因编辑对个体生命所带来的潜在风险往往是令人难以承受的”。[1] 从《民法典》第1009条的法条位置看，该条规定在《民法典》人格权编第二章“生命权、身体权和健康权”部分，体现了对自然人具体人格权的保护。人类基因编辑技术如果应用于临床，一般要依据《民法典》第1008条[2]及合同编规定的内容来确定知情同意、自主决定权判断是否构成侵权或者违法，进而判断是否应当承担以及如何承担法律责任。在人类基因编辑行为侵权责任认定上，如果针对生殖细胞进行基因编辑，有新的个体产生或者自出生起产生缺陷，对出生后个体因基因编辑行为所产生的侵害行为发生的求偿主体，可以援引《民法典》第16条规定[3]将其视为“潜在主体”予以保护，作出“不得危害人体健康”的判断。除此之外，从体系论视角出发，还可以援引《民法典》第995条[4]的规定予以保护。从侵权责任编规定来看，第1164条“民事权益”的规定为基因编辑行为引发的基因权利保护等提供了救济可能性；第1165条、第1166条也为从事与人体基因、人体胚胎等有关的医学和科研活动所引发的损害提供了请求权基础和救济可能性。

2. “不得违背伦理道德”的法律责任边界

人类基因编辑活动应当建立合法性判断的伦理道德标准。人类基因编辑活动关涉科学、伦理与法律的相互关系，如何完善伦理审查机制，如何在科学、伦理和法律之间形成良性的互动和衔接关系，如何合理界定法律干预的“门槛”至关重要。在反思现行法对人类基因编辑技术的基本立场之前，笔者认为有必要在法律上明确判断“不得违背伦理道德”的合法性标准。我国法律明确规定人类基因编辑等生物科学技术的研究和应用应当符合伦理道德标准，伦理道德标准为法律规制的可行性提供了一种底线思维。但是伦理毕

[1] 孙海波：《基因编辑的法哲学辨思》，载《比较法研究》2019年第6期。

[2] 《民法典》第1008条第1款规定：“为研制新药、医疗器械或者发展新的预防和治疗方法，需要进行临床试验的，应当依法经相关主管部门批准并经伦理委员会审查同意，向受试者或者受试者的监护人告知试验目的、用途和可能产生的风险等详细情况，并经其书面同意。”

[3] 《民法典》第16条规定：“涉及遗产继承、接受赠与等胎儿利益保护的，胎儿视为具有民事权利能力。但是，胎儿娩出时为死体的，其民事权利能力自始不存在。”

[4] 《民法典》第995条规定：“人格权受到侵害的，受害人有权依照本法和其他法律的规定请求行为人承担民事责任。”

竟是宏观的概念，为了提供具体的价值指引，还需要确定若干具体的伦理道德的审查标准和原则，为基因编辑技术的发展提供合理的法律责任界限。

考察域外“伦理道德”的审查标准，英国纳菲尔德生物伦理委员会（NCB）在2018年发布的报告《基因编辑与人类生育》中认为：生殖系基因编辑在满足未来人的福利原则和社会团结与正义原则的前提下具有合伦理性。未来人的福利原则（the welfare of the future person），是指基因编辑应以确保潜在者福利的目的和方式进行，潜在者是纯获益的主体。社会团结与正义原则（social justice and solidarity），是指基因编辑不应带来社会分裂或加剧部分群体边缘化的后果，这一原则确认了基因编辑不应成为富人的特权，不可加剧对不利人群的社会歧视，而应致力于提高社会的整体福利。美国国家科学院、医学院（NASEM）的人类基因编辑委员会于2017年发布了名为《人类基因组编辑：科学、伦理和监管》的报告。这一报告指出应以谨慎而非禁止的态度对待生殖系基因编辑，其在未来仍有获得批准的可能性。[1] 对此，委员会主要职责之一是确定可供大多数国家参考的人类基因组编辑监管原则，美国的《人类基因组编辑：科学、伦理和监管》报告提出了七项伦理原则，分别为：促进福祉原则、透明度原则、谨慎注意原则、科学诚信原则、尊重人格原则、公平原则和跨国合作原则。[2]

可见，英国纳菲尔德生物伦理委员会和美国国家科学院、医学院人类基因编辑委员会对生殖系基因编辑的发展持明显的开放态度，其所确立的伦理原则对我国具有一定的借鉴意义。但需要注意的是，这两个机构的报告并不具有法律的约束力。人类基因编辑法律规制应当采取更加审慎包容的原则，在域外经验和伦理道德规范的基础上，规避新兴科技的现有风险与未来的不利后果。基于此，笔者认为有必要确立以下三个原则作为价值判断的具体指引。第一，尊重人的尊严原则。尊重和保障人的尊严是我国基本的宪法原则，人类基因编辑技术合法性的判断必然离不开宪法所确立的这一原则的指引。

---

[1] 宋晓晖：《生殖系基因编辑技术干预的伦理与治理原则研究》，载《中国政法大学学报》2019年第4期。

[2] ［美］美国国家科学院、美国国家医学院主编：《人类基因组编辑：科学、伦理和监管》，马慧等主译，科学出版社2019年版，第7~8页。

第二，潜在者的未来健康原则。该原则与英国纳菲尔德生物伦理委员会（NCB）未来人的福利原则的相同点在于，确保了技术良性的发展方向，即不应对潜在者造成损害，但对潜在者利益的空间存在分歧。恢复健康是福利的一种，获得超出正常状态的优势也是增进福利的方式。第三，社会正义与安定原则。技术的发展不能以破坏社会秩序为代价，技术在服务社会的过程中彰显其外在价值。在这三个原则中，人的尊严原则是核心，科技对于人是服务者而非主导者，人的尊严具有至高无上的地位。

综上所述，人类基因编辑技术的发展会对人的尊严带来挑战。2018 年贺建奎等的“基因编辑婴儿事件”的发生说明，“基因编辑”打造“人”的理论设想在技术层面已经从可能转变为事实，突破了人类基于自然规律出生的事实，处理和应对基因编辑问题的法律规制难题，其实质是从伦理道德角度来解决基因编辑产生的新兴问题，因为伦理道德是一种底线思维。为了解决新技术应用产生的难题，在基因编辑技术运用的方法上，以人体试验为例，应当确立技术风险与安全性等伦理道德审查标准。

3. “不得损害公共利益”的法律责任边界

公共利益是与个人利益相对的一个概念，如国家安全、社会秩序以及公共卫生等都与公共利益紧密相关。公共利益一般是指不特定社会成员的利益，其本身是一个模糊性概念，具有很强的适应性，其内涵会随着时空背景的不同而有所不同。[1] 一方面，针对特定的遗传性疾病或通过常规手段无法治疗的恶性疾病，基因编辑确实有助于增进社会福利和人类福祉；另一方面，基因编辑本身的技术风险无法完全规避，基因工程可能带来的代际冲突、人格尊严式微、基因歧视和阶级差距等社会伦理风险更不容小觑。在风险未知的情形下，要求此类医学和科研活动将人类的整体利益而非个体利益置于首位，尊重社会公共利益和国家利益。

基于公共利益从而限制科研自由权具有现实意义。一方面，基因编辑科技的发展对人类疾病的治疗和预防都起到了巨大的促进作用；另一方面，这种情形之下的社会法律制度也面临着巨大的冲击，比如说自然人的主体性、

---

[1] 梁上上：《公共利益与利益衡量》，载《政法论坛》2016 年第 6 期。

婚姻制度和继承制度等。自21世纪以来，全球经历了巨大的变化，科技的发展给我们的生活带来福祉的同时，也让我们深思科技可能带来的其他风险。科技风险不仅仅只关乎人类的尊严，更可能会扭曲社会赖以生存的伦理、价值观念，对公共利益带来负面影响。因而，对于科研自由权的限制是必要的。人类基因编辑活动在民法领域禁止的行为类型表现在“不得危害人体健康，不得违背伦理道德，不得损害公共利益”，在此着重强调的“公共利益”包括两个维度，其一，人类现世的利益；其二，人类后代的利益。❶公共利益即不特定主体的利益，基因编辑行为可能会损害生物安全。另外，生殖系的人类基因编辑具有遗传性，因此其所影响的主体不仅包括现代的不特定主体，还包括未来的不特定主体，所以公共利益包括现代利益和后代利益两个维度。❷

依据我国《民法典》第1009条的规定，开展与人体基因编辑有关的活动“不得损害公共利益”。何谓公共利益，各国法律还没有一个统一而明确的释义，只是公共利益和私人利益是一个相对应的词汇。公共利益区别于私人权益的最大不同，应该是受益群体的不同，公共利益落脚于社会、国家层面，也同样区别于集体利益，集体利益是从属于公共利益的一个概念，但两者之间也并不等同。对于人类基因编辑技术对应的公共利益，可能是国家公共安全、社会秩序和公众生命健康。因为人类基因编辑技术涉及对人体基因的操纵，涉及对自然规律的人工设计的对抗，其产生的生态后果也许不会在一时之间爆发，但可能对子孙后代的生命健康、生态系统和生存环境造成不良影响，故对该项技术应以长远的目光进行衡量，采取谨慎科学的态度，不得滥用。由此可见，《民法典》第1009条“不得损害公共利益”的规定，能够因应复杂多变的基因编辑技术发展的需要，进而达到对人类基因权利保护的目的。这一规定也为法律责任配置设置了必要边界。

---

❶ 石佳友、庞伟伟：《人体基因编辑活动的民法规制：以〈民法典〉第1009条的适用为例》，载《西北大学学报（哲学社会科学版）》2020年第6期。

❷ 王利明：《彰显时代性：中国民法典的鲜明特色》，载《东方法学》2020年第4期。

第三节 人类基因编辑法律责任体系的制度完善

现有的人类基因编辑技术法律规范，主要是从综合角度对人体基因编辑技术予以规范，对人类基因编辑行为设定法律界限、对违反法律规范的行为给予法律责任的追究。因而，应增加法律责任配置的调整规范，对人类基因编辑技术引发的民事责任、行政责任、刑事责任增设相应的法律后果，有效发挥民事法律规范的补偿性和公法规范的惩戒性，形成较为完善的法律规范责任体系。因而，我们应当健全人类基因编辑技术的私法、公法法律责任配置的衔接，为人类基因编辑技术的理性发展提供良好的法治环境。目前，规制人类基因编辑的法律责任体系存在较大不足和可以完善的空间。这些不足主要包括三个方面：第一，私法缺乏针对基因编辑所涉公益、私益综合保护的法律规范和追责机制；第二，行政法法律规范杂乱且存在较大漏洞，违法和处罚成本较轻；第三，刑法“非法植入基因编辑、克隆胚胎罪”的规定有待推敲与改进，该罪主要还是针对贺建奎这样的基因编辑专业技术人员，而技术人员所在单位是否要承担相应的刑事责任，还有待于进一步明确。

一、人类基因编辑民事责任体系的完善

从总体上看，《民法典》人格权编第1009条属于原则性的规定或一般要求，体现了立法倡导或者立法价值取向，未进行细节性的法律规则表述。这条原则性规定一方面可以为法律规范的适用提供必要的弹性空间，但另一方面意味着存在变通的可能性。从外延范围上看，“国家有关规定”“伦理道德”“公共利益”等规定使条文适用存在一定范围的不明确性，同时还伴随着不同法律规范之间的配套与衔接问题。

（一）明确基因权利的法律属性，确立权利救济的请求权基础

明确基因权利的法律属性，是实现民事法律规范对人类基因编辑技术不良后果进行救济补偿的首要工作。只有明确了基因权利的法律属性，才能确

定对于基因权利采取何种保护方式。我国学者对于基因权利法律属性的阐释，主要有“人格权说”“财产权说”“知识产权说”和“人类共同财富说”等几种学说，[1] 其中人格权说相对具有合理性，因为人体基因本质上是一种携带生物遗传信息的载体，作为遗传信息的载体，对人体基因进行保护的根本就是保护基因所携带的遗传信息，而人体基因作为生物遗传信息又是与一个人的自主决定能力、个体生理性状等生物特征密切联系，从而影响一个人应有的独特性和个体性。因此，如前所述，不能简单把人体基因等同于民法中的物，在借鉴王泽鉴教授“功能之一体性”的理论下，应当设定基因权利作为新兴权利的新型人格权法律属性。同时，借鉴《法国民法典》的规定，第一卷人第一编第三章人之特征的遗传性研究以及通过遗传特征对人进行鉴别的相关规定，提及了有关人之特征遗传学研究，肯定人体基因作为生物遗传信息的人身权保护模式，侧重肯定了遗传信息的人格权特性。因此，应当在借鉴域外典型经验基础上，结合我国现实情况确定基因权利的人格权保护法律规范。

《科学技术进步法》（2021 修订）第 115 条规定：“违反本法规定的行为，……造成财产损失或者其他损害的，依法承担民事责任……”《涉及人的生物医学研究伦理审查办法》第 49 条规定：“违反本办法规定的机构和个人，给他人人身、财产造成损害的，应当依法承担民事责任。”但是，这些转致性规范实际上并不具有真正的法律适用价值，不能成为或单独成为受害人的请求权基础。事实上，不管在这些法律或规章中有没有这些条文，都不会对受害人的损害赔偿请求权有任何影响，受害人应该也只能在民法规范中寻找损害救济请求权所依之“法”。[2] 因而，应当专门着眼于基因编辑行为受害人的请求权行使，例如，关于贺建奎等的“基因编辑婴儿事件”中人体试验受害人的请求权，应当寻找我国现行法中有关私法保护和损害救济的请求权基础，并提出有效的立法规制建议。

[1] 张莉：《论人类个体基因的人格权属性》，载《政法论坛》2012 年第 4 期。

[2] 王康：《基因编辑婴儿事件受害人的请求权》，载《法律科学（西北政法大学学报）》2020 年第 3 期。

（二）明确民事法律规范所涉及基因权利的救济途径

人体基因编辑技术运用具体关涉自然人人格尊严、平等权和隐私权等内容。对于人类基因编辑技术的民法规范，我们要明确民法能够对人体基因编辑技术引发的哪些问题进行调整，根据人类基因编辑技术引发的伦理问题我们可以得知，人体基因编辑技术由于有把人沦为科学技术客体的可能，人为支配改变生物遗传信息，非医疗目的的人体基因编辑行为破坏自然人本身的独特性和完整性，使得人越来越边缘化。同时，基因信息的泄露导致缺陷基因携带者被歧视，人类基因编辑技术的昂贵费用又可能进一步拉大了贫富两极的分化，致使人体基因编辑技术产生有关侵犯人格尊严、不平等和泄露隐私等问题，而这些问题都应划分到民事法律规范的调整范围，由民事法律规范予以调整和明确。《民法典》时代对基因隐私权在民法领域的探讨一般依托于总则编和人格权编的规定，主要表现在第 109 条、第 110 条、第 1032 条和第 1034 条的条文规定。其中，第 109 条规定了民事主体一般人格权的保护，第 110 条规定了民事主体的具体人格权，其中包括隐私权等权利；第 1032 条规定了隐私权的界定，第 1034 条规定了“生物识别信息”和“私密信息”的保护，由于这些规定与基因权利相关的法律规范之间缺乏内在逻辑的关联性与融洽性，且未被规制到一个统一的法律制度框架中，需要从解释论视角出发，寻求基因权利保护的救济途径。在实践中，以往法律规范的功能主要表现在约束基因编辑技术等科研活动，体现了法律规范的政策性效果，对基因权利的私法保护作用较小。目前，在中国裁判文书网上同时以“基因隐私”作为全文搜索条件和“民事案件”作为案由搜索条件，尚且查询不到基因隐私权的司法维权案件，但行政案件、知识产权案件中有包含基因相关的争议处理，如 2010 年的“中国基因歧视第一案”中权利人即是通过行政诉讼寻求法律救济，这也从侧面反映了在司法实践中，对权利人基因隐私权的保护尚不存在直接的请求权基础，大多数权利主体通过间接的诉求途径主张权利。值得注意的是，我国《民法典》人格权编第 990 条第 2 款规定了一般人格权的一般条款，具有兜底的性质和意义，人身自由和人格尊严包括但不限于这些权利，还有其他的自由和尊严，这就为基因权利的设立提供了进一步法律解释的空间。另外，《民法典》第 1032 条和第 1034 条规定也为基因权利的保护提供了可能的请求权基础和救济途径。

（三）完善人体基因编辑行为造成损害的赔偿救济制度

我国《民法典》第 1009 条的规定回应了人类基因编辑技术的应用问题，确立了与人体基因、人体胚胎有关医学和科研活动的底线规则。对基因编辑等前沿性问题予以回应，显然是《民法典》重大制度的增设，为解决实践问题提供了确切的法律依据与现实依托。目前，有学者充分肯定了此条规定带来的法律体系效应及治理现代化的表征意义，并进行了法教义学上的详细阐释。❶ 值得注意的是，如前文所述，基于对第 1009 条的文义解释与逻辑体系的分析，得以窥见此条文对侵权责任的模糊化、保护范围的不足及保护力度的缺乏，甚至如何与已有的相关法律制度进行有效的配套实施均亟待解释。❷对于人体基因编辑技术造成的损害我们要明确人类基因编辑技术的法律责任归责方式，可以根据类似人格权的保护方式，采取过错责任方式，对于人类基因编辑技术引发的泄露隐私、侵犯人格尊严等问题，采取排除妨碍、消除影响、恢复原状等责任赔偿方式。同时，对于人类基因编辑技术造成的财产损失制定相应的赔偿标准，尽量弥补因人体基因编辑技术造成的损害，肯定因为人体基因编辑技术可能造成的精神损害赔偿，充分发挥民事法律规范的补偿性功能，弥补受害人遭受的损害。

在涉及特定利害关系主体的民事责任请求权基础问题上，特定的利害关系主体包括婚姻关系中的配偶，或者婚姻之外接受基因编辑人的生殖细胞进行生育的他人。自然人明知自己是基因编辑人而隐瞒该事实与他人婚配，或者不配合做基因检测，可以参照《民法典》第 1053 条❸关于婚前隐瞒重大疾病、对方有撤销婚姻请求权的规定，即生殖系基因编辑人享有隐私权，但其

---

❶ 石佳友、庞伟伟：《人体基因编辑活动的民法规制——以〈民法典〉第 1009 条的适用为例》，载《西北大学学报（哲学社会科学版）》2020 年第 6 期。

❷ 王子珍：《我国基因隐私权的法律缺位——兼评〈民法典〉第 1009 条的基因权利保护》，载《太原理工大学学报（社会科学版）》2021 年第 4 期。

❸ 《民法典》婚姻家庭编第 1053 条第 1 款规定："一方患有重大疾病的，应当在结婚登记前如实告知另一方；不如实告知的，另一方可以向人民法院请求撤销婚姻。"

与他人结婚时，配偶有知情权与同意权。基于生殖系基因编辑的遗传性风险，通过前述分析我们可以得出结论，其对于未来利益的危害较之“重大疾病”有过之而无不及。第一，如果一方为生殖系基因编辑人的，应当在结婚登记前如实告知另一方或者配合做基因检测；不如实告知或者不配合做基因检测的，另一方可以向人民法院请求撤销婚姻。第二，可就此出台司法解释，把“重大疾病”做扩大解释或者类推解释，将禁止人类“生殖系基因编辑”囊括其中。非婚姻关系，比如同居或者单纯为他人提供生殖细胞进行生育的情形，相关权利人有权利知悉生殖系基因编辑人的基因编辑隐私权并享有知情同意权和自主选择权。生殖系基因编辑人故意隐瞒其基因编辑隐私权，致使对方未来利益受危害的，可以增加《民法典》关于侵权责任的相关规定，追究其侵权责任。[1]

二、人类基因编辑行政责任体系的完善

在行政法层面，应当进一步健全人类基因编辑技术的监管机制和责任追究机制。符合行政法规制的基本要求表现在：比如人类基因编辑技术要相对成熟，技术的安全性应该是可控的；相应的社会伦理、科学研究的伦理规范要得到充分讨论并取得社会基本共识；临床应用要经过严格的技术、安全与伦理的评估，不违反法律法规的禁止性规定和程序性要求等。人类基因编辑技术法律规范的完善，应当能够在法律层面对人体基因编辑技术的理性发展提供理论指导，而人体基因编辑技术的监管体系和责任追究机制的健全，能够明确人体基因编辑技术行政法律责任配置的具体手段，有效落实法律规范的目的，从而实现人类基因编辑技术更加科学、有序的发展。

（一）完善人体基因编辑技术的行政决策程序

国务院2019年颁布的《重大行政决策程序暂行条例》对行政决策的程序性要求予以规定，人类基因编辑技术本身涉及公共利益并对人类社会安全具有重要影响，行政机关应当经过公众参与、风险评估等程序，确保在科学

[1] 纪洪亮：《基因编辑法律规范之完善——以贺建奎基因编辑婴儿案为例》，上海师范大学2021年硕士学位论文。

审慎的基础上作出人体基因编辑技术的许可决定，从而做好规制人体基因编辑技术行政法责任体系构建的第一道门槛。

1. 公众参与程序

完善人类基因编辑技术行政决策的公众参与程序，能够保证行政决策的实质合法性，通过公开征求群众的意见，能够最大限度地兼顾各方当事人的利益需求❶，减少人体基因编辑技术可能产生的技术风险，实现人体基因编辑技术风险与公共利益的平衡。

第一，及时公示人类基因编辑技术的相关信息。知情权是公众参与的前提条件，要加强有关人体基因编辑技术相关信息的公示工作，通过多种媒介如电视、网络等途径向公众公示人类基因编辑技术研究的目的、可行性分析、研究成果、风险评估等相关内容，保证公众与科研机构人体基因编辑技术信息的对称性。同时，要辅之以专家意见等对专业信息进行阐释，保证普通群众也能正确认识人类基因编辑技术的专业内容，使公众在合理认知的情形下理性行使自己的参与权。

第二，健全公开征询意见、民意调查等多元参与方式。传统公众参与方式以听证会为主，但是听证会对时间、地点、流程的程序规定较为烦琐，不具备相应的灵活性，不能有效保证代表参与的便利性和积极性。面对人类基因编辑技术这种新兴技术运用而产生的听证程序，可以丰富多种包括非正式性公众参与的途径，建立多元化的参与方式，通过公开征询意见、民意调查、座谈会等方式❷，调动公众参与积极性，增加公众参与的灵活性。通过以上途径和方式，广泛征求公众对人体基因编辑技术发展的意见，有效发挥社会公众参与行政决策的实际意义和现实效果。

第三，进一步完善公众参与代表的筛选，保障参与主体能够代表社会公众的意见。我们可以对申请公众参与的代表进行资格审查，根据人体基因编辑技术涉及的医学、社会、伦理、法学、管理、科技等多个领域，确

---

❶ 周泽中：《行政决策的现实困境及其模式转型——兼评〈重大行政决策程序暂行条例〉》，载《江汉学术》2018 年第 6 期。

❷ 周丽：《公众参与行政决策的有效性及其实现》，载《哈尔滨师范大学社会科学学报》2019 年第 6 期。

保公众参与代表的代表性和多元化，为人类基因编辑技术的法律规制提供多个领域的不同专业意见，能够体现和保障社会公众的多方主体利益。同时，也应保证普通群众代表的参与比例，倾听普通大众对于人体基因编辑技术的想法和建议，从而在兼顾多方利益的基础上，作出更加科学、民主的决定。

2. 风险评估程序

现代社会是风险社会，很多的风险具有不可控性。新兴科技所引发的风险具有未知性。人类基因编辑技术应当建立风险评估程序，通过风险评估程序正确衡量许可人体基因编辑技术可能带来的技术风险，并做好相应的风险预防处置方案，尽可能确保人类基因编辑的技术风险处于可控范围之内。同时，根据联合国《世界人类基因组及人权宣言》第5条规定，对于个人基因的研究、治疗或诊断，要依据各国法律的要求，事前对于潜在的风险与利益作严格的事前评估后才可实施，从而明确了风险评估程序对人体基因编辑技术的重要性，进而完善相应的行政法责任配置。

第一，健全人类基因编辑技术行政决策的风险评估程序。我国现行法律规范对于行政决策的风险评估程序并未作出明确规定，致使人体基因编辑技术也面临风险评估程序上的难题。因此，人体基因编辑技术行政决策风险评估程序可以考虑包括以下三个基本步骤。第一个步骤是风险确定。首先应当明确行政机关要评估的对象，判断许可人体基因编辑技术的行政决策是否会存在技术风险，如果存在风险将可能会进一步引发哪些方面可能的风险，该如何有效应对。第二个步骤是风险评估。通过政府部门、社会公众、专家三方的共同参与，根据人类基因编辑技术行政决策的可控性、正当性、可行性等作出风险评估，并对可能造成的危害进行具体分析，形成一个综合性的评估报告。第三个步骤是风险评价。对许可人类基因编辑技术行政决策可能引发的利益和损害进行权衡，进行比例原则的进一步衡量和判断，换句话说，就是判断许可人类基因编辑技术行政决策的风险，是否小于人类基因编辑技术所能带来的利益，从而最终作出是否要许可人类基因编辑技术的行政决策，建立相应的问责机制和责任追究机制。

关于风险评估的域外经验，英国纳菲尔德生物伦理委员会（NCB）和美国国家科学院、医学院人类基因编辑委员会（NASEM）也对该技术的发展持乐观积极的态度，提出应根据科技进步和文化观念而频繁对其开展重新评估。[1] 定期的重新评估可以以技术的安全有效性和社会观念的演变为主要内容，有助于时时关注人类基因编辑技术发展的动向，以免法律滞后于科技的发展，最终实现法律责任的合理配置。

第二，完善人类基因编辑技术许可后评估工作及相关责任追究机制。由于人的预见性和对风险评估的有限性，一项行政决策许可后其发展结果并不必然按照提前预设的轨道继续发展。因此，在人类基因编辑技术的行政决策作出以后到执行完毕之前，我们要做好人类基因编辑技术行政决策的后续评估工作，通过设定专门的评估机构对行政决策实施的效果进行评估，在人类基因编辑技术的行政决策实施中，可能导致重大社会危害时中止或者终止行政决策继续执行，从而合理维护社会公共利益。同时，构建终身责任追究制度，对于因为不合理的人类基因编辑技术行政决策所造成的损害，确定相应的责任追究补偿机制，完善终身责任追究制度，明确决策者不因决策主体身份关系变化而变化的永久性的责任。[2] 在此基础上，增强人类基因编辑技术行政决策者的责任意识，进一步完善人类基因编辑技术的行政决策程序。可供借鉴的是，日本允许基因编辑人类胚胎进行基础性研究和信息强制披露制度的模式，既能促进基因编辑技术的进步，又能防控基因编辑人类胚胎的风险。基于此，日本允许生殖系基因编辑的基础研究，但是不得应用于临床；允许人类干细胞基因编辑，这有利于攻克先天性基因缺陷疾病。[3] 这种基因编辑规制模式兼顾了科学研究与生物安全的风险评估工作，值得我国借鉴此经验构建行政责任追究机制。

（二）建立联合审查机构，实现协作审查

如前所述，从域外经验借鉴可以看出，多机构的联合审查可以实现协作功能，从而形成完善的监管体系。联合审查机构的建立应以我国现有组织机

---

[1] 宋晓晖：《生殖系基因编辑技术干预的伦理与治理原则研究》，载《中国政法大学学报》2019 年第 4 期。

[2] 关保英：《行政决策终身责任追究研究》，载《江海学刊》2016 年第 5 期。

[3] 杨杰：《基因编辑的社会风险规制》，载《科技与法律》2019 年第 3 期。

构为参考，吸收生物技术研究开发安全管理专家组织、医疗伦理专家组织这两个组织，侧重解决人类基因编辑技术现今较为重要的安全问题和伦理问题。联合审查机构在其性质上应当属于地域上的联合，由于我国现阶段人类基因编辑技术的专业人员相对较少，如果每个科研机构配备相应安全、伦理审查机构，并不符合我国社会发展的实际需要和客观情况，难免会导致人类基因编辑技术的形式主义。因此，可以暂时集中设立一个综合性的联合审查机构，集中人类基因编辑技术审查的专业人力、物力，采取个案审批的模式，侧重对人体基因编辑技术的事前、事中进行监管，建立风险事先预防机制，确保每一个人类基因编辑技术的实施都经过科学和严谨的审查程序。等到人类基因编辑技术发展到更为普遍和成熟的阶段，再把人类基因编辑技术审查权力逐渐下放，增加审查机构的数量，从而形成较为完善的行政监管体系。

1. 基因编辑技术研究安全管理组织

第一，制定明确的风险清单，进行风险登记。按照科技部《生物技术研究开发安全管理条例（征求意见稿）》的规定，生物技术安全管理组织可以根据不同类型人类基因编辑技术的风险程度确定风险级别，就像生殖细胞人体基因编辑技术的风险，因可能造成整个人类基因库的修改从而导致其技术风险，远大于体细胞人体基因编辑技术的技术风险，从而将生殖细胞人体基因编辑技术暂时列入高风险的生物活动，对其采取最高级别的监管措施，严格控制其准予实施的条件限制。同时，国家可以根据人体基因编辑技术基础理论研究的不断成熟，确定具体人体基因编辑技术的风险级别，就像与治疗艾滋病有关的 CCR5 基因，在充分了解删除、修改 CCR5 人体基因可能造成的风险后，根据风险程度确定其相应的风险级别，将此类人体基因编辑技术按照相关法律程序予以风险登记，从而为行政机关的规制行为作出合理的法律支撑，进而为行政法法律责任的设计提供合理依据。

第二，做好风险预防工作，确保技术风险的可控性。人类基因编辑技术安全管理组织应当做好人体基因编辑技术风险预防工作，确保人体基因编辑的技术风险在可控范围内，通过审核科研机构等提交的研究计划、风险评估、应急预案等相关材料，判断人体基因编辑技术可能存在的风险，通过共同协商讨论，决定是否许可人体基因编辑技术的实施。同时，完善跟踪审查、定期汇报、应急事故处理等工作，主动了解科研机构的进展情况，可以根据不同风险级别确定科研机构的定期汇报时限，要求科研机构作出重大变更前应进行相应汇报等要求，保证人体基因编辑技术的每一个阶段都在其相应的监管之下。

强化科技风险评估及预防机制至关重要。科技风险是在缺乏相关历史经验、分析工具不足、因果关系模糊之下，产生对于不确定未来的焦虑与关切。不同的社会对风险的要求各有不同，有的是基于伦理道德、有的是基于环境保护、有的是基于利益冲突，它反映出不同社会对于科技风险的批判与理性辩论。虽然这些问题的处理方式可能不一样，让这些风险无法解决的原因却很相似：大多是社会公众对于新兴科技可能的风险类型与后果无法达成基本共识。究其主要的原因，是对于风险评估方法的困难，以及缺乏利益关系者之间的沟通与协调机制。而人类基因编辑技术所讨论的风险，目前仅止于脱靶风险、人类基因库安全、数据外泄等社会风险等的学理探讨，缺乏主动性、预防性的法律规制操作机制。作为一个新时代的新兴技术引发的风险，它应该要包含风险评估和风险预防架构。有效的风险评估机制，目的不是在消弭或是减低风险，而是强化对于风险灾害的认知及管理。虽然大部分的社会公众对于人类基因编辑的科学性以及所连带的风险并不清楚，然而主动评估风险和预防风险，是建立人类基因编辑法律规制的重要方面。至今风险评估机制在相关法律中还未明文规定，因此结合信息透明公开的要求，建立风险评估和预防机制，政府宜将风险预防原则正式列入法治规范，并赋予监督计划的相关主体相应的职权，让计划在有潜在风险的情况下，具备执行的合理性。

第三，动态监管人类基因编辑技术实施效果，及时公布相关信息。生物技术安全管理组织可以及时公布正在实施的人类基因编辑技术、科研机构及其相关人员等信息，通过公布使得人类基因编辑技术的进展为公众所知悉，避免出现信息不对称的问题，避免类似贺建奎等实施“基因编辑婴儿”逃避监管现象的发生，更好地接受公众的监督。因而，动态监管机制的建立至关重要，根据人类基因编辑技术的发展情况及时公布相关的监管信息。

2. 医学伦理专家组织

第一，医学伦理专家组织应具备独立性和动态性。现行人类基因编辑技术伦理审查一般由与实施人体基因编辑技术有合作关系的医院进行，但是医院的机构伦理审查委员会一般并不由单独人员构成，而是由医院相关人员或者科研机构人员兼任，这样无法做到伦理审查的专业性和客观性。医学伦理专家组织的独立性要求是人类基因编辑技术的伦理审查能够独立进行，不受其他机构及其人员的影响。在我国山东省、广东省等已经成立了相应的区域伦理审查委员会，负责审查人体医药新技术等伦理问题，通过区域伦理审查委员会与机构伦理审查委员会的相互配合，从而能为人类基因编辑技术提供权威的机构伦理审查支撑[1]，保证伦理审查的独立性。同时，可以借鉴的是，英国也采取设立第三方独立权威伦理机构用于对人类胚胎基因编辑技术研究进行审查[2]，确保伦理审查结果的客观公正性。除此之外，医学伦理专家组织需要具备动态性。由于社会伦理观念会随着社会发展而不断更新，旧的伦理观念也会被新的伦理观念所逐渐代替。故而，医学伦理专家组织也应当具备相应的动态性，伦理审查标准也应当随着伦理观念的发展而不断更新，从而使人类基因编辑技术符合动态性的伦理审查要求。

第二，医学伦理专家组织侧重于维护受试者的合法权益。医学伦理专家组织对人类基因编辑技术是否遵守知情同意、自主决定、保护隐私等医学伦理原则进行审查，对人体基因编辑技术是否侵犯受试者的合法权益和个人尊严等问题予以规范。医学伦理专家组织应侧重对受试者合法权益进行保护，通过对受试者权益可能遭受损害的评估，判断人类基因编辑技术是否符合伦理上的实施标准。同时，医学伦理专家组织要完善跟踪审查、沟通制度等措施，避免现行伦理审查存在经过一次审查批准后就准予实施的形式主义现象，[3] 从而保证人类基因编辑技术符合实质性的伦理规范要求。医学伦理专家组织在进行伦理审查时，一旦发现受试者处在不合理的风险之下，就有权

[1] 孙冬莹：《论区域伦理委员会的建设》，载《中国医学伦理学》2018 年第 9 期。

[2] 郭裕希：《关于基因编辑的伦理研究述评》，华中科技大学 2017 年硕士论文。

[3] 杨建军、李姝卉：《CRISPR/Cas9 人体基因编辑技术运用的法律规制——以人体基因编辑婴儿事件为例》，载《河北法学》2019 年第 9 期。

作出中止或终止该人类基因编辑技术进行的决定，从而确保受试者权益的维护。除此之外，医学伦理专家组织还应当健全伦理审查的国际认证，实现我国伦理审查标准与国际伦理标准的同步，从而进一步提高伦理审查的工作程序和实施规范。[1]

（三）加强对科研工作者和科研机构的法律责任规制

在加强人类基因编辑技术立法规制的同时，我们也要注重人类基因编辑技术的行业自律监管，主要从科研机构和科研人员入手，把科研机构及其科研人员纳入行政法律责任的规制体系中，通过合作规制的模式，为科研机构及其科研人员制定规制标准，明确其所应遵守的法律规范标准。概括而言，要对科研工作者和科研机构适度限制科研自由权。所谓限制，是指公权力的介入使得宪法或者法律中规定的公民基本权利行使受到一定的限制，传统的介入认为应当具备四个要素：目的性、直接性、命令性和法的形式性。即国家必须要有限制该基本权利的意图，国家行为必须直接针对基本权利进行限制，国家行为的强制性和命令性，国家行为的介入必须要有法的形式性。[2]笔者认为，对于科研自由权的限制，是指国家或者政府出台的一些法律、法规对某些不特定的公民的科研自由权予以限制。权利和自由是一样的，都是有边界的，不受拘束和限制的权利是对权利的一种亵渎。科研自由权限制的目的，是确保人体基因编辑技术的实施符合准入标准，促使科研机构及其人员树立起负责任的科学态度，有效实现人类基因编辑技术科学理性的发展。

1. 强化科研人员的资质要求

第一，加强科研人员的准入与资格限制。科研人员一般是人类基因编辑技术的实施者，按照《生物医学新技术临床应用管理条例（征求意见稿）》第 14 条规定，临床研究项目负责人必须同时具备执业医师资格和高级职称。故而，对科研人员可以依据科研成就、从业经验、职称级别、执业资格等方面制定相关标准，只有严格符合国家规范要求的科研人员才能实施人类基因

[1] 胡兴媛等：《论区域伦理委员会的运行及挑战——以广东省区域伦理委员会为例》，载《医学与哲学》2018 年第 23 期。

[2] 王涛：《宪法上学术自由的规范分析》，中国人民大学 2011 年博士学位论文。

编辑行为，确保科研人员具备实施基因编辑技术的能力，从而降低人体基因编辑技术应用中可能产生的风险。

第二，明确科研人员基本素质。加强科研人员诚信、前瞻、负责任等基本素质要求，提高科研人员敬畏生命的意识，培养科研人员的负责任态度。[1]诚信原则要求科研人员要积极如实反映人类基因编辑技术整个过程的实验数据、实验风险评估以及应急事故的预防措施等情况，对科研可能存在的风险与危害进行如实的阐述，不虚报和隐瞒人类基因编辑技术可能存在的技术风险，如实阐述人类基因编辑技术可能产生的危害后果。前瞻性要求科研人员要具备前瞻性思维，具备比一般人更为理性的风险意识，应正确衡量人类基因编辑技术所能带来的长期利益得失，不为科学功利主义的短期利益所误导，以更为专业的角度作出符合人类命运共同体和人类长远利益的决定。负责任要求科研工作者自身要具备责任意识，其行为后果应当考虑到承担代际公平的义务和责任，实现兼顾当代人和后代人共同发展的目的。

第三，加强科研工作者的法律责任规制。根据2019年科技部《生物技术研究开发安全管理条例（征求意见稿）》的规定，违法开展高风险生物科学研究的开发行为，将根据情节对科研人员和科研机构给予警告、罚款、责令停产停业、吊销执业资格、永久禁止从事相关科研活动等行政处罚。应当通过强调科研工作者的法律责任，促使科研工作者坚持科研诚信，树立起负责任的科研态度。对违反法律规范而造成不良后果的科研工作者，我们要依法对其进行警告、罚款或禁止其从事相关科研工作的行政处罚。同时，对于造成严重不良后果的科研工作者，我们要加大处罚力度，依法追究刑事责任，并要求相关责任人依法承担相应的民事赔偿，从而有效发挥法律规范的惩戒效力。2018年贺建奎等的“基因编辑婴儿事件”的人体试验，在当时的判断无疑是“非法”的，但判断的法律基础却只有《医疗技术临床应用管理办法》[2]

[1] 古津贤、李耀文：《生命科技法律与伦理》，天津人民出版社2014年版，第45页。

[2] 《医疗技术临床应用管理办法》第9条规定的“禁止类技术”包括三种情形，即临床应用安全性、有效性不确切、存在重大伦理问题；未经临床研究论证的医疗新技术。目前，人类胚胎基因编辑技术完全符合这三项描述，因而属于“禁止类技术”，不得开展临床应用。

《人胚胎干细胞研究伦理指导原则》❶《人类辅助生殖技术规范》❷《实施人类辅助生殖技术的伦理原则》❸ 等行政规章或规范性文件，并不是法律（狭义）或行政法规。所以，会产生此次基因编辑婴儿人体试验“违规”，是因为当时无法直接找到我国法律关于“明确禁止人类生殖系基因编辑”及追究相应责任的条款。如果要对“基因编辑婴儿”人体试验合同（法律行为）进行效力判断，还要考虑前述两个条款作为强制性规定目的以及《民法典》第153条第1款后半句之“但是”的内涵范围❹。基因编辑婴儿人体试验，是否“违反伦理道德”或“符合伦理”，是否属于“科学技术研究开发活动”和“医疗新技术”应用，还需要借助现行法律（广义）秩序来判断。例如《人胚胎干细胞研究伦理指导原则》《人类辅助生殖技术规范》等行政规章或规范性文件的有关条款，基于受试者在合同法上的请求权行使遇到诸多问题，有待于进一步明确和解决。

2. 完善科研机构的科研活动规范

第一，科研机构要具备实施人体基因编辑技术的基本条件。人类基因编辑技术在人体上的首要应用是治疗重大基因疾病，这与传统医疗技术的目的相同，可以比照传统的医疗机构进行规制。人体基因编辑技术的研究机构要具备从事医疗技术的基本条件，研究机构要经过登记批准，符合医疗机构的活动要求，具备实施人类基因编辑技术所需的场所、设备设施、经费支持、专业技术人员等基本物质条件，并能独立承担因人体基因编辑技术不良后果所造成的法律责任。

---

❶ 《人胚胎干细胞研究伦理指导原则》第6条规定：进行人胚胎干细胞研究，必须遵守以下行为规范：（一）利用体外受精、体细胞核移植、单性复制技术或遗传修饰获得的囊胚，其体外培养期限自受精或核移植开始不得超过14天。（二）不得将前款中获得的已用于研究的人囊胚植入人或任何其他动物的生殖系统。（三）不得将人的生殖细胞与其他物种的生殖细胞结合。

❷ 《人类辅助生殖技术规范》明确禁止以生殖为目的对人类配子、合子和胚胎进行基因操作，禁止人类嵌合体胚胎试验研究以及对人的克隆。

❸ 《实施人类辅助生殖技术的伦理原则》强调不得实施以生育为目的的嵌合体胚胎技术，不得实施生殖性克隆技术，不得将异种配子和胚胎用于人类辅助生殖技术，不得实施各种违反伦理、道德原则的配子和胚胎实验研究及临床工作。

❹ 冉克平：《论效力性强制规范与私法自治——兼析〈民法总则〉第153条第1款》，载《山东大学学报（哲学社会科学版）》2019年第1期。

第二，研究机构要具备相对完善的规章制度。科研机构是实施人类基因编辑技术的场所，应对人体基因编辑技术实施的整个过程负责，应具备较为完善的单位规章制度，积极吸收知情同意、自主决定等医学原则规定，切实维护受试者的合法权益，避免对受试者权益造成不合理的损害。同时，积极完善人类基因编辑技术的汇报规定，根据人类基因编辑技术过程中可能出现的变动、风险以及事故制定相应的汇报程序，及时向上级审查监督机关汇报，并按照上级审查结果决定是否继续、暂缓、终止相关人体基因编辑实施技术，形成一个较为完善的规章体系。

第三，科研机构要增强自身的透明度。科研机构要定期对实施人类基因编辑技术的科研人员、设备设施、已进行的人类基因编辑技术实验等进行公示，通过信息公开减少人类基因编辑技术的信息不对称问题，实现社会公众、专业人士、政府部门的共同监督，通过增强科研机构的透明度，进一步促进科研机构自觉遵守相关法律规范。

第四，科研机构要建立相应的责任追究制度。现行有关人类基因编辑技术的法律规范中，很少提及科研机构的法律责任，大多数只是追究相关科研人员的责任，只有在科技部发布的《生物技术研究开发安全管理条例（征求意见稿)》中提及，对于科研单位的违法行为禁止其再次申请从事技术研究的规定。而科研机构是人类基因编辑技术实施的场所，是能够及时有效地制止人类基因编辑技术不良后果的发生，或积极采取措施控制损失进一步扩大的主体。故而，对没有尽到相应法律义务或者违法实施了人类基因编辑技术的科研机构，应当根据责任追究规定依法追究其法律责任，增强科研机构的责任意识。涉及基因编辑活动并且规定相应法律责任的相关规范主要是《涉及人的生物医学研究伦理审查办法》《人类辅助生殖技术管理办法》《人胚胎干细胞研究伦理指导原则》《医疗技术临床应用管理办法》这四个规范。违反上述四个规范和《人类遗传资源管理条例》，可以追究相关实验人员、技术人员、医疗人员以及科研机构等主体的行政责任。[1] 需要说明的是，因为

[1] 纪洪亮：《基因编辑法律规范之完善——以贺建奎基因编辑婴儿案为例》，上海师范大学2021年硕士学位论文。

常规医疗行为和人体试验活动是完全不同的，所以必须把二者严格区分，分别制定不同的规则和追责机制。[1] 目前，我国行政法律规范所规定的行政责任和追责机制并不完善，有待于进一步补充和细化。

三、人类基因编辑刑事责任体系的完善

（一）依照罪刑法定原则定罪处罚

人类基因编辑技术一旦发生不良后果，其社会危害性是巨大且不可逆的，而《刑法》作为最严厉的法律规范理应对人体基因编辑技术进行法律责任配置，充分发挥刑事法律规范的惩戒性功能。人体基因编辑技术引发的部分违法犯罪行为如果能够被现行《刑法》所调整，对此类犯罪可以直接依照现行《刑法》追究刑事责任，例如通过实施人类基因编辑技术行为故意、过失致使他人身体健康造成伤害或者死亡的，按照故意杀人罪、故意伤害罪、过失致人重伤、死亡罪等予以定罪处罚。但对贺建奎等未经许可，逃避监管实施的“基因编辑婴儿”行为，虽然一审判决以非法行医罪论处，并给予三年有期徒刑的刑事处罚，但是，主要是基于当时没有直接调整生殖性基因编辑行为的直接规定和责任配置。由于此类犯罪具有新兴性和复杂性，是现有刑法罪名直接依照刑法定罪处罚或者通过扩大解释不能够被包容的，所以需要增设其他罪名，进而考虑如何根据其侵害的法益依刑法追究相应的刑事责任。

（二）完善已有规定和增设相关罪名

为了回应人类基因编辑技术给《刑法》带来的挑战，除《刑法修正案（十一）》增加的罪名外，刑法要始终遵守罪刑法定原则，人类基因编辑技术涉及公共安全、人身权利和社会管理秩序等多个方面。例如，如果行为人仅招募基因编辑受试者，仅进行胚胎的基因编辑和植入母体的研究行为，那么依照《刑法修正案（十一）》出台之前的刑法难以规制该行为。[2] 如今增加

---

[1] 满洪杰：《论医学人体试验中的侵权责任——以比较法为视角》，载《法学论坛》2012 年第 5 期。

[2] 周光权：《刑事立法进展与司法展望——〈刑法修正案（十一）〉总置评》，载《法学》2021 年第 1 期。

“非法植入基因编辑、克隆胚胎罪”对于上述行为有所规制，但是本罪相关规定还有待于商榷和完善。除此之外，如果在刑法中没有人体基因编辑技术比较完善的相关犯罪的明文规定，就难以追究相应的刑事责任。因此，我们可以积极借鉴域外经验，增设人体基因编辑技术的相关罪名，根据基因编辑技术可能产生的危害，增设如非法买卖基因资源、走私基因资源、基因环境污染等罪名，[1] 依据行为的危险程度确定科研人员、科研机构等其他组织的刑事责任，完善我国刑事法律体系，有效实现刑法规范的惩罚和预防功能。

（三）补充危害行为类型与明确处罚范围

为了强化基因编辑和生物安全刑事法治保障，维护国家安全和生物安全，刑法需要进一步规制基因编辑行为，具体包括补充危害行为类型、调整体例结构、明确入罪标准和调整法定刑与处罚范围，以明确刑事责任追究的方式。人类基因编辑具有遗传性风险和不可逆性。因此，为了应对基因编辑行为的滥用，对人类遗传安全或者说生物安全的保护需要进行风险防范。在刑法层面，应当通过预防性立法来实现生物安全法益保护的早期化。换言之，当前《刑法》对于生物安全法益，更具体地说是人类遗传安全法益保护滞后、入罪门槛偏高的现实情况，应当通过设置抽象危险犯来实现生物安全法益的提前保护。因而，有必要设置一些抽象危险犯来加以完善。[2] 即《刑法》在规制非法制造、植入非法制造的基因编辑（克隆）胚胎的犯罪行为时，该行为实施便立即构成犯罪，无须司法过程中根据具体情况判断其危险程度，无须产生一定的法律后果，比如基因编辑婴儿及其后代的缺陷或者死亡、伦理道德的践踏等。在调整本罪法定刑与处罚范围上，结合我国有关危害社会安全犯罪的法定刑规定，宜将该罪的法定刑适当提高，并且设定和区分“情节严重”以及“情节特别严重”的法定情形。

鉴于人类基因编辑技术的新兴性和复杂性，为了有效预防风险，我们可以对犯罪主体实施“双罚制”，既对违反法律规定进行人类基因编辑行为的

---

[1] 孙岩：《基因工程刑法规制若干问题研究》，载《科技与法律》2008年第3期。

[2] 纪洪亮：《基因编辑法律规范之完善——以贺建奎基因编辑婴儿案为例》，上海师范大学2021年硕士学位论文。

科研人员予以处罚，同时也可对科研人员所在单位进行处罚，对其处以一定的罚金处罚，从而增强科研机构的责任意识，确保科研人员和科研机构在法律规定的范围内依法实施人体基因编辑技术，增加违法违规行为的成本，进而达到人类基因编辑技术健康、有序发展的目的。如前所述，目前针对本罪的处罚范围存在偏窄的情况，应当考虑对人体基因编辑相关的犯罪主体采用双罚制。

本章小结

如何确保基因编辑技术打开的是疾病治疗的“希望之门”而不是“潘多拉魔盒”，这就需要将整个基因编辑技术置于法律的管控之下，使其风险在法律范围内可预可控。而在法律的诸多管控手段中，法律责任制度显然是刚性最强的措施，对于人类基因编辑活动边界的确立，具有重要的作用。关于人类基因编辑法律责任体系的构建，在我国法律规范体系上还存在着缺乏系统性和可操作性的问题。在民法原理上，基因编辑受试者和基因编辑相关主体享有基于损害赔偿而产生的请求权，但是目前存在的问题是难以从立法层面进行评价，即难以界定损害程度及其损害大小。行政法律规范虽然对一些非法基因编辑进行了规定，但是法律责任配置的处罚太轻。另外，如果个体私自进行人类基因编辑，那么相关行政法律规范无法有效规制，需要刑法规范进行有效的规制和调整，但相关规则还有待细化、补充和完善。今后应该完善调整人类基因编辑活动的法律规范，制定专门性法律规范明确其法律责任，同时明确损害赔偿的请求权基础、规定相对严格的公法责任，实现民事责任、行政责任和刑事责任的相互分工和有效配合。

结语：我国人类基因编辑立法规制的前景展望

从立法规制角度探讨人类基因编辑活动的法律界限，我国基因权利如何行使和限制，私法规范与公法规范如何协同治理和有效发挥法律规制的功能，对控制人类基因编辑技术发展带来的可能风险具有重要的意义。如果国家欲对人类基因编辑技术加以立法规制，则可能既涉及公民基本权利如人权保障问题，也涉及宪法所保障的公民基本权利的限制问题，如对科学研究自由、营业自由等基本权利限制等。然而，人类基因编辑技术本身的不确定性与其对各个层面的影响广泛而且深远，使得国家不得不对人类基因编辑技术采取审慎立场加以立法规制。经过人类基因编辑技术本质、国际发展趋势及我国现阶段基因编辑立法及实践现状的综合分析，本书认为，我国通过立法层面规制人类基因编辑技术具有形式正当性和实质合理性，而且也是国家应当作为的义务。

在立法规制原则层面，本书透过整理、分析国际规范及域外各国典型立法例，得出直接涉及人类基因编辑技术区别于其他技术立法规制的原则，域外国家各自有其管制原则，也有其共同原则。而尊重人类尊严并禁止一切形式歧视、权利保护、风险预防等，都是尤为重要的立法规制原则；同时，社会公共利益和代际正义原则等也非常重要，尤其在以人权保护为目标的人类基因编辑技术应用中，更应当彰显此项原则的重要性。人类基因编辑私法规制、公法规制以及法律责任体系的构建，应当根据基因编辑的不同类型遵循不同的规制原则和标准，才能实现法律规制的效果。

关于立法规制模式方面，本书透过对人类基因编辑技术引发的风险与挑战的分析，透视其对人类产生的可能影响，以及是否将会使基因编辑技术改变结果进入遗传系统，对其是否改变生命体遗传本质及其影响，是否会传递给子孙后代进行阐释，分析基因治疗和基因增强、体细胞基因编辑和生殖细胞基因编辑的实质区别，对人类基因编辑加以类型化区分，进而确定其不同的规制立场与规制模式。随着人类基因编辑技术的不断发展与广泛应用，社会基本共识是将其进行初步的类型化区分，进而在立法规制模式选择上有所不同。就目前人类基因编辑活动来看，涉及人类未构成遗传改变的狭义基因编辑技术的体细胞基因治疗上，应当坚持有条件允许的立场。涉及构成人类遗传改变的广义的生殖细胞基因改良（增强）上，应当坚持严格审慎的禁止立场。

关于立法规制内容方面，人类基因编辑立法规制是法律规制的重要内容之一，应构建起一个相对系统化的基因权利立法保护体系，当前社会基本共识是坚持尊重人类、保护人类健康、生命安全及人格尊严立场，但在人类基因编辑技术迅速发展，透过 DNA 等分子层面探究生命的本质前提下，如何理性对待人类基因编辑活动，仍然是值得我们继续深入思考和研讨的问题。本书重点围绕基因编辑技术应用的私法规制与公法规制必要性以及法律责任配置的界限展开讨论，并未涉及基因权利保护的程序规范和救济问题。同时，也未系统性讨论私法规范与其他规范（例如专业自治、专业伦理或个人责任）以及和公法规范的衔接问题。人类基因编辑立法规制研究提供了一种新的防控基因编辑技术风险的可能路径，同时也开放出未来研究人类基因编辑可能涉及的科技与法治、技术与人的尊严等基础性问题，以及法治的现代性功能等问题[1]，有待于日后逐一解决。

综上所述，人类基因编辑技术所引发的问题，可能涉及复杂的人文议题，也可能涉及庞大的商业利益，本书选取的议题是从人类基因编辑立法规制角度，讨论如何预防和化解基因编辑技术带来的风险和挑战，试图起到抛砖引玉的效果，并未对人类基因编辑技术的可能风险如何全面防范作出系统性讨

---

[1] 韩大元：《当代科技发展的宪法界限》，载《法治现代化研究》2018 年第 5 期。

论。正如张文显教授所言：法学界应主动地与科技界和企业界协同，以人类利益为目标，以人的主体性为本位，以构建智能时代的伦理道德秩序和法律秩序为己任，加强对人类基因编辑技术等的创新发展及风险挑战的前瞻性研究和约束性引导，确保新技术更加公正、安全、诚信地运用，更加有效地预防风险、控制风险、应对风险。[1] 人类基因编辑技术的非理性对待可能会造成人的尊严的侵害，那么，如何预防侵害，如何在坚持对人的主体性关怀和保护的基础上，推进人类基因编辑技术的良性发展呢？要回答和解决以上问题，这是人类伦理规范和法律规范未来需要共同面对的难题，有待于科技界、法学界和社会各界继续共同关注和研究探讨。

“纵观世界文明史，人类先后经历了农业革命、工业革命、信息革命。每一次产业技术革命，都给人类生产生活带来巨大而深刻的影响。”[2] 对于人类社会而言，基因编辑技术是一匹不易驯服的骏马。在高速的飞驰中，如何避免误入歧途甚至人仰马翻，需要高超的驾驭本领。在这一过程中，我们既要充分重视科研伦理在基因编辑技术发展中的自我约束功能，也要充分发挥法律制度，特别是立法的外部约束功能，通过立法建立起基因编辑技术的义务范围与责任边界。只有依靠制度的缰绳和法律的马鞭，才能使人类驾驭科学技术这匹骏马，在造福人类、促进社会发展的大路上策马扬鞭，奋蹄疾驰。

---

[1] 张文显：《数字技术立法尤其要超前》，载《北京日报》2019 年 1 月 21 日，第 13 版。

[2] 习近平：《在第二届世界互联网大会开幕式上的讲话》，载《人民日报》2015 年 12 月 17 日，第 2 版。

参考文献

一、中文图书

1. 孙笑侠．数字化时代的科际法学［M］．北京：法律出版社，2021.

2. 何怀宏．人类还有未来吗［M］．广西：广西师范大学出版社，2020.

3. 黄薇．中华人民共和国民法典人格权编解读［M］．北京：中国法制出版社，2020.

4. 王康．基因责任论［M］．北京：法律出版社，2020.

5. 王利明．人格权立法的中国思考［M］．北京：中国人民大学出版社，2020.

6. 孔令杰．个人资料隐私的法律保护［M］．武汉：武汉大学出版社，2009.

7. 石佳友．民法典与社会转型［M］．北京：中国人民大学出版社，2018.

8. 王立铭．上帝的手术刀：基因编辑简史［M］．浙江：浙江人民出版社，2017.

9. 王康．基因权的私法规范［M］．北京：中国法制出版社，2014.

10. 张春美．谁主基因：基因伦理［M］．上海：上海科技教育出版社，2011.

11. 刘长秋．生命科技犯罪及现代刑事责任理论与制度研究［M］．上海：上海世纪出版集团，2011.

12. 罗胜华．基因隐私权的法律保护［M］．北京：科学出版社，2010.

13. 邱格屏．人类基因的权利研究［M］．北京：法律出版社，2009.

14. 于文轩．生物安全立法研究［M］．北京：清华大学出版社，2009.

15. 张文显．法理学［M］．第三版．北京：法律出版社，2007.

16. 张军．宪法隐私权研究［M］．北京：中国社会科学出版社，2007.

17. 颜厥安．鼠肝与虫臂的管制：法理学与生命伦理探究［M］．北京大学出版社，2006.

18. 王迁．论“基因歧视”及其法律对策［M］．北京：中国人民大学出版社，2005.

19. 王泽鉴．侵权行为法［M］．第一册．北京：法律出版社，2001.

20. 史尚宽．民法总论［M］．北京：中国政法大学出版社，2000.

二、中文译著

1. ［美］美国国家医学院等主编．可遗传人类基因组编辑［M］．裴端卿等译，北京：科学出版社，2022.

2. ［美］弗朗索瓦丝·贝利斯．改变遗传——CRISPR与人类基因组编辑的伦理［M］．陈如译，上海：上海科技教育出版社，2021.

3. ［美］珍妮·瑞尔丹．后基因组时代：后基因组时代的伦理、公正和知识［M］．冬初阳译，北京：中信出版集团，2021.

4. ［美］美国国家科学院、美国国家医学院主编．人类基因组编辑：科学、伦理和监管［M］．马惠等主译，北京：科学出版社，2019.

5. ［美］悉达多·穆克吉．基因传：众生之源［M］．马向涛译，北京：中信出版集团，2018.

6. ［美］斯图尔特·班纳．财产故事［M］．陈贤凯、许可译．北京：中国政法大学出版社，2017.

7. ［美］迈克尔·桑德尔．反对完美：科技与人性的正义之战［M］．黄慧慧译．北京：中信出版社，2013.

8. ［俄］E. A. 苏哈诺夫主编．俄罗斯民法：第2册［M］．王志华等译，北京：中国政法大学出版社，2011.

9. ［美］乔伊·沃尔特马斯等编．美国禁止残疾与基因信息歧视法解读［M］．蒋月、郑净方译．北京：商务印书馆，2012.

10. ［加］L. W. 萨姆纳．权利的道德基础［M］. 李茂森译，北京：中国人民大学出版社，2011.

11. ［法］路易·若斯兰．权利相对论［M］. 王伯琦等译，北京：中国法制出版社，2006.

12. 法国民法典［M］. 罗结珍译．北京：北京大学出版社，2010.

13. ［日］五十岚清．人格权法［M］. ［日］铃木贤，葛敏译，北京：北京大学出版社，2009.

14. ［美］哈罗德·J. 伯尔曼．法律与革命（第一卷）——西方法律传统的形成（中文修订版）［M］. 贺卫方等译，北京：法律出版社，2008.

15. ［德］马克西米利安·福克斯．侵权行为法［M］. 齐晓琨译，北京：北京大学出版社，2006.

16. ［美］P. 诺内特、P. 塞尔兹尼克．转变中的法律与社会：迈向回应型法［M］. 季卫东、张志铭译，北京：中国政法大学出版社，2004.

17. ［美］迈克尔·D·贝勒斯．法律的原则——一个规范的分析［M］. 张文显等译，北京：中国大百科全书出版社，1996.

18. ［英］洛克．政府论：下篇［M］. 叶启芳，瞿菊农译．北京：商务印书馆，1982.

19. ［意］彼得罗·彭梵得．罗马法教科书［M］. 黄风译．北京：中国政法大学出版社，1992.

20. ［德］康德．法的形而上学原理［M］. 沈叔平译，北京：商务印书馆，1991.

21. ［美］罗尔斯．正义论［M］. 何怀宏等译，北京：中国社会科学出版社，1988.

22. ［苏］马克思恩格斯．马克思恩格斯选集：第 1 卷［M］. 中共中央马克思恩格斯列宁斯大林著作编译局编译，北京：人民出版社，1972.

三、中文期刊

1. 王籍慧．基因编辑对社会公平非侵害性的另一种证成［J］. 自然辩证法通讯，2022（05）.

2. 黄鹏，于莹．“基因编辑婴儿事件”中侵权责任的法律规制［J］．中国卫生法制，2022（02）．

3. 刘楚翘，刘海廷．法学介入生物基因编辑技术的必要性思考——以人类基因编辑技术及其事件为例［J］．沈阳农业大学学报（社会科学版），2022（02）．

4. 石晶．人体基因科技风险规制路径的反思与完善——以宪法与部门法的协同规制为视角［J］．中国卫生法制，2022（02）．

5. 王蔚．走向“超人”：“完美健康权”的期待与悖论［J］．中国法律评论，2022（01）．

6. 赵鹏．走生物医学研究伦理规制的法治化［J］．中国法学，2021（06）．

7. 余厚宏．人类胚胎基因编辑中的权利冲突解析［J］．交大法学，2021（04）．

8. 马永强．基因科技犯罪的法益侵害与归责进路［J］．法制与社会发展，2021（04）．

9. 石佳友，庞伟伟．人体基因编辑活动的协同规制——以《民法典》第1009 条为切入点［J］．法学论坛，2021（04）．

10. 王子珍．我国基因隐私权的法律缺位——兼评《民法典》第 1009 条的基因权利保护［J］．太原理工大学学报（社会科学版），2021（04）．

11. 詹红星，叶梦燕．生殖系基因编辑技术的刑法规制［J］．湖南工业大学学报（社会科学版），2021（03）．

12. 陈姿含．人体基因科技的规制：问题、路径与原则［J］．上海政法学院学报（法治论丛），2021（02）．

13. 姜涛．基因编辑之刑法规制及其限度［J］．东方法学，2021（02）．

14. 崔丽．民法典第 1009 条：基因人格权的创设、证成与实现［J］．东方法学，2021（01）．

15. 刘长秋．“基因编辑婴儿事件”的生命法学思考［J］．东南法学，2021（01）．

16. 石佳友，刘忠炫．人体基因编辑的多维度治理——以《民法典》第1009 条的解释为出发点［J］．中国应用法学，2021（01）．

17. 陶诚，周海晨等．基因编辑技术研究进展与挑战［J］．世界科技研究与发展，2021（01）．

18. 王方玉．新兴权利司法证成的三阶要件：实质论据、形式依据与技术方法［J］．法制与社会发展，2021（01）．

19. 周光权．刑事立法进展与司法展望——《刑法修正案（十一）》总置评［J］．法学，2021（01）．

20. 杨丹．生命科技时代的刑法规制——以基因编辑婴儿事件为中心［J］．法学杂志，2020（12）．

21. 石佳友，庞伟伟．人体基因编辑活动的民法规制——以《民法典》第1009条的适用为例［J］．西北大学学报（哲学社会科学版），2020（06）．

22. 熊文钊．人类遗传资源的公法保护［J］．法学评论，2020（06）．

23. 周光权．论通过增设轻罪实现妥当的处罚——积极刑法立法观的再阐释［J］．比较法研究，2020（06）．

24. 张文显．构建智能社会的法律秩序［J］．东方法学，2020（05）．

25. 刘凯湘．民法典人格权编几个重要理论问题评析［J］．中外法学，2020（04）．

26. 邱明岸，谢雄伟．论人体胚胎基因编辑行为的刑法规制——以基因编辑婴儿事件为视角［J］．中国卫生法制，2020（04）．

27. 孙宪忠．论民法典贯彻体系性科学逻辑的几个要点［J］．东方法学，2020（04）．

28. 王利明．民法典人格权编中动态系统论的采纳与运用［J］．法学家，2020（04）．

29. 王利明．彰显时代性：中国民法典的鲜明特色［J］．东方法学，2020（04）．

30. 杨立新．从生命健康权到生命权、身体权、健康权——《民法典》对物质性人格权规定的规范创新［J］．扬州大学学报（人文社会科学版），2020（04）．

31. 杨立新．民法典规定生命维护权为生命权内容的正确性——兼与否定民法典人格权编的主张商榷［J］．东方法学，2020（04）．

32. 余秋莉．论人体生殖系基因编辑行为的刑法应对——兼评贺建奎“基因编辑婴儿”案［J］．法律适用，2020（04）．

33. 崔丽．基因权利的法理基础与规制进路——由“基因编辑婴儿”引发的思考［J］．大连理工大学学报（社会科学版），2020（03）．

34. 任剑涛．现代科技的行政监管：以基因编辑婴儿为例［J］．理论与改革，2020（03）．

35. 王泽鉴．中国民法的特色及解释适用［J］．法律适用，2020（13）．

36. 姚辉．当理想照进现实：从立法论迈向解释论［J］．清华法学，2020（03）．

37. 张吉豫．认真对待科技伦理和法理［J］．法制与社会发展，2020（03）．

38. 王康．基因编辑婴儿事件受害人的请求权［J］．法律科学（西北政法大学学报），2020（03）．

39. 徐娟．基因编辑婴儿技术的社会风险及其法律规制［J］．山东大学学报（哲学社会科学版），2020（02）．

40. 郑玉双，刘默．人类基因编辑的行政监管［J］．预防青少年犯罪研究，2020（01）．

41. 闫妍．人类基因编辑技术扩散风险的政府监管举措［J］．重庆行政，2020（01）．

42. 于慧玲．人类辅助生殖基因医疗技术滥用的风险与刑法规制——以“基因编辑婴儿事件”为例［J］．东岳论丛，2019（12）．

43. 马路瑶．风险社会视阈下人类胚胎基因编辑的刑事立法立场［J］．湖北社会科学，2019（11）．

44. 杨建军，李姝卉．CRISPR/Cas9 人体基因编辑技术运用的法律规制——以人体基因编辑婴儿事件为例［J］．河北法学，2019（09）．

45. 张捷．人类基因编辑的法律规制［J］．河南社会科学，2019（08）．

46. 陈晓平．试论人类基因编辑的伦理界限——从道德、哲学和宗教的角度看“贺建奎事件”［J］．自然辩证法通讯，2019（07）．

47. 孙海波．基因编辑的法哲学辨思［J］．比较法研究，2019（06）．

48. 孙山．从新兴权利到新兴法益——新兴权利研究的理论原点变换［J］．学习与探索，2019（06）．

49. 王利明．人格权法的新发展与我国民法典人格权编的完善［J］．浙江工商大学学报，2019（06）．

50. 陈景辉．有理由支持基因改进吗？［J］．华东政法大学学报，2019（05）．

51. 马长山．智慧社会背景下的“第四代人权”及其保障［J］．中国法学，2019（05）．

52. 钱继磊．论作为新兴权利的代际权利——从人类基因编辑事件切入［J］．政治与法律，2019（05）．

53. 石佳友．人格权立法的进步与局限——评《民法典》人格权编草案（三审稿）［J］．清华法学，2019（05）．

54. 王康．“基因编辑婴儿”人体试验中的法律责任——基于中国现行法律框架的解释学分析［J］．重庆大学学报（社会科学版），2019（05）．

55. 王志敏．《生物安全法》应当切实规范人类基因技术研发和应用活动［J］．北京航空航天大学学报（社会科学版），2019（05）．

56. 郑玉双．人的尊严的价值证成与法理构造［J］．比较法研究，2019（05）．

57. 宋晓晖．生殖系基因编辑技术干预的伦理与治理原则研究［J］．中国政法大学学报，2019（04）．

58. 万思敏．基因编辑的法律规制［J］．中国卫生法制，2019（04）．

59. 姚大志．基因干预：从道德哲学的观点看［J］．法制与社会发展，2019（04）．

60. 郑玉双．基因干预：生命科技与人类命运：基因编辑的法理反思［J］．法制与社会发展，2019（04）．

61. 朱晓峰．人类基因编辑研究自由的法律界限与责任［J］．武汉大学学报（哲学社会科学版），2019（04）．

62. 朱振．基因编辑必然违背人性尊严吗？［J］．法制与社会发展，2019（04）．

63. 王冕，张洪江．人类胚胎基因编辑技术的伦理考量［J］．医学与哲学，2019（04）．

64. 盛苏敏．法伦理学视阈下基因编辑技术的挑战与应对［J］．大连干部学刊，2019（03）．

65. 谭波，赵智．对基因编辑婴儿行为的责任定性及其相关制度完善［J］．山东科技大学学报（社会科学版），2019（03）．

66. 田野．论基因研究中的族群权利保护［J］．大连理工大学学报（社会科学版），2019（03）．

67. 温世扬．民法典人格权编草案评议［J］．政治与法律，2019（03）．

68. 吴高臣．我国人类基因编辑监管模式研究［J］．山东科技大学学报（社会科学版），2019（03）．

69. 徐娟．通过宪法保护人类基因编辑中的生命尊严［J］．南海法学，2019（03）．

70. 杨杰．基因编辑的社会风险规制［J］．科技与法律，2019（03）．

71. 刘小平．为何选择“利益论”——反思“宜兴冷冻胚胎案”一、二审判决之权利论证路径［J］．法学家，2019（02）．

72. 邱仁宗，翟晓梅，雷瑞鹏．可遗传基因组编辑引起的伦理和治理挑战［J］．医学与哲学，2019（02）．

73. 郑戈．迈向生命宪制——法律如何回应基因编辑技术应用中的风险［J］．法商研究，2019（02）．

74. 韩大元．基因编辑的法律与伦理问题［J］．法律与伦理，2019（01）．

75. 刘长秋．“基因编辑婴儿事件”与生命法学之证成［J］．东方法学，2019（01）．

76. 冉克平．论效力性强制规范与私法自治——兼析《民法总则》第153条第1款［J］．山东大学学报（哲学社会科学版），2019（01）．

77. 王利明．民法典人格权编草案的亮点及完善［J］．中国法律评论，2019（01）．

78. 王康．人类基因编辑实验的法律规制——兼论胚胎植入前基因诊断的法律议题［J］．东方法学，2019（01）．

79. 刘立杰．基因编辑婴儿的三大法律问题［J］．方圆，2018（24）．

80. 杨雅婷，汪小莉．基因编辑临床研究风险责任之法律探析［J］．科技管理研究，2018（20）．

81. 卢俊南，褚鑫，潘燕平等．基因编辑技术：进展与挑战［J］．中国科学院院刊，2018（11）．

82. 何晓丹，陈琦琦，展进涛．欧美等国基因组编辑生物安全管理政策及对中国的启示［J］．中国科技论坛，2018（08）．

83. 曹丽荣．自然人基因的法律属性［J］．河北法学，2018（07）．

84. 韩大元．当代科技发展的宪法界限［J］．法治现代化研究，2018（05）．

85. 蒋莉．基因编辑和人类生殖：社会伦理及法律规制［J］．苏州大学学报（法学版），2018（04）．

86. 田野，刘霞．基因编辑的良法善治：在谦抑与开放之间［J］．深圳大学学报（人文社会科学版），2018（04）．

87. 程啸．论大数据时代的个人数据权利［J］．中国社会科学，2018（03）．

88. 彭诚信．论禁止权利滥用原则的法律适用［J］．中国法学，2018（03）．

89. 张宁．极端工具理性与人的身份确证［J］．检察风云，2018（03）．

90. 陈景辉．捍卫预防原则：科技风险的法律姿态［J］．华东政法大学学报，2018（01）．

91. 朱振．反对完美？——关于人类基因编辑的道德与法律哲学思考［J］．华东政法大学学报，2018（01）．

92. 王康．人类基因编辑多维风险的法律规制［J］．求索，2017（11）．

93. 王锴．论宪法上的一般人格权及其对民法的影响［J］．中国法学，2017（03）．

94. 邱仁宗．基因编辑技术的研究和应用：伦理学的视角［J］．医学与哲学，2016（07）．

95. 梁上上．公共利益与利益衡量［J］．政法论坛，2016（06）．

96. 肖显静．转基因技术的伦理分析——基于生物完整性的视角［J］．中国社会科学，2016（06）．

97. 王康．基因改造生物环境风险的法律防范［J］．法制与社会发展，

2016（06）.

98. 曲彬，张映，周琪等．人类胚胎基因编辑——科学与伦理［J］．科学与社会，2016（03）.

99. 张清．人体基因的人格权属性略探［J］．医学与哲学，2015（7A）.

100. 季海艳，朱焕章．基因编辑技术在基因治疗中的应用进展［J］．生命科学，2015（01）.

101. 孟雯，齐延平．论自由主义在人体基因科技立法领域面临的悖论［J］．法学研究，2015（01）.

102. 汪丽青．“设计婴儿”的规制研究——基于英国、美国的比较分析［J］．广东社会科学，2015（01）.

103. 杨立新．一份标志人伦与情理胜诉的民事判决——人的体外胚胎权属争议案二审判决释评［J］．法律适用，2014（11）.

104. 张圣斌，范莉，庄绪龙．人体冷冻胚胎监管、处置权归属的认识［J］．法律适用，2014（11）.

105. 冷传莉．人体基因法益权利化保护论纲——基于“人格物”创设的视角［J］．现代法学，2014（06）.

106. 崔建远．论民法原则与民法规则之间的关系［J］．江汉论坛，2014（02）.

107. 张善斌，李雅男．人类胚胎的法律地位及胚胎立法的制度构建［J］．科技与法律，2014（02）.

108. 王永茜．论现代刑法扩张的新手段——法益保护的提前化和刑事处罚的前置化［J］．法学杂志，2013（06）.

109. 王康．基因平等权：应对基因歧视的私法政策［J］．东方法学，2013（06）.

110. 沈秀芹．基因科技对人性尊严的挑战及宪法应对［J］．山东大学学报（哲学社会科学版），2012（06）.

111. 满洪杰．论医学人体试验中的侵权责任——以比较法为视角［J］．法学论坛，2012（05）.

112. 秦成坤．论基因技术对宪法的挑战［J］．法学研究，2012（04）.

113. 龙卫球. 人格权立法面面观——走出理念主义与实证主义之争 [J]. 比较法研究, 2011 (06).

114. 王康. 基因权的私法证成和价值分析 [J]. 法律科学 (西北政法大学学报), 2011 (05).

115. 孙山. 寻找被遗忘的法益 [J]. 法律科学 (西北政法大学学报), 2011 (01).

116. 黄宗智. 中西法律如何融合? 道德、权利与实用 [J]. 中外法学, 2010 (05).

117. 姚建宗. 新兴权利论纲 [J]. 法制与社会发展, 2010 (02).

118. 王康. 位格伦理视角下人类基因的法律地位——基于主体客体化的背景 [J]. 北方论丛, 2009 (06).

119. 王泽鉴. 人格权保护的课题与展望——人格权的性质及构造: 精神利益与财产利益的保护 [J]. 人大法律评论, 2009 (01).

120. 王岳. 基因科技的法律问题研究 [J]. 法律与医学杂志, 2002 (02).

121. 邱格屏. 就业基因歧视与我国未来法制设计 [J]. 法学, 2001 (07).

122. 高清海, 余潇枫. "类哲学"与人的现代化 [J]. 中国社会科学, 1999 (01).

123. 李一娴. 民法典人格权编中的基因技术规范 [N]. 检察日报, 2020-7-6 (03).

124. 王攀, 肖思思, 周颖. "基因编辑婴儿"案一审宣判 [N]. 人民法院报, 2019-12-31 (01).

125. 李昕. 用法律规范人类基因组编辑技术的发展 [N]. 光明日报, 2019-5-9 (16).

126. 阮传胜. "人格权"立法, 体现对民众权利的尊重与重视 [N]. 深圳特区报, 2019-4-22 (A02).

127. 张文显. 数字技术立法尤其要超前 [N]. 北京日报, 2019-1-21 (013).

128. 段伟文. 基因编辑婴儿亟待刚性生命伦理规制 [N]. 学习时报, 2018-12-5 (006).

129. 仲崇山，蔡姝雯，王拓等．“基因编辑婴儿”打开了潘多拉魔盒？[N]．新华日报，2018－11－28（015）．

130. 晁星．“基因编辑”背后的伦理之门谁来守[N]．北京日报，2018－11－28（003）．

131. 房琳琳．美国家科学院报告支持基因编辑人类胚胎：设计婴儿又近了一步[N]．科技日报，2017－2－16（01）．

132. 纪洪亮．基因编辑法律规范之完善——以贺建奎基因编辑婴儿案为例[D]．上海：上海师范大学，2021．

133. 张静．人类基因编辑技术应用的法律规制[D]．上海：华东政法大学，2021．

134. 褚婧一．基因编辑婴儿的合法性研究——以贺建奎事件为切入点[D]．北京：中国政法大学，2020．

135. 徐雅红．我国人体胚胎基因编辑技术医学应用的法律问题研究[D]．北京：北京中医药大学，2018．

136. 郭裕希．关于基因编辑的伦理研究述评[D]．武汉：华中科技大学，2017．

137. 沈秀芹．人体基因科技立法规制研究[D]．山东：山东大学，2010．

138. 郗立军．器官移植民法基本问题研究——以捐赠者自己决定权为视角[D]．上海：复旦大学，2010．

139. 邹熙．基因歧视及其法律对策研究[D]．武汉：华中科技大学，2004．

四、英文文献

1. Paul Enríquez. REWRITING NATURE：The Future of Genome Editing and How to Bridge the Gap between Law and Science [M]. Cambridge University Press 2021.

2. Henry T Greely. CRISPR'd babies：human germline genome editing in the 'He Jiankui affair' [J]. Journal of Law Biosciences，2019（06）.

3. Joshua D. Seitz，Striking a Balance：Policy Considerations for Human

Germline Modification [J]. Santa Clara Journal of International Law, 2018 (01).

4. Richard Dawkins. The Selfish Gene [M]. New York: Oxford University Press, 2006.

5. Jurgen Habermas. The Future of Human Nature [M]. Cambridge: Polity Press, 2003.

6. Tom L Beauchamp, James F Childress. Principles of Biomedical Ethics [M]. New York: Oxford University Press, 2001.